Heyne Report ... HEYNE BÜCHER

W0034429

In derselben Reihe erschienen zuletzt als Heyne-Taschenbuch:

Jürgen Roth

MAKLER DES TODES

Waffenhändler packen aus

Wilhelm Heyne Verlag
München

HEYNE REPORT
Nr. 10/69

Copyright © 1986 by Rasch und Röhring Verlag, Hamburg
Printed in Germany 1989
Umschlagfoto: dpa/Holschneider, München
Umschlaggestaltung: Atelier Ingrid Schütz, München
Fotosatz: B. Hopfengärtner, München
Druck und Bindung: Ebner Ulm

ISBN: 3-453-03371-X

Inhalt

Vorwort

Warum, fragten später viele Freunde und Kollegen, haben die Waffenhändler so offen mit dir gesprochen? Über geplante Putsche, über Waffenlieferungen, die eigentlich streng geheim sind? Wahrscheinlich werde ich darauf nie eine überzeugende Antwort geben können. Ich weiß es nicht. Aber vielleicht verspüren Waffenhändler einen besonderen Drang, sich zu rechtfertigen. In der Öffentlichkeit werden sie als *die* üblen Subjekte, als Kriminelle hingestellt. Dieses Vorurteil trug auch ich lange mit mir herum.

Erst allmählich, nach vielen Gesprächen mit den Maklern des Todes, habe ich gelernt, daß sie nur Manager eines tödlichen Geschäfts sind, dessen Hintermänner in den Regierungen zu suchen sind oder bei Politikern, die ihre Aktionen im dunkeln organisieren. Das heißt natürlich nicht, daß es sich bei Waffenhändlern etwa um romantische Glücksritter handelt, eigentlich harmlos und getrieben von den Idealen der Demokratie. Und *den* Waffenhändler gibt es sowieso nicht, zu unterschiedlich sind das Selbstverständnis, die Interessen und die Aufgaben dieser Leute. »Wir sind die grauen Mäuse, die Mondscheinmänner«, so hat zum Beispiel der Ultrarechte Prinz Michel de Bourbon seine Rolle definiert.

Aber vielleicht suchen sie auch nur einfach jemanden, der ihnen zuhört, ohne sie sofort moralisch zu verdammen. Oder wollen sie lediglich gezielte Informationen lancieren? Oder reden sie, weil sie eitel und selbstgerecht sind? Jedenfalls hat in dieser Branche Offenheit ihren Preis: Der Waffenhändler Günther Leinhäuser hat 1984 dem französischen Fernsehen ein ausführliches Interview gegeben; seitdem soll er keine Geschäfte mehr gemacht haben, sagt einer seiner Kollegen aus der Bundesrepublik.

Warum die Waffenhändler mir gegenüber so offen waren, hat vermutlich auch familiäre Gründe. Mein Schwiegervater galt in den sechziger Jahren als einer der

Großen im Geschäft. Kennengelernt habe ich ihn nie, und was ich über ihn hörte, war nicht sehr schmeichelhaft. Inzwischen reizt es mich schon, ihn einmal zu sehen.

Wie auch immer, mir hat die Verwandtschaft genutzt. Denn manchmal, wenn meine Gesprächspartner mißtrauisch blieben, warf ich nebenbei ein, daß ich mit der Tochter des Waffenhändlers S. verheiratet sei. Hin und wieder konnte ich so die Tür ein wenig öffnen.

Schließlich aber hatte ich viel Glück, daß ich Dinge erfuhr, die man sonst nur aus Politthrillern kennt.

Die meisten Informationen habe ich von den Beteiligten, Waffenhändlern und Putschisten, erhalten. Dabei bewegte ich mich auf einem schmalen Grat: Ich vermittelte diesen Leuten wichtige Kontakte, und deshalb haben sie mich schließlich in fast alles eingeweiht – natürlich unter der Voraussetzung, daß ich ihnen absolutes Stillschweigen zusicherte. Einmal haben mich Mitarbeiter des französischen Geheimdienstes auf eine Spur gebracht. Sie wußten von Putschvorbereitungen in einem südamerikanischen Land – und ihre Behörde tat nichts.

In vielen Fällen habe ich vor Ort recherchiert. Ich protokollierte Gespräche und Ereignisse durch Tonband- oder Videoaufzeichnungen. Meine Gesprächspartner wurden dadurch nur am Anfang gestört, mit der Zeit gewöhnten sie sich an das Verfahren, bis sie es schließlich überhaupt nicht mehr registrierten.

Waffenhändlerkarrieren

»Daher wird, wenn die Geschichte erzählt ist, kein Vogel im Flug tot vom Himmel fallen, auch der verobjektivierte Lauf der Dinge wird nicht zu stoppen sein, ein Galerienbesucher wird, von seinem Platz geschleudert, in die Mitte der Manege stürzen, und das von ihm gerufene, erlösende ›Halt‹ wird erstickt vom Staub und vom Lärm der auf dem Parkett aufstoßenden Füße des Publikums.«
Franz Kafka, ›Auf der Galerie‹

Günther Leinhäuser, 56 Jahre alt, ist in Europa einer der Großen im Waffengeschäft. Der ›Spiegel‹ hat 1976 über ihn geschrieben: »In zwanzig Jahren emsiger Arbeit hat Leinhäuser Zyprioten, Kongolesen, Biafraner, Araber, Kurden und Basken mit Waffen versorgt.«

Zum erstenmal traf ich ihn Mitte 1984, aus Zufall, bei Recherchen über die rechtskatholische Organisation Opus Dei. Damals suchte ich gemeinsam mit einem französischen Kollegen aus Mulhouse Waffenhändler, die Beziehungen zu dieser Organisation hatten. Unser Weg führte zu einer Kakao-Import-Export-Firma, die in Wirklichkeit ein getarntes Büro des französischen Geheimdienstes war. »Wir kennen jemanden, der Ihnen weiterhelfen kann«, meinte ein Beamter. Ein kurzer Telefonanruf, und zwanzig Minuten später konnten wir mit Leinhäuser sprechen. Über Opus Dei wußte er wenig, aber unser Interesse war bald auf ein anderes Gebiet gelenkt: auf den Mann, der seit Jahrzehnten mit Waffen handelt und Staatsstreiche mitorganisiert.

Paris, 23. September 1985. Der Waffenhändler Leinhäuser hat sich mit ein paar Kollegen zusammengetan, um ein großes Geschäft abzuschließen: 10 500 TOW-Raketen mit der Typenbezeichnung BGM 71 A, Bestimmungsort Iran. Diese Panzerabwehrraketen – made in USA – könnten in dem nun schon fünf Jahre dauernden Krieg zwischen dem Iran und dem Irak eine wichtige Rolle spielen. Das Besondere an diesem Geschäft aber besteht darin, wie es gemacht wird.

Die USA liefern die Raketen nach Wiesbaden zu ihrem dortigen Militärflughafen. Da die Beteiligten nicht offen auftreten wollen, schalten sie für den weiteren Ablauf Zwischenhändler ein, die für derartige Transaktionen geeignete Firmen benutzen. In diesem Fall ist es die ›Apex Trading Corporation‹. Sie sitzt in St. Helier auf den Jersey-Inseln und hat die Aufgabe, Finanzierung und Transport sicherzustellen. Kenntnisse des internationalen Waffen-markts sind gefragt – Leinhäuser hat sie, er leitet die Aktion. Zuerst müssen Finanzierungsfragen geklärt wer-den. 85 Millionen Dollar kann der Iran zwar zahlen, es wird aber noch wochenlang nach einem Finanzier gesucht, der die restlichen 30 Millionen aufbringt. Dann ist er gefunden: Saudi-Arabien erklärt sich bereit auszuhelfen.

Nachdem die leidige Geldfrage geklärt ist, können die Waffen von Wiesbaden nach Portugal verschoben werden. Das geschieht Mitte September. Jetzt geht es um den Ver-trag. Tagelang verhandeln die beteiligten Parteien in Paris: Iraner, Saudis und Syrer. Leinhäuser vermittelt. »Nervtö-tend«, sagt er, seien die Verhandlungen gewesen. Die Sau-dis und Syrer wollen sich nicht mit den Iranern an einen Tisch setzen, und die Iraner lehnen den direkten Kontakt mit dem saudischen Prinzen ab. Leinhäuser löst das Pro-blem und bringt die Parteien in verschiedenen Stockwer-ken unter. Ein alter Fahrstuhl hilft ihm, zwischen beiden Etagen zu pendeln. Endlich steht der Vertrag und damit auch der Zahlungsmodus.

Die Rechnung Nr. 190-5, Aussteller ›Apex Trading‹, ist an die Firma ›Charas‹ in Damaskus gerichtet: 10 500 TOW-Rakten, BGM 71 A, Preis 11 050 US-Dollar, CIF*-Tehe-ran-Merhabat, Gesamtsumme: 116 025 000 Dollar.

In den Fernschreiben an die Banken, über die das Geschäft abgewickelt wird, ist natürlich nicht von Waffen, sondern von ›technischen Gütern‹ die Rede. Aber der Herr von der Banque Internationale du Luxembourg am

* CIF: Kosten für Fracht und Versicherung sind im Preis inbegriffen.

Boulevard Royal weiß Bescheid. Schließlich steht im Bankbestätigungs-Telex: »Lieferung 6 Tage nach Inspektion und Schußtests.« Drei Testschüsse gehen auf das Konto der Herstellerfirma, die weiteren müssen die Iraner selbst bezahlen.

Weihnachten 1985 war die Sache abgewickelt: auf Betreiben der US-Regierung, mit Wissen der französischen und israelischen Behörden.

Leinhäuser und seine Kollegen haben ein glänzendes Geschäft gemacht. Die ›Saudi Finance Corporation‹ in Genf zahlte eine Provision von 325 Dollar pro Rakete – insgesamt also einige Millionen Dollar Vermittlungsgebühr. Jetzt könnte sich Leinhäuser zur Ruhe setzen, wäre da nicht der Kitzel des Abenteuers. »Zündschnur spielen, das reizt«, sagt er.

Ich spreche ihn auf die Greenpeace-Affäre an. »Das sieht ja ein wenig so aus, als wollte man in bestimmten Kreisen des französischen Geheimdienstes der sozialistischen Regierung Mitterrand eins auswischen.« Er muß es wissen, verfügt er doch über ausgezeichnete Beziehungen zum französischen SDECE und zum britischen MI 5. Aber auch in anderen Ecken der Welt kennt sich Leinhäuser aus. »Warten Sie mal ab. Anfang des Jahres gab es in Haiti einen Putschversuch. Beteiligt war einer derjenigen französischen Offiziere, die jetzt auch in die Greenpeace-Affäre verwickelt sind. Damals verrieten die Amerikaner den Putschversuch gegen Duvalier junior. Das wird in den nächsten Monaten auch an die Öffentlichkeit kommen. Andererseits«, schränkt er ein, »wird über derartige Dinge schnell der Mantel des Schweigens gelegt.«

Da wir gerade beim Thema Geheimdienste sind, spreche ich ihn auf den Putsch an, den er gerade mitorganisiert. Wir hatten uns zuletzt vor einigen Monaten darüber unterhalten. Damals, im Juni 1985, hatte sich Leinhäuser an seinen Commodore-Computer gesetzt, eine Kassette mit der Bezeichnung ›Infrastruktur‹ eingeschoben und die gesamte militärische Lage des Nigers ausdrucken lassen. Ich gebe zu, daß ich beeindruckt war.

»Ja«, sagt Leinhäuser, »da ist ja inzwischen ein Ding passiert. Der künftige Staatschef, den wir hier bereithalten, hintergeht uns.« Dabei hatten die Drahtzieher den Herrn namens Oumarou Amadou selbst ausgesucht. Er sollte den Einfluß der Libyer in dem betreffenden Land zurückdrängen. »Uns gegenüber sagt er, daß er gegen die Libyer kämpfen würde, wenn der Putsch durchgeführt wird. Und dann betreibt er Verhandlungen mit ihnen.«

Der Staatschef in spe lebt derzeit im französischen Saint Claude. Adresse: 160, Boulevard de la République. Hier wartet er mit seinen ehemaligen Kameraden von der Gendarmerie auf seine große Stunde. Der Ex-Chef der nigerischen Polizei, 1 Meter 76 groß und 1941 in Dareoina (Niamey) geboren, suchte 1983 in Belgien um politisches Asyl nach.

Unter der Rubrik ›politische Gefangene‹ kann man in dem Buch ›Welt aktuell 85‹ über die Republik Niger folgendes lesen: »Langfristige Inhaftierung mutmaßlicher Regierungsgegner – Mißhandlung von Häftlingen, harte Haftbedingungen.«

Unter dem Aktenzeichen C 93701 begründete er vor dem »Hohen Flüchtlingskommissar der Vereinten Nationen« seine Flucht: »Gefahr der Ermordung für mich und meine Familie.«

Inzwischen hat er einen internationalen Flüchtlingspaß erhalten mit der Nummer 0110805. Von Belgien aus zog es ihn wenig später nach Frankreich, um den Putsch zu organisieren. Beim französischen Außenministerium existiert deshalb über ihn ein Dossier mit der Nummer 810 325. Dort sind auch seine diversen falschen Pässe, Reden und Schriften gesammelt. Auch die Rede, die er nach dem Putsch in Niger halten will, das »Manifeste pour l'avenir du Peuple Nigérien«.

Darin finden sich große Worte des bulligen Putschisten, der selbst mit reichlich Staatsgeldern ins Ausland geflüchtet ist.

»Ob er wohl damals schon daran dachte, mit diesem Geld seine Rückkehr zu finanzieren, um endlich soziale

Gerechtigkeit im Niger, seinen Reden entsprechend, zu verwirklichen?« frage ich Leinhäuser.

Der lacht amüsiert.

Mit dem Fluchtgeld, 138 876 100 Francs, wurde zunächst eine Firma gegründet, die ›Dragages et Travaux Publics‹, registriert bei der Handelskammer von Nanterre. Für seine Reisen benutzt der Exiliant einen Diplomatenpaß aus Guinea-Äquatorial, ausgestellt auf den Namen ›Bilbao‹.

Auf den Gedanken, daß der Auserwählte nicht ganz sauber sein könnte, kam Leinhäuser eher per Zufall. Eine Bekannte mit guten Beziehungen zur libyischen Botschaft in Paris hatte den Afrikaner dort im Gespräch mit dem libyischen Geschäftsträger gesehen. Leinhäuser war alarmiert, auch einige frühere Ereignisse erschienen in einem anderen Licht, so zum Beispiel die Diskussion über die Finanzierung von zwei Großraumflugzeugen, mit denen Söldner und deren Ausrüstungen transportiert werden sollten. Ihr Preis: sechs Millionen Dollar. War anfangs alles klar, so meinte Oumarou Amadou plötzlich, daß man sich das Geld sparen könne.

Auf die Frage, wie er das anstellen wolle, erwiderte er: »Ich bekomme sie kostenlos. In fünf Stunden sind die Großraumflugzeuge in Malta, einsatzbereit.« Tiefe Verwunderung über die genialen Geschäftsbeziehungen des Putschisten. Anders sah es aus, als Leinhäuser erfuhr, daß Oumarou, als er vorgab, nach Riad zu jetten, in Wirklichkeit nach Malta geflogen war. Dort traf er sich mit libyschen Botschaftsangehörigen.

Auf Leinhäusers Tisch ist ein großer Stadtplan ausgebreitet: die Hauptstadt des Landes, in dem der Putsch stattfinden soll. Mehrere Folien liegen auf einem Stapel. Was bedeuten die denn?« frage ich und hebe eine der Folien auf.

Leinhäuser legt eine Folie, mit roten Markierungen und Punkten versehen, über den Stadtplan von Niamey, der Hauptstadt des Nigers. »Das sind alle ausländischen Botschaften. Die dürfen ja bei einem Angriff nicht in Mitleidenschaft gezogen werden.«

Auf einer anderen Folie sind von einem Punkt im Osten der Stadt mit blauen Filzstrichen Linien in die Stadtmitte gezogen. »Das da oben«, und er weist auf einen Punkt im Osten der Stadt, »ist die zentrale Wasserversorgung. Wenn wir nicht sofort erfolgreich sind, unterbrechen wir einfach die zentrale Wasserversorgung.«

Ich greife nach einer dritten Folie. Mitten durch die Stadt ist eine Trennlinie gezogen.

»Auf der einen Seite befinden sich die Gebäude des Präsidenten und die seiner Wachmannschaften. Auf der anderen Seite lagern aber fast alle Waffen für diese Mannschaften. Wir müssen an diesen Trennlinien verhindern, daß die an ihre Waffen kommen. Das ist ein Kinderspiel.«

Auf einer weiteren Folie sind die Angriffsziele, ›Intervention‹ genannt, eingezeichnet. Der Plan sieht fünf Operationen vor, die gleichzeitig erfolgen sollen: Einnahme der Kaserne ›Bagadji‹ im Osten der Hauptstadt, Besetzung der ›Pont Kennedy‹, einer Brücke unweit der Moschee, Besetzung auch der ›Zentralen Elektrizitätswerke‹ und des in ihrer Nähe gelegenen ›Camp des Gards‹ sowie natürlich des Präsidentschaftspalastes und der Ministerien.

Leinhäuser geht mit derartigen Informationen nicht auf die Straße, um sie neugierigen Journalisten anzubieten. Als Waffenhändler der besseren Kategorie ist er vorsichtig. Zahllose Gespräche waren notwendig, bis er mir gegenüber Vertrauen faßte.

Der Vater von drei Kindern hat seine Waffenhändlerkarriere eher zufällig begonnen. Anfang der sechziger Jahre hatte er als Jungunternehmer eine Firma gegründet, die Computerprogramme für die Buchhaltung verkaufen wollte. Als er 24 Jahre alt war, machte er Pleite. Übrig blieben 1,7 Millionen Mark Schulden.

»Vor diese Tatsache gestellt, mußte ich eine Lösung finden.« Er fand sie bei einer Großbank, die gerade ein Waffengeschäft finanzierte. Es war die Bank, bei der er in der Kreide stand.

»Und die haben mich, um es kurz zu machen, mit dem Mann zusammengebracht, der das Waffengeschäft vermittelte.«

Die Zusammenarbeit funktionierte. »Die Erfolge, die ich damals mit diesem erfahrenen Mann hatte, waren frappierend.« Für den jungen Geschäftsmann aus dem biederen St. Ingbert muß der Einblick in die Tiefen des Waffenhandels so ›faszinierend‹ gewesen sein, wohl auch so lukrativ, daß er beschloß, in dieser Branche zu bleiben.

»Was war dabei so faszinierend?« frage ich.

»Die ganzen Kombinationen, der Aufbau, die Gesellschaft, mit der man zusammenkommt: Politiker, Militärs. Überhaupt die Zusammenhänge, die, bildlich gesprochen, Umschiffung gewisser Dinge, die eigentlich gar nicht sein dürften.«

Mit der Branche wechselte Leinhäuser auch seine Lebenseinstellung: War er zuvor unbedarft, ein Jedermann gewesen, der an das glaubte, was Politiker sagen, so sah er die Dinge nun kritischer.

»Zum Beispiel, daß in einer Demokratie aus politischen Gründen ganz anders gesprochen wird, als letztendlich die Behörden oder gewisse Institutionen handeln. Denn man kann in seinem Spiel, und Politik ist in gewissem Sinn ein Spiel, seine Karten nicht offen auf den Tisch legen.«

Ich verstehe nicht richtig.

»Demokratie und Diktatur unterscheiden sich in bestimmten Bereichen kaum.«

Oha, denke ich. Kühne Worte, die zu beweisen wären.

»Es ist ja nicht irgendeine Bande, die, sagen wir mal, unabhängig handelt wie Bankräuber oder Drogenschmuggler. Die stehen ja dem Gesetz entgegen. Bei uns ist es so: Sie können nicht nach Hamburg gehen und 500 Tonnen Munition oder Waffen heimlich landen oder laden. Das sind Hunderte von Menschen, die auf dem laufenden sind, daß hier dieses und jenes verladen wird. Die Dokumente, die abgefertigt werden, die laufen ja alle Instanzen zur Prüfung durch. Und wenn es nicht eine Behörde, Institution oder Organisation gibt, die die Macht hat, diesen

Kontrollen standzuhalten, dann werden sie nie 500 Tonnen Waffen an Bord laden können.«

An einem Wochenende, im Frühjahr 1985, begleite ich Leinhäuser zu einem seiner Waffenhändlerkollegen, Prinz Michel de Bourbon. Kurz bevor wir in sein Auto steigen, noch im Eingang des Hauses, in dem Victor Hugo sein Werk ›Die Elenden‹ schrieb, erzählt Leinhäuser mir, daß ihn die Terrororganisation ›Action Directe‹ auf ihre Todesliste gesetzt habe.

»Das habe ich direkt vom französischen Geheimdienst gesteckt bekommen.« Zwar wisse er nicht, warum. Ich kann es mir jedoch denken. Seine Waffenlieferungen in den Nahen Osten und nach Afrika sowie die Verbindungen, die er zu diversen Geheimdiensten pflegt, haben ihn nicht beliebter gemacht. Ich frage ihn, ob er keine Angst habe, in die Luft gepustet zu werden. »Eine kleine Haftladung unter Ihrem Auto – und wir beide sind weg.«

Er lacht nur: »Die Gegend ist so gut bewacht, daß nichts passieren kann.«

Skeptisch lasse ich ihn ins Auto steigen und warte in angemessener Entfernung, bis er es gestartet hat.

Das Treffen mit dem Prinzen klappt nicht, und so gehen wir in seine Wohnung zurück. Die ist überhaupt nicht luxuriös, wie ich es erwartet hatte. Ich finde sie enttäuschend bürgerlich, wenn nicht gar spießig. Im Flur, nahe der gut gesicherten Eingangstür, hängen an einer großen Pinnwand unzählige Fotos.

Das 15 Quadratmeter große Wohnzimmer ist voll anderer Erinnerungen. Bilder und Statuen aus Südostasien, einige Bambusrohrmöbel, an den Wänden Bambustapeten. In einer Ecke stehen ein Fernsehapparat und ein Videorecorder. Auf dem Balkon, mit Blick auf die Dächer des Parlaments, finden sich Blumentöpfe. Um die Blumen zu versorgen, hat Leinhäuser eine elektronisch gesteuerte Wasserzufuhr entwickelt.

Im Nebenzimmer ist der Computer aufgestellt, der später den bereits erwähnten Putschplan ausdrucken wird.

Auf die Frage, ob er mit solchen Unternehmen schon Erfahrung habe, blockt er ab: »Über den neuen Putsch kann ich nichts erzählen. Schweigen ist in unserem Geschäft eine der wichtigsten Tugenden.«

Einmal im Monat kommt Leinhäusers Frau Marlene aus St. Ingbert nach Paris. Bei diesen Wochenendbesuchen geht es wie in jeder normalen Familie zu. Sie kocht ihm das Essen, kümmert sich um seine Kleidung, zwei Tage lang. Dann fährt sie wieder zurück. Waffenhändlerehefrauen können häufig besser schweigen als ihre Männer. Sie haben es schwer mit ihren Männern. Haushalt und Kindererziehung müssen sie allein bewältigen. Aber sie bewundern sie auch, obwohl sie von den Geschäften nicht immer alles wissen. Und sie leben mit der Angst, daß ihre Männer verhaftet, verprügelt oder in die Luft gesprengt werden.

Marlene Leinhäuser, 1983: »Viele Leute glauben hier, wir seien reich. Sehen Sie sich einmal um. Beim Verkauf einer Zeitung (sie betreibt ein Papierwaren- und Zeitungsgeschäft; Anm. d. Verf.) habe ich weniger als fünf Pfennig Bruttoverdienst. Man braucht kein Mathematiker zu sein, um zu merken, daß kein goldener Topf zu verdienen ist.«

Man wäre fast zu Tränen gerührt, wüßte man nicht, warum Leinhäuser sich zur Zeit in der Bundesrepublik nicht sehen lassen darf: Er schuldet dem Finanzamt knapp 800 000 Mark und wartet die Verjährungsfrist ab. 800 000 Mark Steuerschuld – da kann der Umsatz nicht schlecht gewesen sein.

Und in Paris lebt es sich auch besser als in St. Ingbert.

»Ich bin in allen Casinos Frankreichs bekannt«, sagt Leinhäuser.

»Auch in den Nachtclubs?«

»In den guten, ja.«

»Lieben Sie das Leben?«

»Ich habe mir nie Gedanken darüber gemacht. Ehrlich. Wenn die Gelegenheit da war, die Kuh fliegen zu lassen, dann war ich dabei.«

Hat er Freunde?

»Ich liebe das Spiel mit dem Feuer. Aber gleichzeitig

passe ich enorm auf, mich nicht dabei zu verbrennen. Kürzlich hat eine Freundin mich aufgefordert, einen Freund zu nennen. Ich war dazu nicht in der Lage. Doch, ich habe einen nennen können, von dem ich glaube, daß er ein Freund ist. Da sagt sie, das kann nicht stimmen, denn der ist von dir abhängig. Was wiederum stimmt.«

Wir wollen unser Glück bei Michel de Bourbon noch einmal versuchen. Auf dem Weg zu ihm holen wir Pascal ab, Leinhäusers Leibwächter. Pascal hat 18 Jahre in München gelebt, wo er immer noch gemeldet ist. Der Vorteil: In der Bundesrepublik zahlt er gar keine, in Frankreich lediglich Kirchensteuern. Die Tür der Bourbonen-Residenz ist mit Stahlplatten verstärkt, weil im vergangenen Jahr irgend jemand einen Brandsatz gegen sie geworfen hat. Aber der Prinz ist wieder nicht da. Wir beschließen, in einem Café zu warten, vergeblich, wie sich zeigen wird. Nach wenigen Minuten wechselt Leinhäuser seinen Sitzplatz mit Pascal. »Ich sitze nicht gern mit dem Rücken zur Tür.« Trotz des Leibwächters macht ihm die Drohung der ›Action Directe‹ Sorgen.

Nachdem ich wieder eine Woche zurück in Frankfurt bin, erhalte ich einen Anruf aus Paris: »Wenn Sie einen deutschen Waffenhändler kennenlernen wollen, dann rufen Sie mal unter der Telefonnummer (...) in B. an. Sagen Sie aber nicht, daß Sie die Nummer von mir haben.«

Ich wähle die Nummer.

»Hallo!«

»Ich habe Ihre Telefonnummer aus Spanien und möchte mich gerne mit Ihnen über Waffengeschäfte unterhalten.«

Nach einigen Nachfragen, woher ich seinen Namen und seine Telefonnummer hätte, ist ›Wenzel‹ bereit, sich mit mir zu treffen, in einem Park. Ein etwa 45jähriger Mann mit schütterem rötlichen Haar kommt auf mich zu. Als Erkennungszeichen dient der ›Spiegel‹. Zuerst will er meinen Presseausweis sehen. »Sie könnten ja auch vom BKA sein.«

Weiß ›Wenzel‹ wirklich nicht, daß es für das BKA oder

andere Dienststellen die einfachste Sache der Welt ist, einen Presseausweis zu organisieren? Ich unterdrücke den Einwand und bringe das Gespräch auf meine Kontakte mit Waffenhändlern und darauf, daß ich gehört habe, er sei ebenfalls in diesem Geschäft aktiv. ›Wenzel‹ ist mißtrauisch und wenig gesprächig. Erst später, nachdem wir uns öfter getroffen haben, taut er nach und nach auf, ohne sich jedoch völlig aus der Reserve locken zu lassen. Wir treffen uns nie in noblen Hotelhallen oder auf dem Flughafen, wie ich es bei anderen Waffenhändlern tat. ›Wenzel‹, der auf einer Fahndungsliste der Polizei steht: »Da wimmelt es von Agenten. Kein seriöser Waffenhändler trifft sich dort mit seinen Kunden. Da ziehe ich einen Bahnhof vor oder ein Autobahnrestaurant.«

Auch ›Wenzel‹ berichtet von einem Putsch. Er soll in einem südamerikanischen Land stattfinden.

Der 42jährige Hesse ist ein biederer Kaufmann. Darin unterscheidet er sich von Leinhäuser und anderen Waffenhändlern. Er besitzt zahlreiche gute Kontakte und versucht, über sie Karriere zu machen. Angefangen hat sie 1981. Über das Finanzierungsbüro eines Bekannten stieß er zur Branche. Damals ging es um Verhandlungen über Herkules-Flugzeuge. Dabei ist die Frage aufgetaucht, ob auch Militärwaffen geliefert werden könnten. Es war möglich. Das Motiv? »Das Wesentliche an dem Geschäft ist das Geldverdienen.«

Auf meinen Einwand, Kollegen von ihm hätten erzählt, daß man dabei so viel auch wieder nicht verdienen könne, meint er: »Wenn es sich nicht lohnen würde, würde es keiner machen. Dazu ist das Risiko zu groß.«

In der Bundesrepublik ist der nichtlizenzierte Waffenhandel strikt verboten. Natürlich betreiben dennoch viele Waffenhändler ihre Geschäfte.

Ob er weiß, wie viele private Broker, Waffenhändler, es in der Bundesrepublik gibt, die erfolgreich sind?

»Maximal zwanzig. Es gibt Hunderte von Möchtegernen. Aber wirklich erfolgreich sind höchstens zwanzig. Geschäfte machen nur Leute, die gute Verbindungen haben, die schon jahrelang im Geschäft tätig sind. Alle anderen sind Amateure, die das große Geld machen wollen.«

Ich gestehe, daß ›Wenzel‹ mir wegen seiner Offenheit sympathisch wurde.

»Ich bin noch nicht lange im Geschäft. Ich habe auch schon viel Lehrgeld bezahlen müssen in den drei Jahren, die ich das jetzt mache. Man muß halt versuchen, sich vom Block der Amateure zu trennen. Mein Freund und ich sind jetzt nach langer Anlaufzeit soweit.«

»Aber ist der Waffenhandel für Sie ein Geschäft wie jedes andere auch?«

»Ja. Kriminell sind doch eher die Politiker und die Leute, die diese Krisensituationen schaffen. Da liegen die Verantwortlichkeiten.«

Eine ganze andere Nummer als ›Wenzel‹ und auch als Leinhäuser ist Samuel Cummings. Er ist der größte private Broker der Welt. Cummings ist in den USA geboren und lebt heute in Monte Carlo. Er ist ein Managertyp – eiskalt und direkt. Heimlichtuerei liegt ihm nicht, seine Gespräche mit Journalisten betrachtet er als Public Relations. Er steht zu seinen Geschäften und erläutert sie ausführlich.

Prinz Michel de Bourbon, 56 Jahre alt, verheiratet, drei Kinder, sieht sich als Abkömmling des Königs von Spanien. Im Gegensatz zu allen anderen Waffenhändlern, die ich getroffen habe, knüpft er ideologische Bedingungen an seine Geschäfte. Der Edelfaschist unterstützt den französischen Rassisten und Führer der rechtsextremistischen Front National Le Pen und tritt offen für die Inquisition ein. Der edle Mann, hochgewachsen und in feinste Tücher gekleidet, ist die barocke Ausnahme im sonst so kühlen Geschäft mit Waffen.

Eine wiederum andere Type ist dagegen der Wiener Helmut Aitonitsch. Der 1943 geborene Österreicher ist seit zwanzig Jahren verheiratet und hat drei Kinder. Auf ihn bin ich durch einen Brief gestoßen, der mir Ende 1984 zugespielt wurde. Darin war zu lesen:

»Wir beliefern bereits seit geraumer Zeit die Ostblock-Staaten und den asiatisch-afrikanischen Raum mit hochtechnologischer Elektronik – meist Embargowaren. Auf dem wehrtechnischen Sektor liefern wir sowohl östliches Equipment (z. B. Ersatzteile, komplette Panzer, Aufklärungsfahrzeuge, Munition, Hubschrauber, Raketen, Handfeuerwaffen sowie sämtliche Munition hierfür) als auch westliches Equipment in gleicher Auswahl. Bei unseren Kunden sind wir wegen unserer Liefermöglichkeiten und unserer Preisgestaltung als zuverlässiger Partner begehrt und bekannt.«

»Mit freundlichen Grüßen« unterzeichnete Helmut Aitonitsch, Manager der Automotive Supplies in Wien, Aßmayergasse 60. 1985 hat Aitonitsch die Firma verlassen. Seither arbeitet er als ›selbständiger Kaufmann‹ im Waffengeschäft.

Wie Michel de Bourbon, der von sich sagt, daß er in der einen Hand eine Bombe, in der anderen einen Rosenkranz hält, ist Aitonitsch tief gläubig. Regelmäßig geht er in die Kirche. Betrachtet er das als Widerspruch zu seinen Geschäften?

»Ich glaube, das liegt in der Sache der christlichen Kirche. Denn gar so harmlos waren ja die Urchristen auch nicht. Das war ein sehr wehrhaftes Volk.«

»Die Kirche verdammt doch immer die Waffen«, werfe ich ein.

»Und deshalb werden sie trotzdem gesegnet«, entgegnet er.

Abgesehen von jenen, die tatsächlich im Geschäft sind, gibt es die vielen kleinen Händler, die mal einen Panzer oder ein paar Maschinengewehre liefern oder wenigstens behaupten, sie liefern zu können. Ein solcher kleiner Fisch ist der Bauer L. aus Braunschweig. An ihn kam ich über den Waffenschieber A., der, als ich ihn traf, gerade aus dem Gefängnis entlassen worden war. Er wollte auspakken, weil er überzeugt war, unschuldig im Gefängnis gesessen zu haben. Für einen Journalisten ist eine solche Situation meist günstig. Ich erzähle ihm von meinen Kontakten zu Waffenhändlern und frage, was er darüber wisse.

»Soll ich Ihnen eine Verbindung zu Cummings herstellen?«

»Woher kennen Sie denn den?«

»Ich habe einmal einen Transport für ihn durchgeführt und zufriedenstellend abgewickelt.«

Ich war erfreut, blieb aber skeptisch. Eine Zeitlang geschah überhaupt nichts. Dann ein Anruf. »Ich habe ein Treffen mit Cummings ausgemacht. Morgen früh komme ich nach Frankfurt ins Airport-Hotel. Da wird Cummings mit uns reden.«

Erwartungsvoll fahre ich am nächsten Morgen ins Airport-Hotel. Mein Bekannter ist schon da. Wir warten eine Stunde, aber Cummings kommt nicht. »Ich rufe mal schnell in Monte Carlo an«, sagt der Waffenschieber A. und verschwindet. Kurz darauf ist er wieder da. »Ich habe mit seiner Sekretärin gesprochen. Er ist in Frankfurt und weiß von dem Treffen. Er wird sicher bald kommen.« Cummings kommt aber doch nicht. In seinem Hotel hinterlassen wir eine Nachricht und gehen.

»Kommen Sie, wir fahren derweil zu einem Mann bei Braunschweig, der handelt ebenfalls mit Waffen«, lädt mich mein Bekannter ein. Dort angekommen, tauschen die beiden erst mal Erinnerungen an gemeinsame Geschäfte aus. Bauer L. ist 56 Jahre alt. A. frotzelt ihn, daß er noch immer seinen alten Mercedes Diesel fahre. Dann legt L. zwei goldene Rolex-Uhren auf den Tisch. »Prima Fälschungen«, A. ist begeistert. »Wieviel können Sie davon liefern?«

»500 leicht.«

»Und was kosten die für mich als alten Kunden?«

»200 Mark pro Stück.«

A. kauft zwei. »Zur Ansicht, für meine italienischen Freunde.«

Übers Waffengeschäft redet der Bauer nicht viel, ich bin enttäuscht.

»Na ja«, meint A. auf der Rückfahrt, »bevor wir uns ver-abschiedeten, wollte er mir zwei Panzer anbieten.«

Wieder zurück in Frankfurt. Von Cummings keine Nachricht. A. muß wieder zurück nach Baden-Baden.

Abends rufe ich unter der Nummer, die A. mir gegeben hat, in Monte Carlo an. Cummings meldet sich selbst. Ich stelle mich vor und frage als erstes, ob er einen Herrn A. kenne?

»Nie gehört.«

»Und wollten Sie nicht nach Frankfurt kommen?«

»Was soll ich denn da tun?«

Wir verabreden für das nächste Wochenende ein Treffen in Monte Carlo.

Zwei Tage später ruft A. wieder an. »Ich habe jetzt ein Vermögen mit Monte Carlo vertelefoniert. Cummings ist in Frankfurt. Ich versuche auf jeden Fall, ein Treffen in Frankfurt zu arrangieren.«

A. gibt an. Ich hüte mich, ihm zu erzählen, daß ich Cummings schon längst gesprochen habe und daß dieser überhaupt nicht vorgehabt hatte, nach Frankfurt zu kommen.

Saboteure, Söldner und Putschisten

»Putsch(schzer. ›Stoß‹), Bezeichnung für einen mit staatsstreichähnlicher Technik durchgeführten Umsturz bzw. Umsturzversuch zur Übernahme der Staatsgewalt.«
Meyers Großes Taschenlexikon

18. Juni 1985. Frankfurt, Mittelweg. In dem neueröffneten griechischen Lokal ›Alt-Athen‹ treffe ich wieder einmal den Waffenhändler ›Wenzel‹. Wir reden über gemeinsame Bekannte.

»Ich habe aus Spanien einen Telefonanruf bekommen, von Hans Peter Schulz. Er hat erfahren, daß Sie mit Leinhäuser gesprochen haben. Wenn das stimmt, wollen die Leinhäuser aufsuchen und ihn dazu bewegen, eventuelle Aussagen, die Geschäfte von Schulz betreffend, zurückzunehmen.«

Hans Peter Schulz wurde am 8. Februar 1947 in Mühlhausen geboren. Seit Jahren lebt er in Spanien, registriert unter der Aufenthaltsgenehmigungs-Nummer 287958 in Oviedo. Dort führt er ein Dolmetscherbüro und ein Unternehmen namens ›Diamat-Gruppe‹. Das meiste Geld verdient er mit Waffengeschäften. Selbst den Rüstungsriesen Rheinmetall soll er im nördlichen Teil Spaniens vertreten, im Gebiet der ETA, der baskischen Separatistenorganisation. Schulz arbeitet erfolgreich. Zum Beispiel liefert er Waffen nach Pakistan, wie man einem Schreiben der spanischen Rüstungsfirma ENOSA vom 18. Mai 1983 an »Senior Hans Peter Schulz, San Mateo, Oviedo« entnehmen kann. Manchmal erhält er auch so triviale Post wie die Postkarte aus Teheran vom 1. Mai 1983: »Viele Grüße aus der Schleier- und Eulenstadt und dem ach so trockenen Klima senden Dir die Gesprächspartner aus dem Hotel. Sollten wir mal nach Madrid kommen, werden wir gerne den spanischen Rotwein probieren wollen. Bis dahin werden wir allerdings von solch lukullischen Genüssen und anderen menschlichen Wünschen und Lieben nur träumen.«

Es grüßen »Werner (der Kleine)« und »Jörg (der Langjährige)«. Diese Grüße haben mit einer anderen Spezialität von Schulz zu tun: mit seiner Söldnerschule. Diese Schule wird von den spanischen Behörden mit Interesse beobachtet, da Schulz ihnen bemerkenswerte Informationen über die Leute lieferte, die sich bei ihm ausbilden ließen.

Die Informationen waren gewiß nicht schlecht, gilt Schulz doch als einer der Großen im spanischen Waffenhandel, und er stand in Verbindung mit terroristischen Organisationen. Da ist die OAS, eine rechtsextreme algerisch-französische Terrororganisation in den sechziger Jahren. Oder die CATENA, das ›Antirevolutionäre Komitee Nordafrikas‹, mit dessen Hilfe Waffenlieferungen an die algerische Freiheitsbewegung in den sechziger Jahren unterbunden wurden. Später kam die Ausbildung von Söldnern dazu, die aus den Kreisen kamen, zu denen Schulz in den sechziger und siebziger Jahren gute Kontakte hatte.

Gemanagt wurden all diese Aktivitäten über die ›Diamat-Gruppe‹, mit Zweigbüros in Zürich und Madrid. Zur Gruppe gehören außerdem Firmen mit so phantasievollen Namen wie ›Priasa‹, ›Intercala‹, ›Alplan‹ und ›Torre de Television‹.

Über diese Firmen liefen die Waffen an die afghanischen Kämpfer wie an die Contras in Nicaragua.

Inzwischen hat Schulz seine zweite Heimat überstürzt verlassen. Ein Partner von ihm wurde von der ETA ermordet, und ihn hätten die baskischen Separatisten auch gerne erwischt. Der Grund: Schulz soll der Terroristenorganisation GAL, die ETA-Leute jagt, wichtige Informationen geliefert haben. Sein neuer Zufluchtsort: die Bundesrepublik Deutschland. Rührig, wie er nun mal ist, kann er ›das Geschäft‹ nicht sein lassen. Im September 1985 verschickte er Telegramme, in denen er sich für weitere Waffenlieferungen anbot.

Offenkundig stehen ›Wenzel‹, den die Polizei, und Schulz, den nicht nur die Polizei, sondern auch die ETA sucht, in Kontakt. Beide leben mit falschen Pässen in der Bundesrepublik.

Ich frage ›Wenzel‹, ob er mir etwas über die Putschpläne erzählen könne, die er in einem unserer Gespräche erwähnt hat. Wir sind allein im Lokal. Der Wirt ist in der Küche. Draußen strahlt die Sonne. Auf unserem Tisch brennen in einem Kerzenständer fünf Kerzen.

»Es gibt eine Gruppe von Exilpolitikern«, berichtet ›Wenzel‹. »Diese Leute versuchen mit Gewalt, wieder an die Macht zu kommen. Sie bieten demjenigen, der sie unterstützt, enorme Vorteile. Um es genauer zu sagen: Diese Gruppe, die in London sitzt, bietet einer Gruppe von Deutschen, die Verbindungen zu ehemaligen Legionären hat, die gesamten Bodenvorräte dieses Landes zur Ausbeutung an, wenn sie das Geld für den Umsturz zur Verfügung stellen. Die Pläne für den Umsturz sind fertig, wie das laufen soll, wie die Hauptstadt in Besitz genommen werden soll. Es ist verhältnismäßig einfach, weil da nur geringe Mittel für die Verteidigung zur Verfügung stehen.«

»Die Söldner, kommen die aus der Bundesrepublik?«

»Ich weiß, daß eine Gruppe von ehemaligen Fremdenlegionären da ist. Es sind ungefähr vierzig bis fünfzig Mann, die sofort in das Land gingen. Mit Unterstützung von einigen anderen. Viel mehr werden aber nicht benötigt.«

»Wird dieser Putsch denn im wesentlichen von Deutschen finanziert und organisiert?«

»Der Hauptsprecher, der auch die Verbindung nach London hat, ist ein Deutscher. Und der hat wiederum in Frankreich Freunde, die früher bei der Fremdenlegion waren. Die haben das Technische ausgearbeitet, die Planung für die Besetzung der Hauptstadt. Da gibt es nur wenige neuralgische Punkte: eine Kaserne, eine größere Polizeistation, den Rundfunksender und das Parlamentsgebäude, eben alles, was in den Griff bekommen werden müßte. Und damit steht und fällt quasi die Herrschaft über das Land.«

»Lieber Herr Wenzel, das sind doch Hirngespinste. Wer kann so etwas in unserer aufgeklärten Zeit noch unterstützen?«

»Nein, nein. Ich habe ja die Pläne gesehen.«

»Hätten Sie denn dafür die Waffen liefern sollen?«

»Der Waffenbedarf dafür ist sehr gering. Es ist der Einsatz von maximal hundert Personen geplant. Wir sind angesprochen worden wegen der Transportmittel und eines geringen Teils der Waffen. Aber es ist schwerer, eine Ausrüstung für 50 Mann bereitzustellen als für 5000 Mann.«

»Liegt das Land in Zentralamerika?«

»Eigentlich mehr Südamerika, am Atlantik.«

»So viele Möglichkeiten gibt es in dieser Region doch nicht?«

»Es wird kommunistisch regiert. Ungefähr 300 000 Menschen leben in dem Land.«

»Was wäre denn«, will ich wissen, »wenn durch Veröffentlichungen ein solcher Plan und damit der Profit für die Leute ausbleiben würde?«

»Die Leute wären sauer.«

Jetzt weißt du etwas. Nur kannst du damit wenig anfangen, dachte ich mir nach diesem Gespräch. Was fängt man mit dem Wissen um einen Staatsstreich an? Gleich zur Botschaft des betroffenen Landes rennen und auspacken, oder in den Medien die Trommel rühren? Letzteres hätte sich auf mein Bankkonto äußerst positiv ausgewirkt. Oder sollte ich den Jahresbericht von Amnesty International lesen, um dann zu entscheiden? In deren Berichten über die Verletzung der Menschenrechte erfährt man, daß mutmaßliche Regierungsgegner ohne Anklage und ohne Kontakte zur Außenwelt inhaftiert werden. Mißhandlungen sollen üblich sein. Von Schnellhinrichtungen ist die Rede. Kann eigentlich nur gut sein, ein solches System zu stürzen. Aber bin ich Richter über ein solches Regierungssystem und über ein Land, von dem ich zuvor kaum etwas gehört und gelesen habe?

Ich spüre, daß ich mich mit der Mentalität der Machtpolitiker und Waffenhändler anfreunden könnte: Einerseits könnte ich jetzt eine Story verkaufen und wäre dazu noch politisch reinen Herzens. Andererseits habe ich meinen Informanten versprochen, nicht zu sagen, wo der Putsch inszeniert werden soll.

Die einen, mit denen ich im Sommer 1985 über meine inneren Konflikte gesprochen habe, haben mir brutalen Zynismus vorgeworfen. »Das mußt du doch veröffentlichen, oder mindestens mußt du die Informationen weiterleiten.«

Die anderen, vor allem meine Journalistenkollegen, sagten: »Warte ab – du mußt dein Versprechen halten.«

Dann habe ich Klaus Jürgen Hennig vom Westdeutschen Rundfunk getroffen, einen der wenigen ›aufrechten‹ Fernsehredakteure. Er hat Erfahrungen in Sachen journalistische Enthüllungen. Und er konnte beurteilen, vor welchem moralischen Dilemma ich stand. Er bot mir eine goldene Brücke an: »weiterrecherchieren«.

6. Juli 1985. In der amerikanischen Zeitung ›Herald Tribune‹ wird eine merkwürdige Anzeige veröffentlicht: »Wir suchen Männer mit militärischen Erfahrungen, die bereit sind, Geschäfte, Fabriken, Institutionen und Krankenhäuser gegen Sabotage und kommunistische Guerilla-Aktivitäten zu schützen. Diejenigen, die im Guerillakrieg Erfahrungen haben, werden bevorzugt. Erfolgreiche Missionen werden gut bezahlt.« Interessenten sollen sich an die Ansus-Foundation, Postfach 3493, Amsterdam, wenden.

Nichts ist einfacher, denke ich und schreibe an die angegebene Adresse: »Ein Freund aus London erzählte mir, daß Sie Leute suchen, die militärische Erfahrungen haben. Ich möchte gern nähere Informationen über den Job, den Sie anbieten.«

Unter Nummer 157 wird mein Brief bei der Ansus-Foundation archiviert, mit einem Vermerk: »Ablehnen. Keine militärischen Erfahrungen.« Recht haben sie. Aber woher wissen sie das?

Im August 1985 erhalte ich ein standardisiertes Antwortschreiben, datiert vom 17. Juli:

»Ein wunderschönes Land, reich an natürlichen Roh-stoffen, mit einer Gesamtbevölkerungszahl von 300 000 Menschen. Die Macht liegt in den Händen eines Dikta-tors, der die Bevölkerung unterdrückt. Das Land ist dem Kommunismus ausgeliefert, und die Bevölkerung ist ent-rechtet. Darüber sind wir besorgt. Wir möchten auf unsere Weise gegen den Kommunismus agieren . . ., die Bevölke-rung hat ein Recht, von einem Tyrannen befreit zu wer-den . . . Wenn Sie mit uns kooperieren wollen, um unser Ideal zu verwirklichen, damit die Demokratie in unserem Lande wiederhergestellt werden kann, würden wir gerne ihre persönlichen Daten erhalten. Die größtmögliche Diskretion wird gewahrt. Wir haben derzeit nicht die finanziellen Möglichkeiten, Sie sofort zu bezahlen.«

Letzteres hindert den »Chairman Mr. John« von der Ansus-Foundation nicht, ein kühnes Angebot zu unter-breiten: Für den Einsatz werden pro Stunde »65 Dollar bezahlt«, und »während der Aktionszeit« gibt es »100 Dol-lar extra«.

Diese Angaben deckten sich in etwa mit den Aussagen ›Wenzels‹, obwohl aus dem Schreiben der Ansus-Founda-tion nicht ersichtlich wird, welche Regierung gestürzt wer-den soll. Aber die Hinweise auf Bevölkerungszahl und Rohstoffvorkommen, der Begriff ›Befreiung vom Kom-munismus‹ sowie die Tatsache, daß die Ansus-Foundation von Holland aus operiert, bestätigten ›Wenzels‹ Andeu-tungen. Es mußte sich um Surinam handeln.

Im Spätsommer 1985 fuhr ich nach Holland. Zuerst ging ich zur Botschaft von Surinam in Den Haag. Vor dem Mis-sionsgebäude stand ein Polizeiwagen. Die Sicherheitskon-trollen waren beachtlich: kugelsicheres Glas am Eingang, mehrere herumstehende Botschaftsangehörige beob-achteten mich mißtrauisch. Nach langem Warten kam der zuständige Mann. »Was kann ich für Sie tun?«

Weil ich weiß, daß man gute Informationen nur bekommt, wenn man selbst welche anbietet, zeigte ich dem Botschaftsangehörigen das Schreiben der Ansus-Foundation.

»Kennen wir nicht.« Gleich danach ließ er eine Fotokopie anfertigen. »Putschpläne hat es schon immer gegeben. Wir sind wachsam.«

Am 25. November 1975 ist die Kolonie ›Niederländisch-Guayana‹ in die Unabhängigkeit entlassen worden. Den Namen ›Surinam‹ hat die junge Republik von einem Indianerstamm übernommen, der bei seiner Entdeckung durch die Spanier, um das Jahr 1500, an der Nordküste Südamerikas lebte. Die Unfähigkeit der ersten Unabhängigkeitsregierung, die sich eng an die Niederlande angelehnt hatte, führte am 25. Februar 1980 zum ›Putsch der Unteroffiziere‹. Als starker Mann erwies sich Sergeant Desi Bouterse, der 1981 den ›sozialistischen Weg‹ für Surinam verkündete. Gleichzeitig wurden die Verbindungen zu Kuba, Nicaragua, Grenada und Nordkorea ausgebaut. Sowjets und Kubaner unterhalten seitdem die größte Anzahl von Botschaftsangehörigen in der Hauptstadt Paramaribo, während die meisten anderen Länder dort gar keine diplomatischen Vertretungen eingerichtet haben. Politiker, Intellektuelle und Gewerkschafter, die zwar mit der Militärrevolution sympathisierten, aber die Rückkehr zur Demokratie forderten, riefen Ende November 1982 zum Generalstreik auf. Die Folge: Am 8. Dezember 1982 starben »15 Elemente der korrupten lokalen Elite«. Eine äußerst zurückhaltende Umschreibung für den Tatbestand, daß fast die gesamte Oppositionsführung liquidiert wurde.

Was sind schon 15 Tote, wird man sagen, wenn in anderen Ländern Zehntausende Menschen massakriert werden? Es mag sich ja um eine Tragödie handeln, aber ist sie nicht harmlos, verglichen mit dem, was sonst tagtäglich passiert? Bei dieser Sichtweise wird jedoch der Kontext vergessen, in dem die Morde stattfanden. Die Bevölkerung von Surinam wird, wie gesagt, auf 350 000 Menschen geschätzt. Die meisten Bewohner leben in oder in der Nähe der Hauptstadt Paramaribo, des Zentrums des politischen und kulturellen Lebens. Jede wichtige Organisation und Gruppe hatte dort ihr Hauptquartier. Die Ermordung führender Gewerkschafter, des Präsidenten der Rechtsanwaltsvereinigung, des Besitzers einer bedeutenden Radiostation, des Dekans der Universität und einiger Journalisten – das hatte natürlich einschneidende Konsequenzen für das gesamte politische und soziale Leben.

Am 9. Dezember 1982 erklärte Desi Bouterse, der inzwischen den Rang eines Oberst bekleidete, im nationalen Fernsehen, daß die 15 Führer des Generalstreiks erschossen worden seien, als sie einen Massenausbruch gewagt hätten. Seitdem regiert Bouterse unangefochten und spricht von der »sozialistischen Revolution, die nun ohne Konterrevolutionäre erfolgreich durchgeführt werden kann«. Die Bindung an Kuba, an die UdSSR und seit neuestem auch an Libyen ist immer fester geworden. Für die USA wie für den Nachbarstaat Brasilien ist dies Grund genug zu intervenieren, direkt oder indirekt.

Anfang 1983 landete auf dem Flughafen von Paramaribo ein unbekanntes Flugzeug. Ohne Vorankündigung und ohne Genehmigung erschienen der argentinische General Venturini und einige Verstärkung am Schauplatz des Geschehens. Colonel Bouterse war überrascht. Die Verständigung zwischen den beiden Soldaten war kurz und folgenreich. Venturini zu Bouterse, der auf Befehl des Generals zum Flughafen geeilt war: »Meine Armee steht bereit, um die Macht in Ihrem Staat zu übernehmen, sollten die Kubaner nicht innerhalb von 48 Stunden das Land verlassen. Gehen die Kubaner, sind wir bereit, Ihr Land zu unterstützen.«

Am nächsten Tag flogen hundert Kubaner nach Hause. Seitdem erhält Surinam brasilianische Militärhilfe, zum Beispiel sechs neue Panzerspähwagen.

Die USA haben auf die bekannte Art und Weise versucht, das Problem zu lösen – sie setzten die CIA ein. Erfolglos, auch deshalb, weil zwei mit der Überwachung von Geheimdienstoperationen befaßte Kongreßausschüsse in Washington den geplanten Aktionen Einhalt geboten.

30. Januar 1983, 11 Uhr. Wieder einmal vereitelt die

Nationalarmee den Sturz von Regierungschef Bouterse. 22 Personen werden verhaftet, illegale Waffen und Munition beschlagnahmt. Gefunden werden auch Karten mit exakten Angaben über die Residenz des Regierungschefs und über militärische Objekte.

Am 3. Februar 1983, um 1 Uhr 30 nachts, wird einer der gefährlichsten Rivalen Bouterses, der ›Anführer des Putsches‹ Major Roy Horb, in seiner Zelle tot aufgefunden. »Selbstmord«, behauptet die Regierung. »Kaltblütiger Mord«, sagt die Opposition.

März 1984. Ein neuer Putsch wird vorbereitet. Söldner treffen sich in einem Camp in Französisch-Guayana. Unter den wachsamen Augen der Franzosen werden sie von einem Dr. John ausgebildet. Der 44jährige Amerikaner besitzt dafür die entsprechende Qualifikation. In Vietnam hat er in der 82. Airbone-Division und in der 4. Infanteriedivision gekämpft. Danach war er arbeitslos.

Bis er eine neue Aufgabe findet: Söldnerausbildung. »Ich ging 1983 nach Nicaragua, um zu sehen, was dort los war.« John informierte sich, und dann packte er mit an.

»Ich arbeitete mit der ›Demokratischen Revolutionären Allianz‹ (ARDE) zusammen und war verantwortlich für Geheimdienstinformationen.« Er ist stolz darauf, »die Schlacht von El Castillo« entscheidend mit beeinflußt zu haben. Die Contras hatten den sandinistischen Rebellen »erheblichen Schaden« zugefügt, er meint vor allem Tote.

Im November 1983 erkrankte der Amerikaner an Malaria und mußte nach Florida zurück. Wieder einmal war er arbeitslos. Aber er hatte Glück, denn der ehemalige Sicherheitschef der surinamesischen Botschaft in Washington nahm Kontakt mit ihm auf: »Ich suche Söldner, um die Regierung zu stürzen.«

Dr. John jedoch wußte zuwenig über Surinam und setzte sich daher mit seinen Freunden in Langley in Verbindung; dort befindet sich das Hauptquartier der CIA.

»Sie zeigten mir ein Video-Tape, eine ziemlich flotte Präsentation, über die Regierungspolitik von Bouterse und einige der Coups, die geplant waren.«

Nun wußte er genug. Wieder traf er sich mit dem Surinamesen, von dem er allerdings relativ wenig hielt. »Du kennst den Typ. Hat in einer Gefahrensituation nie einen Schuß abgegeben. Und kauft alles Zubehör bei ›SOF‹.« ›SOF‹, ›Soldier of Fortune‹, erscheint in den USA und ist die Zeitschrift der internationalen Söldnerbewegung, Auflage 170 000 Exemplare monatlich.

Der Surinamese zu Dr. John: »Kannst du den logistischen und operationellen Teil vorbereiten, mit Preisvorstellungen? Ich muß sie dem Rat in Amsterdam vorlegen.« Er meint den ›Befreiungsrat‹, in dem sich surinamesischen bürgerliche Oppositionspolitiker zusammengeschlossen haben, um von den Niederlanden aus darauf hinzuarbeiten, die Regierung in der Heimat zu stürzen.

Im Januar 1984 hat der Rat den Plan gebilligt. Aber Putsche kosten Geld, und zwar Millionen. Dr. Johns Vorstellung: »5000 Dollar für jeden Söldner. 400 Söldner sollten nach Plan A in das Land eingeschleust werden. Kostenpunkt eine Million Dollar – eine geringe Summe.«

Dr. John fordert für seine Tätigkeit pro Monat ein Festgehalt von 2000 Dollar.

Dann wurde getüftelt. »Wie gehen wir am besten vor?«

»Gemeinsame Angriffe gegen die strategischen Punkte in der Hauptstadt, um das Zentrum der Macht, das Militärfort Zeelandia, zu isolieren. Später können wir dann das Fort einnehmen.«

»Dazu benötigt man jedoch genaue Lagepläne.«

»Fucking beautiful«, ruft John. »Wir konnten das Fort filmen und den Film sogar an MGM verkaufen.«

Gemeint war, daß ein Fernsehteam die für die Putschisten strategisch wichtigen Punkte aufgenommen hatte und die Söldner an das Material herankamen. Wie, wollte Dr. John nicht verraten.

Informationen waren also da – das Geld aber noch immer nicht. Dr. John zürnte: »Ohne Geld mache ich nichts.«

»Gibt es keine anderen Pläne, die vielleicht etwas billiger sind?« wurde er gefragt.

»Na gut. Ich entwickelte also Plan B und Plan C.«

Plan B: Eine Söldnertruppe von hundert Mann landet in der Stadt Nickerie und startet von dort aus einen Guerillakrieg.

Plan C: Eine kleine Einheit, die aus Contras, amerikanischen Vietnam-Veteranen, Söldnern und einem halben Dutzend Surinamesen besteht, nimmt die Stadt Neu-Nikkerie ein. Dabei richtet sie ›weitgehende Zerstörungen‹ an, in der Hoffnung auf eine ›maximale Öffentlichkeit‹, um dann abzuwarten, wie die Bevölkerung reagiert. Sollte Unterstützung nicht zu bekommen sein, könnten die Putschisten über das Meer oder über den Grenzfluß Corantijn nach Guayana fliehen.

Zu diesem Zeitpunkt war eigentlich schon klar, daß keiner der drei Pläne zu realisieren sein würde. Nichts klappte. Dr. John war jedoch noch immer optimistisch.

3. Januar 1984. Dr. John trift sich im Luchthaven-Flughafen in Brüssel mit den Finanziers und politischen Sponsoren des Putsches. Als diese ihm zu verstehen geben, daß sie weder das Geld haben, noch damit einverstanden sind, daß Amerikaner den Putsch durchführen, fliegt Dr. John frustriert in die Staaten zurück.

Jetzt hätte er doch eigentlich aufgeben müssen, denke ich. Weit gefehlt. Dr. John machte weiter. Nicht aus Idealismus natürlich. »Ich brauchte Geld.«

Glück für ihn, daß er kurz vor Ablaufen des Kontrakts einen Telefonanruf erhielt. »Kannst du sofort zu mir kommen?« John konnte. Stieg ins nächste Taxi, ließ sich zum Flughafen fahren und erreichte Miami um zwei Uhr morgens. Sein Gesprächspartner war Roy Bottse, ein ehemaliger surinamesischer Leutnant.

»Später erfuhr ich, daß er seit über zwölf Jahren Nachrichtenoffizier war. Die Holländer wollten nicht, daß Bouterse gestürzt würde. Ich hörte auch, daß der holländische Geheimdienst Bouterse schützte.«

Das wußte er aber Anfang 1984 noch nicht. Jedenfalls informierte Roy Bottse den US-Söldner mit Geldsorgen, daß in Französisch-Guayana 24 militärisch erfahrene Surinamesen in einem Trainingscamp warteten. Sie wollten Dr. John mieten, damit er sie für einen Putsch vorbereitete.

Dr. John sagte zu. In Französisch-Guayana erwartete ihn eine herbe Enttäuschung. Von den versprochenen 24 Surinamesen waren nur noch 12 da. Die restlichen hatten keine Lust mehr gehabt. »Ein Camp existierte ebenfalls nicht.«

Und: »Die Waffen, die man mir versprochen hatte, bestanden aus zwei einschüssigen Gewehren und zwei Pistolen . . . Mit dieser Ausstattung kann man weder eine erfolgreiche Revolution noch eine Konterrevolution durchführen.«

Aber Dr. John gab nicht auf. »Auf der Farm eines geflüchteten Surinamesen begannen wir dann mit der Arbeit.«

Die Rekruten des Trainingslagers, das Mango-Camp genannt wurde, weil in der Umgebung zahlreiche Mangobäume standen, waren begeistert und kämpften, theoretisch zumindest.

Irgendwann kamen sogar Waffen, Uniformen, Gasmasken, Bajonette, Kompasse, Schuhe und Mützen.

Besonders begeistert waren Dr. John und sein amerikanischer Söldnerkollege mit dem Tarnnamen ›Boss‹. »Ich hatte eine tolle Armalite 180 und mein Partner ›Boss‹ eine XM 16.«

Die Stimmung wurde immer besser. Und die Töne greller: »Wir beabsichtigten, mit massiven militärischen Aktionen unser Land zurückzuerobern«, trumpfte Roy Bottse im Lager auf. »Wir sind hier mit einer Anzahl gut ausgesuchter und hart trainierter Männer.«

›Boss‹ sagte: »Wir haben jetzt eine kleine Gruppe, sehr motiviert und sehr diszipliniert.«

Die sozialistische Regierung unter Mitterrand läßt so etwas in einer ihrer ›überseeischen Provinzen‹ zu, denke ich. Die Erklärung ist einfach. In Französisch-Guayana wird die Rakete ›Ariane‹ gestartet. Auch andere Raketentypen sieht man von Zeit zu Zeit in den Himmel starten.

Ein marxistisches Regime in greifbarer Nähe, vielleicht auch sowjetische Fischerboote mit besonders feinen Antennen und gar Libyer – die Franzosen jedenfalls blieben untätig.

Während im Lager weitergeübt wurde, beschaffte sich Dr. John letzte Informationen aus Surinam. Er beobachtete die Grenzstadt Albina, mit deren Einnahme die Intervention beginnen sollte. »Flüsse voller Piranhas, brütende Sonne über dem Malariadschungel, beißende Insekten, gefährlich – und ich allein«, erzählt der einsame Kämpfer.

Dr. John war optimistisch. »Ich hatte das Gefühl, daß ich die Stadt allein mit meinem 45er Revolver einnehmen könnte.«

Er tat es nicht. Dafür schoß er zwei Rollen Film vom Operationsgebiet und wanderte zurück zum Camp. Dann entwickelte er drei verschiedene Pläne, wie sie vom Trainingslager aus in Surinam eindringen könnten. Aber der Befreiungsrat lehnte sie alle ab, aus »nichtigsten Gründen«. Gleichzeitig erfuhr er von französischen Beamten, daß die kommunistischen Minister der Regierung in Paris etwas über ihre Präsenz in Französisch-Guayana erfahren hatten und ihre Ausweisung forderten. »Nun, laß mich rekapitulieren. Wir hatten acht Soldaten, zwei Amerikaner und einen Politiker im Mango-Camp. Wir haben sie einem Trainingsprogramm unterzogen, auch physischem Training, Radiokommunikation, Aufbewahren und Reinigung von kleinen Waffen; das war alles, was wir hatten – keine Maschinengewehre, keine Granaten, keinen Plastiksprengstoff, nichts. Wir machten eine Menge Hinterhalttraining, lange Märsche durch Dschungel und Sumpf, Flüsse überqueren und die Überquerung von Hauptstraßen während des Tags.«

»Und all das«, klagt Dr. John, »wurde durch den Rat in Amsterdam gestoppt.«

»Ich fragte mich, ob diese Leute wirklich den Krieg wollten. Wir wußten, daß einige unserer Spione gefangengenommen worden waren. Wir glaubten, daß Botts für die

Franzosen arbeitete – in Wirklichkeit arbeitete er für die Holländer. Wir wunderten uns über den Befreiungsrat, der nur an seine Wohlfahrtsschecks dachte.«

Die Frustration muß groß gewesen sein, besonders für Dr. John und seinen Landsmann. »The fucking two of us would start their goddamned war for them.« Zu deutsch etwa: »Wir zwei Ficker würden ihren gottverdammten Krieg für sie anfangen.« Sein Schlußwort: »Ich würde gerne Surinam übernehmen. Es kann geschafft werden. Es sollte gemacht werden.«

Die Ansus-Foundation hat aus diesen Erfahrungen gelernt. Mein Problem war allerdings, erst einmal herauszufinden, wer und was sich hinter der Foundation verbarg. War es vielleicht auch so ein komischer Haufen wie der von Dr. John? Nachfragen in Amsterdam bei verschiedenen Journalisten erbrachten keine Neuigkeiten. Niemand wußte etwas von der Ansus-Foundation. Die einzige Möglichkeit, die übrigblieb: Das Datenschutzgesetz mußte umgangen werden. Ich schaltete einen befreundeten Journalisten mit Beziehungen zur Postverwaltung ein, und ich schaffte es. Ansus-Foundation gleich Georg Baker, Amsterdam, Oude Hoogstraat. Auch die Telefonnummer wurde mitgeliefert.

Am 9. September rufe ich unter der angegebenen Nummer an. »Ist Herr Baker da?«

Eine männliche Stimme antwortet: »Ich will mal sehen, ob er hier ist.« Wenig später: »Um sieben kommt er wieder.«

19 Uhr. »Kann ich Herrn Baker sprechen?«

»Einen Moment, ich gebe Ihnen seine Sekretärin.«

»Ansus-Foundation. Guten Tag.«

»Ich möchte Herrn Baker sprechen.«

»Sie möchten mit ihm sprechen?«

»Wenn es ginge, wäre das schön.«

»Ja, es ist nur so, daß es Schwierigkeiten in der Verständigung gibt. Aber ich gebe Ihnen Herrn Baker.«

»Hallo?«

»Ja, ich benötige Ihre Hilfe bei Recherchen über die Ansus-Foundation.«

»Ich bin Mr. Baker. Ich habe nur mein Postfach zur Verfügung gestellt. Das habe ich dem ›Bigman‹ hier gegeben, Mr. Sherman Connors. Ich gebe ihn Ihnen, einen Moment.« Wieder wurde das Telefon weitergereicht.

»Hallo?«

»Schreiben Sie uns, was Sie verlangen, und auch die Fragen, die Sie uns stellen wollen. Sie müssen verstehen, wir müssen sehr vorsichtig sein.«

»Na ja«, erwidere ich, »ich möchte mich eigentlich gerne mit Ihnen persönlich unterhalten.«

»Wenn Sie uns schreiben, werde ich das mit dem Präsidenten diskutieren, und dann können wir Kontakt aufnehmen.«

Also schreibe ich. Am 12. September antwortet die Ansus-Foundation. »Sehr geehrter Herr Roth, vielen Dank für das Interesse, das Sie für unsere Organisation zeigen. Sie werden verstehen, daß unsere geschäftlichen Sponsoren in diesem Moment jede Öffentlichkeit scheuen. Trotzdem, sollten Sie uns unterstützen können, zum Beispiel dadurch, daß Sie uns in Kontakt mit deutschen Wirtschaftsinteressenten bringen, wären wir in der Lage, mit Ihnen zu kooperieren.«

Und dann machte die Ansus-Foundation einen entscheidenden Fehler. Sie schickte einen zweiten Brief, der offenkundig an ernsthafte Interessenten gerichtet war, als Kopie mit:

»Sehr geehrte Herren, wir repräsentieren die Interessen ziviler Dissidenten und militärischer Gruppen in Surinam und im Ausland und bereiten in diesem Moment eine Kampagne vor, um die gegenwärtige linksgerichtete Regierung, die sich an kommunistische Alliierte wie Kuba, Libyen und Nordkorea anlehnt, zu vertreiben. Wir schreiben Ihnen in der Hoffnung, daß Ihre Organisation uns finanziell unterstützen kann, damit wir verschiedenen professionellen Organisationen, mit denen wir in Verbindung stehen, entsprechende Aufträge erteilen können. Diese

Organisationen sind in der Lage, die taktische und logistische Unterstützung vorzubereiten, die wir benötigen, ebenso die notwendigen Kontakte zu den Gesellschaften, die das notwendige Material liefern können.

Als Belohnung für Ihre finanzielle Unterstützung garantieren wir Ihrer Gesellschaft ausgezeichnete Bedingungen betreffend die Ausbeutung der surinamesischen Bodenschätze.«

Gemeint war das Bauxit.

Nun stand es endgültig fest. Die Ansus-Foundation plant einen Putsch in Surinam!

Das Jagdfieber hatte mich endgültig gepackt. Ich mußte an weitere Informationen herankommen. Zunächst interessierte mich, welcherart die Briefe waren, die bei der Ansus-Foundation eingingen. Ein Deutscher beispielsweise schreibt:

»Ich bin 63 Jahre alt, war während des 2. Weltkrieges mehrere Jahre in Nordafrika (unter Rommel). Seit Jahrzehnten ist es mein Bestreben, ›small is beautiful‹. So arbeitete ich seit Jahren für eine humanitäre Organisation und habe mit meinem Diplomatenpaß 16 afrikanische und asiatische Länder in den letzten Jahren bereist. Die von Ihnen angedeuteten Aktivitäten würden mich besonders interessieren, da es mein Bestreben ist, unmöglich Scheinendes zu realisieren. Meine geographischen sowie meine diplomatischen Verhandlungsmöglichkeiten in deutsch, französisch, italienisch, englisch würde ich zur Verfügung stellen, wobei ich gewohnt bin, finanzielle Spesen zu tragen. Mit freundlichen Grüßen.«

Auch ein Herr Bantelmann aus Düsseldorf hat einen Brief an die Ansus-Foundation abgeschickt. Bantelmann unterhält einen Weltsprachendienst, wie er sein Übersetzungsbüro nennt. Unter dem Datum des 13. September schreibt er:

»Bezug nehmend auf Ihre Anzeige in der ›International Herald Tribune‹, kann ich Sie in dieser Angelegenheit unterstützen. Obwohl ich derzeit diese Agentur betreibe, bin ich hauptsächlich ein langeingesessener Bewohner

Caracas'/Venezuela, wo meine Familie lebt. Ich bin drei-sprachig: Spanisch-Englisch-Französisch/Deutsch, aber deutscher Abstammung. Seit 1958 bin ich Bewohner von Venezuela und habe zahlreiche Geschäftsverbindungen und Erfahrungen mit Regierungsbehörden in Venezuela, Kolumbien, Ecuador und Peru. Ich habe ausführliche Militär-Kombat- und moderne Waffentechnologie-Erfahrungen, seitdem ich Vertretungen von deutschen Rüstungsfirmen, wie Heckler und Koch und Rheinmetall, erhalten habe. Ich bin in der Lage, effiziente Einsatzgruppen in diesen Ländern zu organisieren, um privaten Besitz, einschließlich Industrieanlagen, zu schützen. Ich würde beispielsweise davon abraten, nicht-spanischsprechende Organisatoren anzuheuern, da das Sprachproblem eine effektive Arbeit behindert... Aber ich wäre in der Lage, einige Lateinamerikaner oder Spanier zu rekrutieren. Bitte seien Sie so frei, mich jederzeit anzurufen oder mir zu schreiben.«

Ein anderer Deutscher hat am 10. September an die Ansus-Foundation geschrieben:

»Es tut mir leid, Ihnen sagen zu müssen, daß Ihr Brief einige Mängel enthält:

a) Es gibt viele grammatikalische Fehler.

b) Ich stimme voll mit Ihrer Vorstellung überein, die kommunistische Sklaverei zu bekämpfen. Aber Sie haben in Ihrem Brief nicht den Namen des betreffenden Landes genannt. Wie kann ich daher wissen, ob es sich nicht um einen Trick des russischen KGB oder GRU handelt? Ich habe gegen sie in Korea, Vietnam und Laos gekämpft und kenne daher die meisten ihrer Mittel und Tricks.

c) Außerdem schreiben Sie in Ihrem Brief, daß Sie einerseits keinen Fond haben, um sofort zu bezahlen, und andererseits eine Bezahlung von 65 Dollar pro Stunde anbieten (Wann beginnt das?).

d) In Ihrem Brief schreiben Sie, daß ich, wenn ich mit Ihnen im Kampf für Freiheit und gegen den Kommunismus übereinstimme, Ihnen meine persönlichen Daten übermitteln soll. Ihre Erklärung, daß die größtmögliche Diskretion selbstverständlich garantiert wird, ist ohne ein persönliches Gespräch bedeutungslos. Denn, ich wiederhole, woher kann ich wissen, wer Sie wirklich sind? Ich betone nochmals: Ja, ich bin bereit, gegen die kommunistische Sklaverei an jedem Platz auf der Welt zu kämpfen. Aber ich muß die absolute Sicherheit haben, daß es sich dabei nicht um einen Trick handelt, um die Namen von Leuten zu bekommen, die gegen die kommunistische Ideologie sind. In meinem ersten Brief vom 9. August habe ich meine Personaldaten beigefügt. Ich habe auch klargemacht, daß, sofern Sie nähere Informationen möchten, ein persönliches Gespräch notwendig ist.«

Mich fasziniert es, in den Papieren von Menschen zu stöbern, die fest davon überzeugt sind, daß es zwischen Absender und Empfänger keinen Dritten gibt.

Die ›International Herald Tribune‹ wird, wie der Name sagt, in vielen Ländern vertrieben. Entsprechend international ist das Publikum, das sich an die Foundation wendet. Damit meine ich nicht etwa den Spinner aus Surrey in England: »Ich bin bereit, für Geld alles zu tun. Meine Erfahrungen enthalten vor allem die Bereitschaft, alle harten Sachen durchzuführen.«

Ernsthafter ist der Brief aus Sliema in Malta:

»Ich gehöre zu einem Drei-Mann-Team, das im Sabotagebereich (industriell oder militärisch) arbeitet oder besondere Ziele eliminiert. Wir nehmen jede Art von Arbeit an, vorausgesetzt, daß die vereinbarte Leistung im voraus bezahlt wird.«

Noch weitaus bessere Qualifikationen muß Edward J. W. aus Reading in den USA besitzen. Nach seinem Lebenslauf zu urteilen war er vom März 1981 bis Oktober 1984 Sicherheitsdirektor auf dem King Abdulazis International Airport Jeddah in Saudi-Arabien und gleichzeitig Sicherheitsberater des dortigen Ministeriums für Verteidigung und Luftfahrt. Zuvor hatte er als Manager für Sicherheitsfragen bei der Dallah Avco Trans-Arabia Company gearbeitet.

Auf das große Geld wartet Gerard B. in Genf. Der US-Bürger, der von Dezember 1983 bis Juni 1984 in der amerikanischen Botschaft in Ouagadougou in Obervolta als Sicherheitsoffizier tätig war, dient derzeit als Sicherheitsbeamter bei der Genfer ›VIP-Security-Gesellschaft‹. In seinem Bewerbungsschreiben befinden sich drei Zertifikate des United States Marine Corps.

Über militärische Erfahrungen, glaubt man den anhängenden Dokumenten, verfügt auch der Deutsche Heinz H. aus Hagen. Er ist interessiert an einer Mitarbeit entweder als ›Radio-Techniker‹ oder als ›Soldier‹.

Seine Tätigkeit für die Ansus-Foundation kann er »jederzeit beginnen. Ich muß nur wissen, wie ich meine eigenen Instrumente, technische Anleitungen und meine persönlichen Waffen an den Platz des Geschehens bekommen kann«. Aus einem beigefügten Leistungszeugnis des Luftwaffenausbildungsregiments 3 ist zu entnehmen, daß er zwischen dem 1. Oktober und dem 22. Dezember 1976 an einem Lehrgang der Bundeswehr über die 20-Millimeter-Zwillingsflak teilgenommen hat. Im Fach ›Flugabwehr‹ erhielt er allerdings nur die Note 3. Eine 2 dagegen gab's in ›Innere Führung und Recht‹. Und am 25. Juni 1979 stellte ihm die Fliegerhorstgruppe des Jagdbombergeschwaders 36 ein Befähigungszeugnis aus. Ein Oberleutnant Hüber bescheinigte ihm, daß er die Prüfung mit ›gut‹ bestanden hat.

Ein richtiger Spezialist scheint der im irischen Kinsale lebende Howard R. Simpson zu sein.

»Sehr geehrte Herren«, schreibt er, »ich habe Ihre Anzeige in der Wochenendausgabe des ›Herald Tribune‹ gelesen. Ich bin ein ehemaliger Beamter des US-Außenministeriums, Schriftsteller und Berater in Sachen internationaler Terrorismus, mit umfassenden Erfahrungen in Aufstands- und Terrorismusbekämpfung.

Ich habe mich kurzfristig auf politische und körperliche Risikoeinschätzungen spezialisiert. Obwohl sich Ihre Anzeige offensichtlich vor allem an ›mittlere Grade‹ richtet, dachte ich, daß Sie vielleicht an jemandem mit höheren Qualifikationen interessiert sein könnten . . . Wenn Sie denken, daß meine Qualifikationen für Sie von Nutzen sein könnten, wäre ich interessiert, von Ihnen detaillierte Informationen über Ihre Stiftung zu hören, sowie Einzelheiten wie Umfang und Ort der Aufgabe, Bezahlung, Reise- und Verlustvereinbarungen.«

In den Jahren 1951 bis 1955 war der tapfere Antiterrorist in Indochina Kriegskorrespondent für die staatliche amerikanische Nachrichtenagentur USIA. Er berichtete über sieben Hauptoperationen mit vietnamesischen Einheiten. »War außerdem an Antiterroroperation beteiligt, bei der 5. mobilen Sicherheitsbrigade«, hat an »psychologischen Kriegsoperationen teilgenommen«.

1955 war er Berater des südvietnamesischen Präsidenten Diem, zuständig für kommunistische Angelegenheiten. Der Arme: »Im Jeep wurde ich von Terroristen beschossen.« 1957 ging er nach Lagos, der Hauptstadt Nigerias, wo er als ›Information Officer‹ im amerikanischen Generalkonsulat arbeitete. Im Teamwork mit der britischen Kolonialpolizei kümmerte er sich um den ›Stammes-Terrorismus‹, was immer darunter zu verstehen sein mag. 1962 stieg er zum Konsul im amerikanischen Generalkonsulat in Marseille auf. Aber schon 1964 kehrte Simpson nach Vietnam zurück, als Berater von Premierminister Khanh. »Erfahrungen mit drei coup d'états.« 1965 war er dann wieder ›Information Officer‹, und zwar in der US-Botschaft in Paris, wo er in engem Kontakt mit den französischen Antiterrorexperten stand. Den Höhepunkt seiner diplomatischen Laufbahn erreichte Simpson 1974, als er amerikanischer Generalkonsul in Marseille wurde. 1979 schied er aus dem Auswärtigen Dienst aus. Seither verfaßt er Publikationen, vor allem über die IRA. Darüber hinaus schloß er 1984 einen Vertrag mit der ›Burns Security International‹ ab als Berater für Fragen des internationalen Terrorismus. Schließlich reiste er mehrere Male nach Frankreich, um dort weiterzurecherchieren und Vorträge zu halten. Unter anderem im Hauptquartier der Fremdenlegion in Augbagne. Simpson ist ein erstklassiger

Experte – ob die Ansus-Foundation ihn braucht, steht dahin.

Ein weiterer Bürgerkriegsaspirant schickte sein Foto mit, die Uzi-Maschinenpistole lässig in der Hand. Patrick Galvon zählte seine Qualifikationen fein säuberlich auf:

»1. Arbeitserfahrungen:
Ich habe Erfahrung bei der Reparatur und Instandhaltung von Infanterie- und Polizeiwaffen aus den wichtigsten Ländern. Eine meiner gegenwärtigen Spezialitäten ist die Verwandlung von militärischen Standardwaffen in kleine effiziente Waffen für die Polizeiarbeit. Vor einigen Jahren war ich der Senior N. C. O. (Non commissioned officer – Unteroffizier), mit dem Auftrag, militärisches Training durchzuführen.
2. Ausbildung und Training:
Besuch des Sparkhell Commerical College in Birmingham, Beitritt zur britischen Armee. Zahlreiche militärische Ausbildungskurse, einschließlich: 106 mm rückstoßfreies Geschütz, 20-mm-F-2-Schnellfeuerkanonen.
Danach Armeeschule für Sprachen: Afrikaans-Sprache.«

Von großer Bedeutung für die Putschisten war das Angebot der ›MacMillian Associates‹ aus dem englischen Reading. Diese Organisation genießt in Fachkreisen einen ausgezeichneten Ruf, was die Rekrutierung von Söldnern samt der dazugehörigen Vorbereitungsarbeiten angeht. Am 22. Juli 1985 schrieb einer ihrer Repräsentanten auf die Anzeige der Ansus-Foundation folgenden Brief:

»Ich bin in der Lage, für Sie das benötigte militärische Fachpersonal zu rekrutieren. Das sind besonders Ex-SAS-Elitesoldaten, Fallschirmjäger, Marinekommandos (Briten, Südafrikaner und Amerikaner) sowie Experten für Sprengstoffeinsätze, für Kommunikation, Medizin und Piloten. Diese Experten werden nur dann von uns eingesetzt, wenn ihre besondere Qualifikation benötigt werden wird.

Die Rekrutierung des Personals wird voraussichtlich einen Monat ab Beginn Ihrer Instruktionen dauern. In dieser Zeit werden die notwendigen Impfungen und Reisedokumente beschafft werden.

Wenn Sie es wünschen, sind wir bereit, einen Aktionsplan für Sie vorzubereiten. Dazu benötigen wir die folgenden Informationen:

a) Anzahl der Regierungstruppen und Angaben über Feuerkraft.

b) Gebietskarten, einschließlich der Regierungsgebäude, Brücken, Flüsse, Küstenlinien, Flughäfen, Klimaangaben.

c) Fotos der Regierungs- und Militärführer und Instruktionen, ob sie gefangengenommen oder eliminiert werden sollen.«

Die MacMillian Associates gibt auch Hinweise, wie man das Ganze finanzieren könnte:

»1. Durch die amerikanische Regierung (CIA). Sie gibt möglicherweise Unterstützung, wenn sie erkennt, daß es im amerikanischen Interesse liegt, die Macht zu übernehmen. Es wäre nicht das erste Mal, daß sie an solchen Operationen beteiligt wäre . . .

2. Gesellschaften: Da Sie Bodenschätze erwähnen, gibt es eine hohe Wahrscheinlichkeit, daß eine große Minengesellschaft interessiert wäre, wenn Sie ihnen ein attraktives Angebot unterbreiten würden. Beiliegend finden Sie einige Adressen zu diesem Zweck.«

Dann folgt die Kostenaufstellung für ein Söldnerheer von fünfzig Mann. Nach MacMillians Berechnung würde sein Einsatz drei Monate dauern.

»Waffen:	30 000 Sterling Pound
Munition:	10 000 Sterling Pound

Reise:	15 000 Sterling Pound
Uniformen:	2 550 Sterling Pound
Löhne:	500 000 £ (10 000 £ pro Mann)
Ausrüstung:	15 000 £
div. Ausgaben:	10 000 £«

Die Kosten für den Putsch, so die MacMillian Associates: knapp 600 000 englische Pfund.

Monate später, im Dezember 1985, triffe ich mich im Heathrow Penta-Hotel in London mit zwei Vertretern der MacMillian Associates. Sie hatten inzwischen mehrmals an die Ansus-Foundation geschrieben. Mit einer Stunde Verspätung kommen sie zu dem vereinbarten Treffen. Der erwartete Leutnant von der Ansus-Foundation ist verhindert. In seiner Maschine aus Amsterdam wurde eine Bombe vermutet, und so hat das Flugzeug erhebliche Verspätung.

In meinem Hotelzimmer packen sie eine lange Liste mit den Namen der Söldner aus, die sie für den Putsch anbieten – alles hochqualifizierte Spezialisten aus den Eliteregimentern Großbritanniens.

Als ich die beiden frage, warum sie die Ansus-Foundation unterstützen, sagen sie trocken: »Des Geldes wegen.«

Aus Tripoli in Libyen traf ebenfalls ein interessantes Angebot in Amsterdam ein. Absender war die ›Amnat Manpower Supply‹.

»Wir können Ihnen die entsprechenden Dienste anbieten, die von Thailand aus durchgeführt werden. Alle Männer sind gut ausgebildet und haben Kampferfahrungen, durch Kooperation und Zusammenarbeit mit der US-Armee, unserer alliierten Nation im Vietnamkrieg.«

Beigefügt war ein Vertragsformular, in das der Geschäftspartner nur noch seine Angaben einzutragen brauchte. »Dieses Abkommen wurde am ... zwischen: Amnat Manpower Supply, Thailand, im folgenden als ›Agent‹ bezeichnet, und ... (Name des Kunden) getroffen.«

In den einzelnen Artikeln des Vertrags wird genau festgehalten, zu welchen Bedingungen die Söldner aus Thailand vermietet werden. In Artikel 4 wird der Transport von Thailand und zurück geregelt. Artikel 5 fixiert die Bezahlung, Erfolgsprämie und Garantielohn. In Artikel 6 wird die Arbeitszeit festgelegt. Artikel 7 befaßt sich mit Verpflegung und Krankenversorgung. Sogar der Tod wird vertraglich berücksichtigt, in Artikel 11: »Für den Todesfall eines Vertragspartners bei einer Aktion sollte rechtzeitig vorher eine Versicherung abgeschlossen werden, die im Ernstfall an die Angehörigen ausgezahlt würde.«

Das Vertragswerk sollte dann an die Amnat Manpower Supply, 2/46 Kehachoomchone, Parichat-Friendship Road in Korat 30 000, Thailand, zurückgeschickt werden.

Manche Interessenten waren für die Ansus-Foundation so wichtig, daß ihre Repräsentanten zu intimen Gesprächen nach Rotterdam eingeladen wurden. Dazu zählte die amerikanische ›David Randolph Enterprises‹. Vertreter dieser Firma für ›Sicherheitsfragen‹ reisten im Herbst 1985 nach Holland, ausgerüstet mit genauen Details für einen ›effizienten Putsch‹.

Anwesend bei der Unterredung waren auch die militärischen und politischen Führer der surinamesischen ›Demokratischen Partei‹.

»An erster Stelle muß es unsere Aufgabe sein«, trug David Randolph vor, »die wirtschaftlichen und sozialen Probleme des Landes genau zu analysieren. Wir gehen natürlich davon aus, daß Sie diese Fakten schon in Ihren Operationsplan eingefügt haben, möchten aber nochmals unsere Meinung dazu sagen.

Unter Berücksichtigung der bürgerlichen und politischen Menschenrechte ist Surinam eine Militärdiktatur. Wir geben Ihnen auf unserer Menschenrechtsskala, in bezug auf die bürgerlichen Rechte, die Note 7, und was die politischen Rechte angeht, die Note 5.«

»Bitte schön, was bedeutet das?« wollte einer der Surinamesen wissen. »Mit der Note 1 dieser Skala bezeichnen wir, was die Menschenrechte angeht, die höchste, mit der Note 7 die niedrigste Stufe.

Aber lassen Sie uns fortfahren. Sie wissen ja, daß die Regierung in Surinam behauptet, ihr Land werde in Übereinstimmung mit den Menschenrechten regiert. Doch in Wirklichkeit haben diese Aussagen überhaupt keinen Wert. Es existieren keinerlei Rechte für die Bürger.«

Alle nickten.

»Und was die wirtschaftliche Lage angeht? Eine Arbeitslosigkeit von 25 Prozent, kaum Konsummöglichkeiten für die Bevölkerung und die Industrie, insbesondere was den Bauxitabbau betrifft, der kaum noch funktioniert.«

Ermüdet, weil sie das schon alles wußten, pochten die politischen Oppositionellen aus Surinam auf konkrete Maßnahmen.

»Beginnen wir mit der Bestandsaufnahme der Streitkräfte. Insgesamt gibt es 2020 Soldaten. Davon dienen bei der Armee 1800 Mann, bei der Marine 160 Mann und bei der Luftwaffe 60 Mann. Dazu müssen noch die paramilitärischen Einheiten gerechnet werden; das sind 1000 Mann und einige hundert Polizeikräfte.

Nun zu deren Ausrüstung: Die Armee besteht aus einem Infanteriebataillon und verschiedenen Grenzposten. Bewaffnet sind sie mit unterschiedlichen Waffen. Da gibt es das belgische FN-FAL-7,62-mm-Gewehr, die aus den USA stammende Maschinenpistole MA 45 cal. und das belgische FN-MAG-7,62-mm-Maschinengewehr. Festgestellt haben wir außerdem noch einige 81-mm-Mörser, deren Herkunft wir jedoch bislang nicht ermitteln konnten, und fünf Flugzeuge holländischer Herkunft vom Typ DAF YP 408 APC.

Die Marine verfügt über kleinere Boote mit unbekannter Bewaffnung. Die Luftwaffe besteht aus vier Britten-Norman-Abfangjägern.«

Eifrig wurde mitgeschrieben, obwohl das, was David Randolph vortrug, den meisten Anwesenden ebenfalls bekannt war.

»Der Präsident Bouterse ist gleichzeitig Kommandant der Streitkräfte. Die exekutive Gewalt liegt beim Premierminister, der gleichzeitig Verteidigungsminister ist. Surinam traf mit den Niederlanden übrigens ein Abkommen, wonach surinamesische Offiziersanwärter, die die holländische Militärakademie besucht haben, auch deren Ausbildungseinrichtungen nutzen können. Zwar gibt es kein Verteidigungsabkommen zwischen den Niederlanden und Surinam, wohl aber einen Sicherheitspakt zwischen den USA und Surinam.«

Davon allerdings hatten die Beteiligten bisher nichts gehört.

»Doch nun kommen wir zum wichtigsten Teil des Plans.«

David Randolph breitete zahlreiche Blätter auf dem Tisch aus.

»Das Operationskonzept:

1. Wir haben die Möglichkeit der direkten Aktion. Damit werden die lebenswichtigen Ziele des Landes angegriffen, eine Vorbedingung für den Erfolg unserer Mission. Das kann, muß aber nicht, eine kombinierte Luftlande- oder amphibische Operation sein, um es den Verteidigern unmöglich zu machen, einen Gegenangriff zu starten.
2. Gibt es die Möglichkeit der unkonventionellen Kriegführung? Das würde den Aufbau einer nationalen Befreiungsbewegung in entsprechenden Phasen bedeuten, um dadurch die repressive Regierungsmacht des Ziellandes zu stürzen.«

Großes Murren entstand. »Das funktioniert doch nicht. Wie sollen die das bei uns im Land machen?«

»Warten Sie doch bitte ab. Ich erkläre Ihnen gleich die Vor- und Nachteile dieser Konzepte.

Die Vorteile der direkten Militäraktion:

1. Die Sicherheit einer direkten Aktion ist leichter zu gewährleisten.
2. Eine repressive Regierung kann schnell und effektiv gestürzt werden.

3. Es ist viel leichter, gut ausgebildete Leute über diese Art von Aktion zu rekrutieren.
4. Unter der Zivilbevölkerung entstehen weniger Unannehmlichkeiten.

Die Nachteile möchte ich Ihnen jedoch nicht verschweigen. Zum einen sind die Kosten extrem hoch. Sie wissen, daß die Öffentlichkeit in der Welt gegen den Einsatz von Söldnern eingestellt ist. Es kann nur eine einmalige Aktion sein. Entweder sie klappt, oder sie klappt nicht. Eine schnelle Wiederholung ist nicht möglich. Vergessen wir auch nicht, daß die Anzahl der Opfer in diesem Fall hoch sein wird. Soviel zu der einen Form von Mission, die wir für Sie durchführen können. Nun zu den Vor- und Nachteilen der unkonventionellen Kriegführung.

Die Vorteile: Die Kosten sind erheblich niedriger. Ausländische Berater sind kaum notwendig oder können reduziert eingesetzt werden. Die Weltöffentlichkeit akzeptiert eher Widerstandsbewegungen, die im Land selbst entstehen. Die Nachteile scheinen uns jedoch nicht weniger bedeutsam: Für die Kräfte ist ein langwieriges Training notwendig, damit sie den offenen Widerstand leisten können. Die Belastung für diese Widerstandskräfte ist außerordentlich hoch. Häufig wird damit auch die wirtschaftliche Basis eines Landes zerstört. Und: Der Ausgang des Konflikts ist unbestimmt.«

»Demnach«, warf Mr. Baker ein, »ist diese von Ihnen vorgeschlagene unkonventionelle Kriegführung doch sehr langwierig. Wir wollen aber nicht so lange warten.«

»Bitte gedulden Sie sich einen Moment«, sagte einer von Randolphs Begleitern.

»In jedem Fall benötigen Sie ausgebildetes Personal. Denn sowohl in der Phase der direkten Kriegsführung als auch danach müssen die Leute außerordentlich gut trainiert werden, um die Verantwortlichkeiten nach der Befreiung des Landes zu regeln. Das geschieht in unterschiedlichen Phasen. Dazu gehört ein hartes Training, die Logistik, Transportmöglichkeiten und die Gehälter für die Berater. Wenn Sie sich einmal unser illustriertes Werbematerial anschauen, sehen Sie, daß wir hochqualifizierte Trainer haben, die die militärischen und polizeilichen Einsatzkräfte außerordentlich effizient ausbilden können ... Wir schätzen, daß wir für die Operationsphase einer direkten Aktion etwa zwei Monate benötigen. In dieser Zeit bereiten wir die Planung vor, die Nachrichtendienste, die Logistik, die Auswahl der Söldner, die Vorbereitungen an der Ausgangsbasis und die Transporte von Gütern und Menschen an den Ausgangsort der Operation. Für das Unternehmen selbst benötigen wir etwa zwei Wochen. In diesen beiden Wochen wird nochmals trainiert und die Operation durchgeführt. Schließlich gibt es die Konsolidierungs- und Demobilisierungsphase, die wiederum zwei Wochen dauern würde. In dieser Zeit muß eine neue Regierung eingesetzt werden, bewaffnete Kräfte, um Gegenschläge abzuwehren, sind notwendig. Darüber hinaus müssen neue militärische, polizeiliche und paramilitärische Kräfte aufgebaut werden. In dem Augenblick, in dem die Bedrohung geringer wird, können die Streitkräfte verringert werden.

Und nun die Operationsphasen einer unkonventionellen Kriegführung. Auch hier benötigen wir für die Vorbereitung ungefähr zwei Monate. In dieser Zeit werden Planung, Nachrichtendienst, Logistik, Auswahl der Kader, Training der Widerstandskräfte und der Transport zum Punkt der Infiltration durchgeführt. Die Operationsphase kann mehrere Monate oder sogar Jahre dauern. Da sind einmal die Infiltration und dann der Widerstand im Land selbst. Nicht eingegrenzt werden kann auch die Konsolidierungs- und Demobilisierungsphase. In dieser Zeit muß eine neue Regierung gebildet, Einheiten gegen Gegenangriffe müssen aufgebaut, neue militärische, polizeiliche und paramilitärische Kräfte gebildet werden. Erst danach kann die Tätigkeit ausländischer Militärberater beendet werden.

Lassen Sie mich zusammenfassen: Wir haben Ihnen eine kurze Beschreibung der politischen Situation in Surinam gegeben, eine grundlegende militärische Nachrichtenübersicht, die Konzepte der Operation, ihre Vor- und Nachteile, die Phasen der Operation und ein militärisches

Trainingsprogramm erläutert. Diese Konzepte sind natürlich allgemeiner Natur, und es werden weitere nachrichtendienstliche Forschungen notwendig sein, um den Erfolg der Mission zu sichern. Glauben Sie uns, daß keine angesehene Organisation Ihnen den Erfolg einer Operation dieser Art garantieren kann. Aber wir unternehmen alle Anstrengungen, damit der Plan eine Erfolgschance hat ...

Was jetzt die logistische Ebene betrifft, möchten wir Ihnen – aber das müssen Sie außerordentlich vertraulich behandeln – genaue Einzelheiten mitteilen.« Allgemeines Kopfnicken.

»Notieren Sie bitte, was wir benötigen. Da gibt es die Endverbraucherdokumente für die Waffensysteme. Wir haben die Möglichkeit, Ihnen solche Endverbraucherdokumente über unsere internationalen Verbindungen zu besorgen. Dann die Ausrüstung pro Mann. Auch hier können wir Ihnen behilflich sein.

Ein Kämpfer benötigt folgende Ausrüstung:

  1 Paar Schuhe, geeignet für Dschungeleinsatz
  2 Paar Socken
  1 Unterhemd
  1 T-Shirt
  1 Hose
  1 Hemd
  1 Hut
  1 Belt-Pistole
  4 Magazine
  2 x Kochgeschirr aus Plastik
  1 Erste-Hilfe-Kasten
  1 Ration Trockenmenü
  9 Magazine FAL FN
  2 Patronengurte mit NATO-Munition F 62
  2 Belts F 62 NATO 100 RDS
  1 Gewehr FAL FN
  2 M 72, leichte Panzerabwehrwaffen
  10 Granaten

Das ist die Ausrüstung für einen einzelnen Kämpfer. Für die kleine Einheit benötigen Sie weitere Ausrüstungsgegenstände:
2 Maschinengewehre MAG; 1 Granatwerfer M 79; 1 Funkgerät PRC 25; 2 Pistolen 9 mm und 2 Halfter.
1000 Schuß Maschinengewehrmunition, die von dem Schützen und seinem Gehilfen getragen werden müssen; 2 Patronengurte 40-mm-Granaten, die vom Grenadier zu tragen sind.
Zu den kleinen Waffen zählen wir noch zwei Jeeps, ausgerüstet mit 106-mm-Panzerabwehrgeschützen, und drei 60-mm-Mörser sowie fünfzig Minen und ausreichenden Sprengstoff.

An Waffen für die Aktion schlagen wir vor:
7,62-mm-NATO-Munition
40-mm-Granaten
60-mm-Mörsergranaten
106 mm rückstoßfreie Munition
9-mm-Parabellum-Munition
M 72 leichte Panzerabwehr
Für die Trainingsphase benötigen wir außerdem folgende Ausrüstungsgegenstände: eine Funkanlage und entsprechende Batterien, Rauchgranaten, Mappen, Blitzlicht, Papier, Kamera und Filme, Personalausweise, Bleistifte und Kulis.«
Was nun die Anwerbung des Personals anging:
»Da haben wir schon entsprechende Leute«, warf einer der Surinamesen ein. »Auf jeden Fall müssen einige unserer Landsleute beteiligt werden«, meinte ein anderer.
»Ich schlage vor«, antwortete Randolph, »daß wir das Personal durch unsere vielfältigen internationalen Kontakte diskret anwerben. Da die David Randolph Enterprises häufig viele Personen mit sicherheitstechnischen und militärischem Hintergrund rekrutiert, um Sicherheitskontakte zu erfüllen, fällt es nicht besonders auf, wenn wir eine große Anzahl dieser Art von Personal anheuern. Natürlich stehen wir dafür gerade, daß die Informationen,

die die Operation betreffen, vertraulich behandelt werden.«

Und dann kam das Wichtigste, die Kostenfrage:

»Aufgrund unserer Erfahrungen setzen wir erst einmal die maximalen Kosten ein, wobei wir davon ausgehen, daß die Kosten allgemein niedriger ausfallen werden. Alle größeren Ausgabenposten der David Randolph Enterprises müssen natürlich zuvor von unserem Klienten, Ihnen also, genehmigt werden, und für alle Ausgaben werden entsprechende Quittungen vorgelegt.

Natürlich, diese Arrangements können noch diskutiert werden, sofern Sie es wünschen oder andere Vorstellungen haben. Denken Sie bitte daran, daß die Zahlen Schätzungen darstellen für eine Truppe von 300 Mann.

Phase I – Vorbereitung:

individuelle Ausrüstung	65 000 $
Waffen	850 000 $
Nahrungsmittel	45 000 $
organisatorische Ausrüstung	170 000 $
Transport und Vorbereitung	25 000 $
Transport zum Einsatz	550 000 $
Gehalt (5 Personen)	18 200 $
Versicherungen	500 000 $
Gesamtsumme:	2 223 200 $

Phase II – Operation:

Transport zum Zielort	1 500 000 $
Rückführung von Kräften und Material	250 000 $
Gehalt (300 Personen)	483 000 $
Gesamtsumme:	2 233 000 $

Phase III – Konsolidierung:

Beförderung der neuen Regierung	1 000 000 $
Bonus	(offen)
Nachschub	250 000 $
Hilfe (10 Personen)	23 100 $
Gehalt (300 Personen)	483 000 $
Gesamtsumme:	1 756 100 $

Zum Schluß: Obwohl es einen Sicherheitspakt zwischen den USA und Surinam gibt, glauben wir, daß die Antwort der USA auf jede Aggression in Surinam nur eine einzige sein wird: ignorieren. Mit der Geschichte von Surinams Verletzungen der Menschenrechte und der linken Haltung der gegenwärtigen Regierung wird die Reagan-Administration jeglichem ›trouble‹ in dieser Region nur wenig Beachtung schenken. Wie Sie sehen, kann die David Randolph Enterprises ein komplettes Programm anbieten, das Ihren Vorstellungen voll entspricht.«

An dieser Stelle war mein Tonband zu Ende.

So interessant es war, was David Randolph erzählte – für mich begannen die Recherchen jetzt erst richtig. Ich mußte zunächst diejenigen finden, die in Amsterdam für die Ansus-Foundation verantwortlich waren. Und diejenigen, die sich an den geplanten militärischen Operationen beteiligen wollten.

Im ›Roten Laternendistrikt‹, dem größten Nuttenviertel Europas, stößt man schnell auf die Oude Hoogstraat, die an einer Gracht liegt. Schwerer war das Haus zu finden, das ich suchte. In einer Kneipe, vor der ein paramilitärisch gekleideter Mann hockte, fragte ich den Wirt hinter dem Tresen: »Wo finde ich denn Herrn Baker?«

Er betrachtete mich und ging dann zum Telefon. Derweil sah ich mich in der Kneipe um. Umschauen ist übertrieben. In der Dunkelheit war kaum etwas zu erkennen außer ein paar herumhängenden Jugendlichen, denen man ihre Drogenabhängigkeit geradezu ansah, und einigen Prostituierten, grell bemalt, die zwischen ihnen saßen. Eine ideale Szene für Fernsehaufnahmen, dachte ich.

Teils gleichgültig, teils aggressiv wurde ich betrachtet. Fünf Minuten vergingen, ohne daß etwas geschah. »Was ist denn mit Herrn Baker? Ich bin mit ihm verabredet.«

»Er kommt gleich«, antwortete aus der Ecke der Thekenwirt. Dann kam er. Ein kleinwüchsiger Mann, blaues Hemd und Jeans, mit einer platten Nase. Wir begrüßten uns. »Kommen Sie mit.« Etwas unsicher ging ich mit ihm

aus dem Lokal, in eine Nebenstraße hinein. Ein Hinterein-
gang, vor dem ein räudiger Schäferhund wild bellte. Nachdem er eingesperrt war, stiegen wir eine steile, knarrende
Treppe hinauf, die uns in den ersten Stock und, durch eine
Küche hindurch, in Bakers Zimmer führte.

Zwei blonde deutsche Frauen und ein Holländer, der
eine Sonnenbrille trug, erwarteten uns. Die eine Blon-
dine, mager und groß, gab sich als Bakers Sekretärin aus.
Die andere, brünett, rechnete ich zur Drogenszene. Es
stellte sich heraus, daß sie eine Deutsche und die Freundin
des Holländers war. »Was machen Sie denn hier?« fragte
ich sie. »Ich weiß nichts. Wenden Sie sich an die Freundin
von Baker.« Gleichzeitig überprüfte sie kritisch meinen
Presseausweis, den sie mir dann nach mehrmaligem Hin-
und Herdrehen wieder zurückgab. Im Zimmer hingen
mehrere Fitneßgeräte an der Decke. In der Ecke stand ein
großes Bett, an der Wand waren Landkarten von Surinam
angebracht. Auf dem einzigen Schrank lag ein Stahlhelm.
»Was wollen Sie denn jetzt eigentlich?« fragte Baker.

»Ich will mich über die Ansus-Foundation und den
Befreiungskampf der Surinamesen gegen die Kommuni-
sten informieren und Ihren Kampf, soweit das in meinen
Möglichkeiten steht, unterstützen.«

Baker schwieg.

Ich bohrte weiter. »Sie suchen doch noch Sponsoren.
Denken Sie einmal, wenn die deutsche Öffentlichkeit über
das Fernsehen von Ihrem Kampf erfährt, die spenden
sicherlich!« Das war ganz schön dick aufgetragen, und ich
bezweifelte, daß die Ansus-Leute, die mich nicht aus den
Augen ließen, das ernst nahmen. Aber eine tat es, Bakers
Freundin. »Da hat er recht«, wandte sie sich an Baker.
»Das ist Propaganda für uns.«

»Ja«, erwiderte Baker, »aber ich will keine Propaganda
nach außen. Da laufen mir ja die ganzen Sponsoren weg.«
Noch während er das sagte, ging er zum Fernsehapparat
unter dem zwei Videorecorder standen, und legte eine
Kassette ein. »Vor einem Jahr bin ich im holländischen
Fernsehen interviewt worden.«

»Na sehen Sie«, sagte ich, »da waren Sie ja auch in der Öffentlichkeit.«

»Aber heute ist die Situation doch ganz anders. Wir betreiben ein geheimes Unternehmen.«

Jetzt, dachte ich, mußt du Geld nachschieben.

»Wir können Ihnen ja auch ein Honorar zahlen – 5000 Mark.« Baker reagierte entrüstet: »Ich will kein Geld. Wir sind Idealisten. Und 5000 Mark – was sollen wir damit machen. Mit solchen Beträgen können wir nichts anfangen.« Die Diskussion zog sich dahin, stundenlang, wie mir schien. Bis Baker wieder auf das Geld zu sprechen kam. »5000 Mark. Das ist aber für die Ansus-Foundation. Wir haben gerade jemanden da, der muß nach Venezuela fliegen.«

Damit waren die größten Brocken aus dem Weg geräumt.

Gib noch einen drauf, dachte ich. »Wir fahren ja auch nach Surinam. Da können wir ja vielleicht einige Dinge filmen, die für Sie von Interesse sein könnten.«

Zweifellos sind die nachrichtendienstlichen Informationen der Ansus-Foundation über Surinam gut. Sie wissen meist, wo sich der Präsident gerade aufhält oder wie die Masse seiner Truppen verteilt ist. Aber alles wissen sie auch nicht. Denn Baker fragte, ob ich nicht, wenn ich nach Surinam fahre, ihnen den Standort von zwei Stützpunkten angeben könnte.

Jetzt mußte ich aufpassen, denn in die Putschvorbereitungen wollte ich nicht verwickelt werden. »Ich kann es natürlich versuchen. Aber Sie wissen ja, wir werden da ständig beobachtet und überall begleitet.«

Und langsam begann ich mit ersten Fragen. »Was ist denn eigentlich die Ansus-Foundation?«

»Die Ansus-Foundation«, antwortete Baker bereitwillig, »ist eine Befreiungsbewegung. Sie arbeitet auf internationaler Ebene. Wir habe zwei politische Organisationen: die Ansus-Foundation und die ›Surinamesische Demokratische Partei‹. Die Ansus-Foundation gehört zu dieser Partei. Sie ist jedoch eine multinationale Organisation mit guttrainierten Männern, die unter anderem in Vietnam gekämpft haben.«

»Warum wollen Sie aber mit militärischen Mitteln kämpfen?«

»Das ist doch klar. Die Befreiungsrat will keine Gewalt anwenden, und die machen das jetzt schon fünf Jahre. Die Menschen in Surinam haben Hunger. Es ist nichts zu bekommen. Wir können nicht mehr warten. Die Menschen allein können nichts machen. Sie haben keine Waffen. Die Ansus-Foundation hat internationale Kontakte. An was es uns fehlt, ist Geld.«

»Kein Geld?«

»Die Sponsoren haben Geld. Aber die Organisation ist nicht so kapitalkräftig. Die deutsche Bevölkerung soll daher spenden und der Ansus-Foundation helfen. Ansonsten haben wir alles andere. Wir haben hundert guttrainierte Soldaten.«

»Haben Sie entsprechende Pläne, um die Regierung in Surinam zu stürzen?«

»Das haben wir alles. Wir haben politische Figuren. Wir haben auch die Strategie, einen Plan, den amerikanische multinationale Unternehmen gemacht haben.«

Hätte er gewußt, daß ich diesen Plan schon kannte, wäre er vielleicht vorsichtiger gewesen.

»Der normale Plan ist klar. Wir haben drei verschiedene Pläne. Erstens eine Intervention von Französisch-Guayana her. Die zweite von Brasilien aus und die dritte von Venezuela. Alles ist bereit.«

»Ist es nicht leicht, Geld zu bekommen? Die Sponsoren erhalten in Surinam einen Kontrakt. Soundsoviel Mineralien können sie bekommen. Alle Multis, ob Amerikaner, Engländer, Deutsche. Sie können sicher sein, daß sie gut beteiligt werden.«

»Gibt es denn schon eine neue Regierung in Holland?«

»Wir haben die Regierung hier gebildet. Die ist bereit, sofort nach Surinam zu gehen.«

»Auf ihre Anzeige haben sich sehr viele Söldner gemeldet. Wie wählen Sie denn da aus?«

58

»Wir haben einen Leutnant. Alle qualifizierten Leute besitzen ein Diplom, müssen Sie wissen. Dieser Leutnant überprüft die Leute. Wir korrespondieren mit ihnen und überprüfen sie.«

»Sie haben gesagt, es existieren konkrete Pläne. Liegen die vor?«

»Die Pläne habe ich mitentwickelt. Aber ich bin kein Soldat. Ich habe einen Major, einen Leutnant und andere Militärs. Die Blaupause des Plans ist da.«

Als ich ihn fragte, ob ich die denn einmal sehen könne, lacht er hell auf. »Dann können wir ja gleich den Putsch aufgeben. Aber Sie können die Liste der Sponsoren sehen. Ansonsten kann ich gleich dem Bouterse sagen: Ich bin hier.«

Neben Baker saß inzwischen ein Söldner, der kurz zuvor das Büro betreten hatte. Er trug einen Tarnanzug und eine Kappe, wie sie die holländischen Indochinakämpfer besessen hatten, mit weit in den Nacken reichendem Tuch. Am Ohr hing ein Ring, an den Händen glänzten mindestens acht davon. Wenn die Ansus-Foundation mit solchen Typen in den Kampf ziehen will, braucht sich Colonel Bouterse in Surinam nicht zu ängstigen.

»Warum wollen Sie eigentlich als Söldner nach Surinam gehen?« fragte ich ihn.

»Ich mache das aus Abenteuerlust und des Geldes wegen.«

»Und Sie glauben, daß Sie das überleben werden?«

»Ja.«

Vier Wochen später, Amsterdam, 8. November 1985.

Der KLM-Flug 242 von Frankfurt nach Amsterdam hat eine halbe Stunde Verspätung. Ein Passagier fehlt, obwohl sein Gepäck schon eingeladen ist.

Die Stewardess hatte gerade angekündigt, daß die Passagiere aus Sicherheitsgründen aussteigen müßten, um ihr Gepäck vor dem Flugzeug zu identifizieren, als der fehlende Fluggast endlich erscheint.

Für 13 Uhr habe ich mich mit Georg Baker verabredet,

der mir den militärischen Führer der Aktion vorstellen will. In Amsterdam regnet es. Das Taxi setzt mich vor dem Krasnapolsky-Hotel in der Innenstadt ab. »Bis in die Hougstraat sind es nur ein paar Schritte«, sagt der Fahrer.

Im ›Roten Laternendistrikt‹ ist Hochbetrieb. Touristen in Anoraks und mit Fotoapparaten kommen mir entgegen. Zehn Minuten muß ich laufen, bis ich das Lokal von Baker wiederfinde.

Wieder wird telefoniert, wieder schaue ich mich um. Diesmal gibt es viel deutsches Publikum, das hier Haschisch frei einkaufen und konsumieren kann. Die Atmosphäre ist friedlich.

Schließlich kommt Baker. Er schaut zufrieden aus.

Die Putschvorbereitungen sind weit gediehen. Auch deshalb, weil die Ansus-Foundation in der Novemberausgabe von ›Soldier of Fortune‹ eine weitere Anzeige abdrucken ließ. In Bakers Büro häufen sich die Zuschriften.

»Wir haben mindestens 3000 Anfragen in den letzten 14 Tagen bekommen«, erzält er stolz.

Wir sind nicht allein im Büro. Neben Baker sehe ich einen grauhaarigen, vielleicht 55jährigen Amerikaner. Er hat Stapel von Briefen vor sich, Anfragen aus den USA. Penibel trägt er in eine Kladde Namen, Adressen und eventuelle Verwendungszwecke ein. Morgen wird er in die USA zurückfliegen, um mit den Söldnern Verbindung aufzunehmen, die er für geeignet hält, den Putsch mitzumachen. Der Amerikaner sagt kaum ein Wort.

Neben ihm sitzt der Mann, dessentwegen ich nach Amsterdam geflogen bin: Captain Zack. Der 37jährige Kanadier verfügt über reichlich Erfahrung.

»Ich habe in Biafra, Uganda, Rhodesien, Vietnam und Südafrika gekämpft«, sagt er.

Und er ist eitel. Er ließ sich ein Poster drucken, das ihn in verschiedenen Kampfsituationen in den jeweiligen Ländern zeigt, die er zuvor ›bedient‹ hatte.

»Töten ist mein Geschäft. Ich bin wie ein Tier. Ich rieche den Feind.«

Das ist also der Mann, der für die Ansus-Foundation die militärische Aktion durchführen soll.

»Wir werden mindestens sechs Wochen, maximal zwölf Wochen trainieren, und dann können wir uns in Paramaribo treffen«, erzählt er, ohne von Zweifeln berührt zu werden. Solche Leute müssen offenkundig außerordentlich von sich selbst überzeugt sein, um ihren Job erfolgreich zu erledigen.

»Das Training wird hart sein. Morgens um 4 Uhr 30 wird das Training beginnen. Nach einer halben Stunde Mittagszeit geht es bis in die späte Nacht weiter. Wer sich mir anschließt, wird das Trainingscamp nur dann verlassen, wenn er einen Herzinfarkt bekommt. Will einer nicht mehr mitmachen, erschieße ich ihn eigenhändig. Ich lasse mir meine Operation nicht kaputtmachen.«

Seine politische Gesinnung ist eindeutig. »Wir kämpfen, weil wir den Kommunismus in Lateinamerika hassen. Daher müssen wir das Land befreien.«

Meinen Einwand, daß das doch eher die Sache der einheimischen Bevölkerung sein sollte, kanzelt er kurzerhand ab.

»Das sind Mickey Mouses, die sind nicht bewußt.«

Dabei hatte mir Baker gesagt, daß an dem Putsch unbedingt Surinamesen beteiligt sein müßten.

Aber daran denkt der Söldnerführer nicht, der sich als rechtsstehender Antikommunist bezeichnet und der in seinem Trainingscamp eine Hakenkreuzfahne aufstellen will.

Als Baker einmal den Raum verläßt, flüstert Captain Zack mir zu: »Das wird in Paramaribo wieder großen Streit geben, wenn die einzelnen ethnischen Gruppen darüber entscheiden, wer Posten in der Regierung bekommen wird.«

Zwei Söldner aus der Bundesrepublik wird er auf jeden Fall mitnehmen. Junge Männer, Neonazis, die bei der französischen Fremdenlegion Erfahrungen bei Guerillaeinsätzen gesammelt haben.

Im Gegensatz zu anderen Söldnern, darunter einem ehemaligen Militärberater von Colonel Bouterse, die ich später traf und die an der Aktion teilnehmen werden, waren die beiden Neonazis schweigsam. Außer ihrem Alter, 24 Jahre, und der Tatsache, daß sie weder bei der Bundeswehr noch in der GSG 9 gedient haben, war nichts aus ihnen herauszubekommen. Gewiß ist nur, daß sie im November 1985 in das Trainingscamp in Lateinamerika einziehen wollten.

Zack weiß, wie man Menschen tötet. Er demonstriert es mir am Beispiel eines Überfalls auf einen Brückenposten: langsam von hinten anschleichen, dann mit einer Hand in die Augen des Gegners greifen und mit der anderen Hand einen sauberen, tiefen Schnitt durch den Hals.

Beliebt ist, erzählt Captain Zack, auch die Methode ›Piano i‹. Sie wird so genannt, weil bei ihr eine Klavierseite um den Hals geschlungen wird. Sie ist sehr dünn und schneidet deshalb tief in das Fleisch ein. Der Gegner hat keine Chance, zu schreien oder sich zu wehren.

Inzwischen ist es dunkel geworden. Ein bedeutsames Ereignis findet statt: Baker und Captain Zack setzen sich an den Schreibtisch, um den Vertrag zwischen ihnen zu unterschreiben. Captain Zack erhält fünf Millionen Dollar, wenn er den Putsch militärisch vorbereitet und durchführt. Baker ist schlau, er zahlt ein Erfolgshonorar. Gelingt der Putsch, erhält Zack nicht nur sein Honorar, sondern wird auch Chef der ›Special Forces‹, der surinamesischen Streitkräfte. Klappt das Unternehmen nicht, bekommen er und seine Söldner kein Geld. »Dann muß ich wieder nach Afrika zurück.«

Woher die neuen Machthaber das Geld nehmen wollen, bleibt unklar.

Baker jedenfalls ist aus dem Schneider. »Die bekommen das Geld erst nach drei oder vier Monaten, nach dem militärischen Putsch«, vertraut er mir an.

Kurz nachdem der Vertrag unterschrieben ist, bezeugt von dem grauhaarigen Amerikaner und mir, ruft John Reading aus den USA an. Baker hatte auch ihn als möglichen militärischen Führer der Aktion vorgesehen. Sein Handicap war, daß er sofort bei Vertragsabschluß Geld sehen wollte.

»Wir brauchen ihn nicht mehr«, ruft Zack seinem Chef zu. Baker versucht, Reading abzuwimmeln.

»Wir haben doch kein Geld. Daher können wir derzeit nichts machen.«

Reading will trotzdem kommen, am Sonntagmorgen wird sein Flugzeug aus den USA landen.

»Warum hast du ihm nicht klar gesagt, daß du mich jetzt unter Vertrag hast und daß er überhaupt nicht nach Amsterdam zu kommen braucht?« herrscht Zack seinen Partner an.

Der zuckt mit den Schultern.

Erneut klingelt das Telefon. Diesmal ist ein Repräsentant der britischen MacMillian Associates am Apparat. »Sagen Sie Herrn MacMillian, daß ich schon die ganze Zeit versuche, die notwendigen Landkarten zu besorgen. Bislang hat es nicht geklappt. Das geht bei den Surinamesen nicht so schnell«, versucht Baker seinen Gesprächspartner zu besänftigen.

Die Aktion ist angelaufen. Das einzige, was immer noch fehlt, ist das große Geld. Und das, obwohl Ölmultis, Metallunternehmen und Minengesellschaften ihr Interesse schriftlich bekundet hatten. Aber eben nicht mehr. Und die surinamesische Opposition?

»Die sitzen schon jahrelang hier auf ihrem Hintern, die wollen gar nicht mehr zurück«, meint der Befreier von Surinam, Georg Baker.

Kurios wird es, als Captain Zack Baker auffordert, mit in das Trainingscamp zu kommen. »Gemeinsam wollen wir den Präsidentenpalast stürmen.«

Baker sagt zu. Als Zack jedoch das Zimmer einmal verläßt, meint Baker: »Ich werde hier doch viel eher gebraucht. Was soll ich in einem Trainingscamp machen?«

Da hocken sie nun in Amsterdam, um eine verhaßte kommunistische Regierung zu stürzen. Sie plappern über Menschenrechte und Demokratie. Im selben Atemzug beauftragen sie bezahlte Killer, einen Staatsstreich zu organisieren.

In den Auftragsformularen für die Killer gibt es eine Rubrik, in der angekreuzt werden muß, ob die »jetzigen Machthaber nur gefangengenommen oder gleich liquidiert werden sollen«.

Diese Leute sind gefährlich. Sie brauchen den Erfolg. Bleibt der aus, verlieren sie viel Geld. Deshalb werden sie demnächst versuchen, die Regierung in Surinam zu stürzen.

Vernehmung eines Nachrichtenoffiziers

Die Versuche von Söldnerorganisationen, Regierungen in den Ländern der Dritten Welt zu stürzen, enden häufig mit Mißerfolgen. Ein Beispiel dafür ist eine Aktion auf den Seychellen. Am 25. November 1981 kamen 45 Söldner aus Südafrika, um zu putschen. Aber das Unternehmen schlug fehl. Daran beteiligt war ein südafrikanischer Nachrichtenoffizier, der gefangengenommen werden konnte. Er wurde verhört. Das Protokoll dieses Verhörs gibt Einblick in den Ablauf der Aktion, und es zeigt, welche Staaten ein Interesse daran hatten, die rechtmäßige Regierung der Seychellen zu stürzen. Anführer war der aus dem Kongo bekannte Söldner Mike Hoare.

Der Gefangene, Martin Dolinchek, 42 Jahre alt, hatte für diesen Einsatz Urlaub genommen. »Elefantenjagd an der Grenze zwischen Botswana und Simbabwe«, hatte er als Begründung unter den Urlaubsantrag geschrieben. Bei seiner Vernehmung hat er unter anderem folgendes angeführt:

Frage: Was war Ihr persönliches Motiv für die Teilnahme an diesem Unternehmen?
Antwort: Um ehrlich zu sein, a) meine Freundschaft zu Mike Hoare. Ich glaubte, daß er eine absolut ehrliche Person sei. Jetzt, im Rückblick, glaube ich das nicht mehr. Im Grunde genommen mag ich keine gierigen Personen. Geld bedeutet mir nichts. Aber man braucht Geld zum Leben, darüber besteht kein Zweifel. Und b) aus ideologischen Gesichtspunkten, weil ich wirklich glaubte, daß diese Inseln – aus den wenigen Berichten, die wir darüber hatten – unter starkem sowjetischen Einfluß standen sowie unter finanzieller und physischer Protektion von Libyen und daß die Armee durch die PLO geführt und orientiert würde, die meiner Meinung nach eine gesetzeswidrige Organisa-

tion ist. Sie denken vielleicht anders darüber, aber das ist eine freie Welt.

Frage: Im ersten Teil Ihrer Aussage sagten Sie deutlich, daß diese Aktion im stillen Einverständnis mit der südafrikanischen Regierung erfolgte und daß von dieser die Waffen geliefert wurden.

Antwort: Möglicherweise. Ich bat darum, das Wort ›möglicherweise‹ einzufügen.

Frage: Das war später, nach einer vorangegangenen Frage. Der Fragesteller hatte vielleicht einen falschen Eindruck erhalten. Sie sprachen von ›Wissen‹. Sie sagten, daß die die Waffen geliefert hatten. Aber der Fragesteller fragte, und Sie sagten, daß Sie das Wort ›möglicherweise‹ hinzufügen wollten.

Antwort: Ja.

Frage: Was dieses stille Einverständnis anbetrifft und das Eindecken mit Waffen, haben Sie gesagt, daß Sie ein professioneller Nachrichtenoffizier und kein Söldner sind.

Antwort: Ich bin kein Söldner.

Frage: Ich haben also kein Geld genommen?

Antwort: Spesen.

Frage: Außer den Hotelspesen, die Ihnen Mike Hoare gezahlt hat? Würden Sie annehmen, daß Ihre Beteiligung an dieser Aktion im stillen Einverständnis mit der südafrikanischen Regierung stattfand?

Antwort: Das ist eine heikle Frage. Zum Teufel auch, wie immer ich diese Frage beantworten werde, stecke ich in der Zwickmühle. Ich würde so sagen: Sie können es auf Ihre Weise interpretieren und die Regierung der Seychellen könnte es so interpretieren, wie Sie es darstellen. Aber Tatsache ist, daß ich selbst nicht unbedingt ein Teil des stillen Einverständnisses gewesen bin. Ich habe die Grundregeln meiner Organisation verletzt, indem ich mich an diesem Eingriff beteiligt habe. Jetzt muß ich mich mit der Musik nach dem Konzert auseinandersetzen. Ich gehöre also nicht unbedingt zu Südafrikas stillem Einverständnis.

Frage: Ich möchte Ihnen eine Frage stellen, die es Ihnen vielleicht möglich macht, die Sache für uns beide auf einer hypothetischen Grundlage zu klären. Dies ist vielleicht weniger schwierig für Sie, als alles einzeln zu erzählen. Nehmen wir an, die Operation wäre ein Erfolg gewesen, Sie wären nach Südafrika zurückgekehrt und Ihre Vorgesetzten hätten von Ihrem Engagement erfahren. Welche Maßnahmen, glauben Sie, hätte man dann gegen Sie unternommen?

Antwort: Wir sind wie Briten oder Kanadier, um ein Beispiel zu nennen. Wir denken lange nach und nehmen das Schlimmste an. Jeder würde denken, daß die gesagt hätten: »Braver Junge, du hast eine gute Arbeit geleistet.« Ich glaube nicht, daß es so gewesen wäre. Sie hätten gesagt: »Schau, es ist gut ausgegangen, aber die Chancen waren, daß man dich geschnappt hätte, und damit wäre unsere Regierung bloßgestellt worden, und das wäre für dies und das peinlich gewesen.« Man hätte mich bestraft.

Frage: Sie sagten, daß, als Mike Hoare mit Ihnen über den Plan, über die Konspiration sprach, Sie annahmen, daß Ihre Vorgesetzten davon wußten. Das haben Sie gesagt.

Antwort: Das stimmt.

Frage: Worauf stützen Sie sich, daß Ihre Vorgesetzten darüber wußten?

Antwort: Schauen Sie, ich habe über diesen Seychellenplan, den Staatsstreich und den Angriff auf die Seychellen seit 1979, seit dem ersten Putschversuch, Bericht erstattet. Meine Regierung kannte sehr wohl Mike Hoares Plan. Und plötzlich bekam Mike Hoare Waffen und freie Hand, dies oder jenes zu tun. So mußte ich annehmen, daß die Oberen davon wußten.

Frage: Sie haben einen ersten Plan erwähnt, 1980 war das, glaube ich.

Antwort: Nein, ich sagte, der letzte war 1980, soviel ich weiß. Ich gab dies an mein Hauptquartier weiter, mit einer Kopie an Armeegeneral Charles Lloyd. Und dann hörte ich nichts mehr, bis die ganze Sache wieder auflebte.

Frage: Und wie war der Plan vor diesem Plan?

Antwort: Da waren mehrere. Ich glaube, da liefen andere Freischärler herum, die etwas machen wollten . . . Jedenfalls hörte ich das so durch die Hecke.

Frage: Also dann wußte Ihre Regierung von dem 1980er Plan?

Antwort: Ich hatte es weiterberichtet.

Frage: Sie haben einen Bericht gemacht?

Antwort: Ob sie ihn akzeptiert haben, weiß ich nicht, aber sie wußten sicher darüber.

Frage: Können Sie uns den Plan kurz beschreiben? War er ähnlich wie der jetzige Plan, oder gab es eine Verbindung zwischen beiden?

Antwort: Ich würde sagen, der einzige Unterschied lag im Angehen der Sache. Jemand wie Mike sollte entweder eingeflogen werden, oder man hätte eine Fischerflotte gekauft, die nachts gelandet wäre, oder man hätte in einem Zirkus eingeschleust werden können oder etwas Ähnliches. Sie sehen, das war der einzige Unterschied. Ansonsten gab es ähnliche Pläne für einen stillen Putsch, möglicherweise mit Hilfe anderer afrikanischer Staaten. Man hätte sich danach zurückgezogen, wäre dafür bezahlt worden und hätte die Bevölkerung der Seychellen ihrem Schicksal überlassen, egal, ob es gut oder schlecht für sie gewesen wäre.

Frage: Ich möchte noch einmal bei der letzten Frage nachhaken, wobei ich betonen möchte, daß Sie nicht antworten müssen, wenn Sie nicht wollen.

Ich bin etwas überrascht darüber, daß Sie 1980 und davor einen detaillierten Plan über Söldnerbewegungen für einen Putsch auf den Seychellen vorgelegt haben und nicht nur Ihren Vorgesetzten, sondern auch der Armee – jedoch 1981 nichts berichteten, aber annahmen, daß man darüber Bescheid wußte. Können Sie mir das erklären?

Antwort: Das Wesentliche dabei ist, daß er (Mike Hoare; Anm. d. Verf.) bei den vorhergehenden Plänen nur nach einem Sponsor, nach Unterstützung suchte. Deshalb gab er mir den Plan. Er sagte: »Versuche Hilfe zu bekommen, offizielle Hilfe, entweder in Form von Waffen, Geld oder anderem, um unseren Plan zu fördern.« Nun, plötzlich stand er da, mit dem Geld, den Waffen, und brauchte sozusagen keine Hilfe mehr.

Frage: Diese Antwort hat die Sache für mich völlig aufgeklärt. Nur noch eine Klarstellung: Sie sagten, als der Kampf begann, gingen Sie zu Ihrem Auto und fuhren zu Ihrem Hotel. Unterwegs, auf der Fahrt zum Flughafen, wurden Sie von einem Lastwagen überholt. Einer der Gründe, warum Sie weggingen, war, daß Sie keine Waffe hatten, derjenige, der Ihnen das Gewehr geben sollte, hatte es Ihnen aus irgendeinem Grund nicht gegeben.

Antwort: Wahrscheinlich wollte man mich unbewaffnet lassen.

Frage: Auf der anderen Seite sagten Sie, daß, als Sie Mike sahen, er Ihnen eine Tasche mitgab. Ich glaube, Sie sagten, daß diese sehr schwer war und Sie ausriefen: »Oh, mein Gott, da muß eine Kanone drin sein.«

Antwort: Das ist richtig.

Frage: Wo hatten Sie diese Tasche? Wo war die Waffe? Ich dachte, das war der Grund, warum man Ihnen diese Tasche gegeben hatte.

Antwort: Das war gegen meinen Plan. Ich hatte ihm (Mike Hoare; Anm. d. Verf.) geraten, Leute und Waffen nicht zu verkuppeln.

Ich habe noch nicht erzählt, wie ich zu der Waffe kam. Er sagte zu mir: »Macht es Ihnen etwas aus, eine Tasche für mich auf die Seychellen mitzunehmen?« »Sicher nicht«, sagte ich. »Was ist drin?« Er sagte: »Es ist ein Marinefunkgerät, das als Nachrichtenempfänger für das Hauptquartier dienen soll.« Ich sagte: »Gut, ich nehme es mit.« Er sagte: »Machen Sie sich nichts draus, wenn es der Zoll beschlagnahmt.« Er zeigte mir die Aufschrift: »Für den Hafenkommandanten.« Er sagte: »Sie müssen nur sagen, es sei für den Hafenkommandanten, wenn man es beschlagnahmen will. Wenn der Hafenkommandant sagt, er wisse von nichts – dann sagen Sie nur: Sie wissen auch nichts, jemand hat Ihnen die Tasche für den Hafenkommandanten übergeben.« Das akzeptierte ich.

Er brachte die Tasche zum Flughafen und sagte: »Stecken Sie ein paar Hemden und Sachen rein, damit es voll aussieht.« Ich stopfte ein paar Hemden, eine Kamera und ein paar Bücher rein, die nicht mehr als zehn oder zwölf Pfund wiegen konnten. Aber als ich die Tasche hob, wußte ich sofort, daß ein Gewehr drin war. Ich öffnete sie und sagte mir: Da muß ein Gewehr drin versteckt sein.

Es war komisch, als ich zum Zoll kam, etwa gegen neun Uhr abends. Ich hatte drei Koffer, und der Typ sagte zu mir:

»Diesen da.«

Ich sagte: »Den kleinen?«

Er sagte: »Nein, den da.«

Da dachte ich: »Oh, da haben wir's.«

Ich legte die Tasche auf den Tisch. Wenn der Zöllner diese Tasche genommen hätte, hätte er gleich gewußt, daß was nicht stimmte. Er hätte sofort gesagt: »Es ist unmöglich, daß sie soviel wiegt.« Sicher hätte er gedacht, daß ich Gold schmuggelte.

Aber er öffnete die Tasche und holte ein Buch raus, sah es an und steckte es zurück.

»Irgendwelche Waffen?«

Ich sah ihn an und fragte: »Wie bitte?«

Er sagte: »Irgendwelche Waffen?«

Der Polizist, der neben ihm stand, erläuterte:

»Er meint Speere.« Speere sind in den Seychellen verboten. So sagte ich: »Oh, Speere, nein, nein.«

»Wenn Sie welche haben, lassen Sie sie hier, Sie können sie wieder mitnehmen, wenn Sie abreisen.«

Unbehindert konnte er daraufhin die Kontrolle passieren. Pech für ihn war, daß mangels ausreichender Kommunikation unter den Söldnern die Truppen der Seychellen den Putsch niederschlagen konnten. Und so wird es auch den Söldnern in Surinam ergehen.

Der Waffenhändler ›Wenzel‹, um wieder zum Ausgangspunkt zurückzukommen, hatte schon recht, als er auf meine Frage, was sich nach dem Putsch denn ändern würde, antwortete: »Man weiß wie das in Zentral- oder Mittelamerika ist. Ob die Ausbeutung nachher nicht genauso ist, nur mit anderen Vorzeichen. Das ist eine andere Sache.«

›Operation Troja‹

Günther Leinhäuser hat in Sachen Putsche profunde Erfahrungen. Stichwort: Äquatorialguinea, Westafrika, 1979.

»Oh, das war ziemlich einfach«, sagte Leinhäuser.

»Aber wer ist da an Sie herangetreten?«

»Jetzt werden Sie lachen: die katholische Kirche.«

Überrascht bin ich nicht, aber ich staune.

»Ja, da saßen 28 Priester im Gefängnis, und die Kirche wurde von den Machthabern bedrängt, zumal eine antichristliche Politik betrieben wurde.«

»Und die haben Ihnen Geld dafür gegeben?«

»Da war zuerst ein Bischof.«

Schon einmal, 1973, hatte Leinhäuser versucht, einen Umsturz in Äquatorialguinea zu organisieren. Aber es klappte nicht wie geplant, der Perfektionist Leinhäuser scheiterte an einer einzigen Handgranate. Oder man kann sagen: Ein Diktator blieb an der Macht, weil einer der für den Putsch angeheuerten Söldner auf einen Regierungssoldaten eine Handgranate warf, die im Dunkeln ihr Ziel verfehlte. Das hatte unabsehbare Folgen. Die Handgranate flog gegen eine Palme und prallte von dort gegen die Funkanlage der Söldner, wo sie schließlich explodierte. Die Verbindung zwischen den Söldnertruppen war damit unterbrochen. Und das, obwohl sie den Radiosender und den Flughafen schon besetzt hatten. Der Erfolg hatte greifbar vor ihnen gelegen. Da aber die Funkanlage in die Luft geflogen war, »wußten die anderen nicht, was los war, und zogen sich vorsichtshalber zurück. Dem Staatspräsidenten Macias Nguemu gab das Zeit genug, seine Truppen neu zu sammeln und – Schluß.«

1979 wurde ein neuer Anlauf unternommen. Wie bereitete Leinhäuser dieses Unternehmen vor?

»Das ist einmal so gelaufen«, erläuterte er, »daß an einem Tag ein Flugzeug verschiedene Stammesgebiete überflog und Flugblätter abwarf. In ihnen wurden die Greueltaten von Macias (Tausende von Oppositionellen waren ermordet worden; Anm. d. Verf.) aufgewärmt. Das führte in den Dörfern zu Protestveranstaltungen. Gleichzeitig forderte Macias die Stammeshäuptlinge auf, für ihn eine Loyalitätserklärung abzugeben. Das brachte die Stammesfürsten natürlich in Konflikte zu den eigenen Leuten, die ja gelesen hatten, was in den Flugblättern stand.

Bei einer schwachen Regierung wie der von Macias wußten wir von vornherein, daß es zu nervösen Überreaktionen und Strafexpeditionen gegen die Stämme führen würde, wenn sie sich ihm gegenüber nicht loyal verhielten. Damit wuchsen automatisch die Spannungen. Denn dieser Stamm, der sich agegriffen fühlte, suchte sich neue Verbündete. Eine Einigung vollzieht sich dann praktisch von selbst.

Das sieht aus wie eine Destabilisierung. In Wirklichkeit ist es eine Stabilisierung, um die gespaltene Opposition zu einigen. Und genau das hatten wir erreicht. Für uns war das gut, für die Regierung schlecht, daß sie dann massiv die Kirche angriff und damit die religiösen Gefühle der Leute verletzte. Für uns wurde es immer einfacher.«

Leinhäuser konnte darauf bauen, daß der internationale Ruf dieses brutalen Diktators schlecht war. Weil er die verschiedenen Volksgruppen, die Fang, Beng und Bubi, gegen sich aufbrachte und auch die Katholiken – achtzig Prozent der Bevölkerung glauben an den Papst in Rom –, konnte er nur noch mit Schrecken regieren.

»Das ist doch ein Zauberer gewesen.« Leinhäuser hat für Macias nur ätzende, abfällige Kritik übrig. »Der machte mit seinem Stock viel Theater und meinte, solange er diesen Stock besäße, wäre er unsterblich.«

Dann hatte man ihn soweit.

»Als er sich nur noch von seinem Palast aus verteidigen konnte, wurden die inzwischen ins Land gebrachten Waffen im gesamten Land ausgepackt.«

Das war die zweite Phase. Ich gestehe, daß ich beeindruckt war von dem, was mir Leinhäuser vortrug. Beeindruckt davon, was ein einzelner Mann, wenn er genügend Phantasie und Managementkenntnisse im politischen Putschgeschäft besitzt, alles erreichen kann.

»Meine Rolle war es, die richtigen Leute zusammenzuführen. Dazu gehörte die Organisation des Abwurfs von Flugblättern, die Infiltration und Verteilung dessen, was für den militärischen Angriff notwendig war. Denn Macias hatte ja eine rund 300 Mann starke Armee, die äußerst gefährlich sein konnte, falls man sich mit blanken Händen gegen sie wehren mußte. Allerdings kam es nicht dazu, da die Armee in dem Augenblick, als Macias schwach wurde, davonlief.«

Die ›Operation Troja‹ hatte so begonnen. Zunächst mußte man ein Geschäft aufbauen, um im Land relativ ungehindert arbeiten zu können. Leinhäuser entschied sich für ein Holzgeschäft. »Dazu benötigt man zwanzig bis dreißig Leute, die in das Land kommen mußten. Sie mußten vermessen und verwalten. Die Holzarten mußten registriert werden.«

Leinhäuser legt die entsprechenden Papiere auf den Tisch, Verträge zwischen einem Holzwirtschaftsunternehmen und der Regierung von Äquatorialguinea. Eine perfekte Tarnung! Leinhäuser: »Die mußten in diese Falle hineinlaufen.« Sie tappten hinein: Die Regierung Äquatorialguineas erteilte einer ausländischen Firma die Genehmigung, ins Land zu kommen, um den Holzexport zu organisieren. Den Trick dabei hatten die Offiziellen in Malabo, der Hauptstadt, natürlich nicht durchschaut. Wer hätte das schon? Denn in alle Rubriken der Verträge konnte man beliebige Begriffe einsetzen: anstelle von Holz – Waffen, anstelle von Investitionen für den Holzexport – Investitionen für die Waffenbeschaffung.

Dieses Geschäft war die Basis, auf der das Projekt aufgebaut wurde. Von ihr aus konnte die Aktion koordiniert werden, über die Firma liefen Geheimnachrichten, finanzielle Transaktionen und die Waffenbeschaffung.

Dann gründete Leinhäuser ein zweites Geschäft, eine

Whisky-Bar mit einer dazugehörigen Diskothek. Sie wurde in der Hauptstadt eingerichtet, und zwar im Diplomatenviertel. »Diese Art von Unternehmen lockt die beste Gesellschaft des Landes an wie der Honig die Bienen.«

An Barmädchen hatte er auch gedacht, zuerst waren es einheimische Kräfte.

Das Geschäft warf Gewinne ab. Ein Teil davon wurde außer Landes geschafft, und zwar über die Vertretung einer europäischen Firma. Dieses Geld diente dann dazu, die Organisations- und Personalkosten zu bestreiten.

Leinhäuser: »Das rücktransferierte Geld wurde direkt von unserem Schatzmeister kontrolliert, der für alle Ausgaben Belege vorweisen mußte. Das Kapital konnte man amortisieren.«

»Und die Leute, die den Kopf hinhielten, die Söldner?«

»Die Leute wurden zuvor ausgesiebt. Sie bekamen ihre Reise bezahlt und arbeiteten in der Holzfabrik beziehungsweise in der Bar.«

Es wäre Wahnsinn gewesen, hätte Leinhäuser diese Aktionen allein geplant. Er verfügte natürlich über Verbündete. »Sie müssen ja den Aktivisten eine gewisse Sicherheit gewährleisten, sonst geht ja keiner mit, oder die Preise steigen ins Unendliche.«

Der Plan war diesmal so gut, daß er klappte. Im August 1979 wurde Macias Nguema durch einen Putsch gestürzt. Kurz vorher war der heutige Präsident Teodore Nguema Mbasogo eingeflogen worden, die letzte Strecke der Reise, die in Spanien begann, hatte er in einem Hubschrauber zurückgelegt.

Macias flüchtete derweil aus seinem Palast und wurde wenig später von der Bevölkerung aufgegriffen. Er lag in einem Graben, mit einer Schußverletzung. Da sich die neuen Machthaber schon etabliert hatten, wurde er an sie ausgeliefert. Diese stellten ihn vor ein Gericht, das ihn, unter internationaler Beobachtung zum Tode verurteilte. Am 29. September 1979 wurde er hingerichtet.

Das Ende einer Diktatur? Heute ist eine Militärregierung an der Macht, ein Parlament existiert nicht, politische Parteien sind nicht zugelassen.

Leinhäuser ist nicht zufrieden. Lieber hätte er einem anderen Mann als Teodore Nguema Mbasogo zum Aufstieg verholfen. »Die spanische Regierung hatte Mitspracherecht bei der Sache. Sie setzte Teodore, der absolut nicht als Präsident vorgesehen war, als neuen Präsidenten ein. Warum, das weiß der liebe Gott.«

Ursprünglich als Präsident vorgesehen war ein gewisser Ondo Mondo. Angeblich hatte er großen Rückhalt im Land besessen. Heute lebt der verhinderte Staatschef in einem der tristen Hochhausviertel der spanischen Hauptstadt in einer kleinen Dreizimmerwohnung. Von Macht und Luxus ist dort nichts zu sehen. Dafür betet er häufig und nimmt an Veranstaltungen der rechtskatholischen Organisation Opus Dei teil, von der er sich geistig betreuen läßt.

3,8 Millionen Dollar hat der Putsch gekostet.

Ob er sich wohl rentiert hat, für Leinhäuser und auch für die Bevölkerung?

»Für mich war es kein großes Geschäft.«

»Dann wenigstens für die Bevölkerung?«

»Nein, im nachhinein nicht. Denn Teodore ist nicht besser als Macias.«

Hunger, Unterdrückung, eine Militärdiktatur – nichts hat sich geändert. Als Organisator von Putschen könnte man eigentlich nur verzweifeln.

Leute wie Leinhäuser sind trotzdem begehrte Experten. Der Erfolg läuft ihnen nach. Ich fragte ihn, wie es mit der Vorbereitung des schon erwähnten Putsches in dem afrikanischen Staat Niger aussieht. Welche Schritte werden unternommen? Finden geheime Treffen in irgendwelchen Luxusrestaurants statt oder in den Besprechungszimmern des Außen- und Innenministeriums?

»Sie haben ja Hunderttausende französische Francs für die Vorbereitungsarbeiten dieses neuen Putsches erhalten?«

»Dafür müßte ich eine Studie über die Situation im Landesinneren anfertigen.«

»Wo bekommen Sie die Informationen her? Sie schreiben das ja nicht aus den Zeitungen ab?«

»Nein, nein – doch, doch. Man muß beides haben und beide Dinge miteinander abstimmen. Aber es ist nicht so, daß Zeitungen grundsätzlich die Unwahrheit schreiben. Da kommt zum Beispiel die eine Zeitung aus einer bestimmten politischen Richtung, und die andere folgt einer anderen Richtung. Man muß den Mittelweg finden, um eine Analyse zu erstellen. Man muß lernen, zwischen den Zeilen zu analysieren.«

Die Risiken des Geschäfts

»Also gut«, sage ich, »Sie fertigen eine Analyse eines afrikanischen Staates an. Und?«

»Das erste ist eine Analyse der politischen Verhältnisse, Opposition, Strömungen, ethnische Einflüsse. Danach eine Untersuchung der Sprachverhältnisse, der Sprachzonen und Wirtschaftsverhältnisse. Dann kommen die Gendarmerie- und Polizeikräfte dran. Wie sind sie organisiert, wie aufgebaut, welches Verhältnis besteht untereinander? Welches sind die politischen Einflüsse in der Armee, wo steht die Armee, was ist ihre Ausrüstung, ihr Kommunikationssystem, die Frequenzen der einzelnen Armeesender? Dafür schickt man die Leute wiederum ins Land hinein.«

Das kann doch nicht alles gewesen sein?

»Wie steht es mit den Auslandsbeziehungen? Welche Beistandsverträge oder Verbindungen existieren? Ja, und dann, wenn das gesamte Programm steht, dann wird der Weg ausgewählt. Und das, sage ich immer, kann nur die Arbeit eines einzelnen sein.«

»Wie können Sie denn destabilisierend einwirken?«

»Sagen wir mal so: Ist die Regierung sehr repressiv, kann man die Repression noch verschärfen, so weit treiben, daß die Opposition automatisch wächst.«

»Und dafür haben Sie Hunderttausende von Francs eingesteckt?«

»Als Aufwandsentschädigung. Denn es passiert ja, daß man 20 000 Francs ausgeben muß, um jemandem einen Urlaub zu bezahlen. Der muß eine ganz bestimmte Aufgabe erfüllen.«

»Können Sie mir ein Beispiel geben?«

»Nehmen wir an, die Stadt wird von einem Fluß durchquert, und über den Fluß führen vier Brücken. Ich möchte von dir eine genaue Beschreibung der Brücken haben, obwohl man das auch aus dem Prospekt haben könnte. Ich möchte dann natürlich mehr wissen. Ich muß wissen, ob die Telefonleitungen oberirdisch verlegt sind. Ich brauche etwas über die Brücke A. Wieviel Kabel sind da? Sind das straff gespannte Kabel, mit wieviel Leitungen, oder ist das ein durchhängendes Kabel? Wenn es ein durchhängendes Kabel ist, dann möchte ich von dir wissen, wo sich die Telefonzentrale befindet. Danach gibst du verschiedene Telegramme auf und prüfst mal, wie schnell das geht. Für all solche Kleinigkeiten braucht man ja Leute, die Geld wollen. Ja, und dann kommen die Leute zurück und sind ganz stolz, glauben, daß sie die größten Spione der Welt sind. Was er kriegt, ist eine Prämie, und dafür muß er den Mund halten. Danach wird wieder einer ausgeschickt, mit ähnlichen Fragen, und die werden dann alle immer wieder computermäßig abgestimmt. Wo dann Differenzen entstehen, das wird herausgenommen und nochmals untersucht.«

Auf diese Weise entstehen sogenannte nachrichtendienstliche Informationen, aus denen sich die Lage herausbildet.

»Sagen Sie«, frage ich Leinhäuser, »dieses Programm mit dem afrikanischen Staat, was bedeutet das denn in letzter Konsequenz?«

»Was sollen wir drumherum reden. Entweder wir haben Vertrauen, oder wir haben es nicht. Ich meine, ich könnte hinterher alles dementieren. Das ist für Sie schlecht. Glauben wird es vielleicht niemand. Aber wenn man dann Theater in dieser Hinsicht machen will, dann reden wir besser überhaupt nicht.«

Jetzt nur nicht den Informationsfluß versiegen lassen. Hart dranbleiben und gleichzeitig ein gewisses Verständnis zeigen. Das war in der damaligen Situation sicher eine angemessene Einstellung. Aber Vertrauen bedeutet in solchen Kreisen zwangsläufig mehr als Verschwiegenheit. Man nähert sich der Komplizenschaft.

Wo ist deine Moral geblieben? fragte ich mich. Vor fünf Jahren hättest du die mit solchen Leuten nicht einmal an einen Tisch gesetzt, und jetzt ...

Irgendwann einmal sagte Leinhäuser: »Sie sind ja selbst ein Waffenhändler.« Empört und voller innerer Abscheu wies ich diese Feststellung zurück. Dann hat mich Samuel Cummings mit einer ähnlichen Vorhaltung angegriffen: »Sie verdienen Ihr Geld, indem Sie über Waffenhändler berichten. Wir verdienen unser Geld, indem wir Waffen liefern.«

Es wurde also Zeit, daß ich mir über die weitere Beschäftigung mit Waffenhändlern Gedanken machte. Wie ehrlich durfte ich dabei eigentlich sein? Am einfachsten wäre ein klares Dogma gewesen: Waffenhändler sind Schweine, frei von jeden Zweifeln, ach, wie schön wäre das.

Faszinierte mich nicht vielleicht doch die Macht, die mit Waffen ausgeübt werden kann? Das Ambiente, in dem sich Waffenhändler bewegen? Das sind ja schließlich keine Stehimbisse. Oder hatte mich das Jagdfieber gepackt, ähnlich, wie es sie und ihre Söldner antreibt? Dem einen geht es ums Geld, dem anderen um Informationen – sind die Unterschiede so groß? Oder könnte es der Gefahrenkitzel sein, der mich reizte ebenso wie die Waffenhändler? Gefährlich ist deren Geschäft, sofern man es versaut oder Schrott liefert. Sonst jedoch, im Gegensatz zu den heißen sechziger Jahren, lebt man als Broker ziemlich bequem, jedenfalls in Frankreich. Im Hinterkopf habe ich aber noch die Erfahrungen aus meinem Familienkreis. Der Schwiegervater – wie gesagt, ein Waffenhändler, übles Subjekt, Aufschneider. Ein Freund der Familie wurde in der Frankfurter Guiolettstraße durch die ›Rote Hand‹, eine Organisation des französischen Geheimdienstes, in die Luft gesprengt. Nur durch Zufall waren meine Schwiegermutter und meine Frau nicht im Auto.

Ich denke auch an Sarbach in München, der derzeit auf einer Abschußliste steht. Käufern in Jordanien hatte er versprochen, dreißig Kilogramm Uran 238 zu liefern. Im Juli 1985 bot er die Ware an, die angeblich aus einer Wiederaufbereitungsanlage bei Genf stammte. Tatsächlich wurde nur ein Kilogramm minderwertiges Uran gestohlen – der Rest war Phantasie. Für die dreißig Kilogramm mußte der Käufer erst mal 220 000 Mark als Sicherheit auf ein Bankkonto des scheinbar seriösen Lieferanten überweisen.

Und die waren verloren, als nur Schrott im Wert von maximal 2000 Mark ankam. Die Betrogenen wollten sich das, wen wundert es, nicht gefallen lassen und statteten dem Betrüger einen Besuch ab.

»Klagen Sie es doch ein«, sagte der, und damit war das Gespräch zu Ende. Aber erledigt ist die Sache nicht.

»Das klagt man nicht ein, das kassiert man«, heißt die Devise der Betrogenen. Auf welche Art, ich kann es mir leicht vorstellen.

Gerade bei kleinen und mittleren Waffenhändlern ist der Hang zum Betrug groß, damit aber auch die Wahrscheinlichkeit, daß das Geschäft ungemütlich für sie ausgeht.

Helmut Aitonitsch kennt die Methoden ganz gut. Der österreichische Waffenhändler, der, um sich von seiner schweren Arbeit zu entspannen, im Keller seines Hauses an einer Modelleisenbahn, Spur 1, Maßstab 1:32, herumbastelt und ab und zu auf Niederwild- und Rehjagd geht, weiß, wovon er redet.

»Ich kann üble Nachrede pflegen. Das ist eine der gängigsten Arten. Ich kann durch finanziellen Druck etwas erreichen, insbesondere über die Familie.«

»Das sind eher leichte Formen«, wende ich ein.

»Ja, sicher. Aber es ist eine der gemeinsten Methoden, über die Familie an den Mann zu gehen. Das ist auch der Grund, weshalb meine Familie kaum etwas über meine Tätigkeit weiß... Man versucht, Sie geschäftlich zu liquidieren, indem in der Branche verbreitet wird: aufpassen. Der hat zu den und den Leuten Kontakte. Selbst wenn Sie sich reinwaschen können, von derartigen Verdächtigungen bleibt immer etwas hängen. Und das ist das Ärgste.«

Der Versuch, jemanden nervös zu machen, scheint dagegen eine beliebte Methode der Ostblockstaaten zu sein. »Man schickt zwei Autos hinter einem her, und die fahren einem immer wieder nach. Das genügt. Machen Sie das mal mit einem Menschen, der das nicht gewohnt ist, eine Woche lang. Ich glaube, der dreht irgendwie durch.«

Das Ärgste sind derartige Methoden zweifellos nicht. Kleinwaffenhändler L. aus Braunschweig weiß da effektivere Varianten. Wir sind auf dieses Thema zu sprechen gekommen, nachdem wir uns über die Rolle des amerikanischen Geheimdienstes CIA bei den Waffengeschäften unterhalten hatten.

»Wer ein Geschäft ohne den CIA macht, wird meistens kaltgestellt, ist raus«, behauptet er. »Das ist die übliche amerikanische Mentalität. Nach außen weiße Weste und hintenrum Dollars.«

Als ich von ihm wissen will, wie die Waffenverkäufe durch Geheimdienste geregelt werden, winkt er entsetzt ab.

»Ich möchte mir nicht die Finger verbrennen. Es ist dabei nichts zu verdienen. Man kann sich nur ein paar kaputte Rippen oder einen Durchzug im Fell holen.«

Wohl etwas weit aus dem Phantasiebereich hergeholt, denke ich. »Das Übliche ist, daß diese Leute dann Betonfüße bekommen. Rechts und links einen Marmeladeneimer mit Schnellbinder, und dann ab in den Zürichsee. Das ist in dieser Branche das übliche Schreckmittel. In Zürich wurde mir vor kurzem ein Mann vorgestellt. Der lebte davon, daß er die Ghadafi-Todeslisten bediente. 50 000 Dollar, und danach war er wieder weg, zog weiter.«

Ähnlich Gruseliges merkt auch ›Wenzel‹ an, als er eine Liste der derzeit bei ihm lieferbaren Waffen aus seiner Tasche zieht.

Ware	Verkaufspreis	Einkaufspreis
5000 TOW-Raketen, p. St.	10 500 $	9 700 $
300 Spreow-Raketen	4 700 $	4 100 $
48 Phönix (Flugzeug)	1 400 000 $	1 250 000 $
34 Cobra-Hubschrauber	9 000 000 $	8 000 000 $
60 F5e (Starfighter)	11,5 Mill. $	9,5 Mill. $
22 Exocet-Raketen gesamt (AM 39)	52 Mill. $	42 Mill. $
100 000 105-mm-Granaten	155 $	145 $
200 000 155-mm-Granaten	285 $	275 $
80 M 48/A 5-Panzer, pro St.	1 650 000 $	1 555 000 $
70 TAM-Panzer	1 Mill. $	

›Wenzel‹ packt die Liste schnell wieder weg. Allein, daß er sie besitzt ist und dabei ist, Waffen zu verkaufen, kann ihn für lange Zeit hinter Gitter bringen.

Im Grundgesetz, Artikel 26, etwa heißt es, daß zur Kriegführung bestimmte Waffen nur mit Genehmigung der Bundesregierung hergestellt, befördert und in Verkehr gebracht werden dürfen. Und in den am 28. April 1982 beschlossenen ›Grundsätzen für den Export von Kriegswaffen und sonstigen Rüstungsgütern‹ wird gemahnt, daß die Lieferung von Kriegswaffen und kriegswaffennahen sonstigen Rüstungsgütern nicht zu einer Erhöhung bestehender Spannungen beitragen dürfe.

So gut, so viel Papier. ›Wenzel‹ darf sich also nicht erwischen lassen, und außerdem muß er darauf achten, seine Lieferungen korrekt abzuwickeln. Wenn nicht?

»Die einzigen, die Schwierigkeiten bekommen könnten, und das müssen sich die Leute immer vergegenwärtigen, sind diejenigen, die Schrott liefern. Dann leben sie wirklich gefährlich. Oder wenn die Ware verpackt, ordnungsgemäß verladen wird und das Schiff trotzdem nicht in dem Bestimmungsland ankommt, weil es unterwegs die Fahrtrichtung geändert hat und die Ware in einem Drittland ausgeladen wird.«

Ungemach droht auch demjenigen, der dieselbe Ware zweimal verkauft. Einige haben das schon getan.

»Die leben echt gefährlich. Sie sind aber weniger von den Händlern gefährdet als von dem betrogenen Land«, sagt der kundige ›Wenzel‹. Besonders Libyen und der Iran neigen dazu, sich zu revanchieren. »Es gibt da einige Leute, die deshalb ziemlich gefährdet leben.«

Daß selbst ein Broker wie Leinhäuser in den siebziger Jahren einmal auf einer Todesliste der IRA gestanden hat, zeigt, daß das Geschäft so gefahrlos nicht sein kann. Damals, 1976, transportierte Leinhäuser Waffen für die IRA. Bezahlt wurde ein Auftragsvolumen von neunzig Tonnen Waffen, geliefert wurden jedoch nur fünf. Und die wurden beschlagnahmt, nachdem Leinhäusers Schiff von der britischen Armee aufgebracht worden war. Deshalb hat die IRA ihn wegen Verrats zum Tode verurteilt.

›Operation Saatkorn‹

Vor mir liegt Leinhäusers Computerausdruck, der Daten über den Niger enthält.

»Aus dieser Aufstellung«, stelle ich fest, »ist doch zu entnehmen, daß die relativ gut bewaffnet sind?«

»Nein, die sind nicht gut bewaffnet. Wir wissen ja, daß die gepanzerte Truppe über keinerlei Munition verfügt, weil die Munition streng getrennt von der Truppe gelagert wird. Denn im Land herrscht überhaupt kein Vertrauen.«

»Das heißt also, Sie müssen sich überlegen, wie Sie einen Keil zwischen Militärs und Munitionslager treiben können?«

»Ja, genau. Dann wird bei der Militäraktion von uns der Stadtteil A, in dem die Waffen lagern, vom Stadtteil B, in dem die Truppen stationiert sind, getrennt.«

In einem schwarzen Mercedes rast der Putschistenführer aus Saint Cloud über den Quai des Grenelles, an der Seine entlang. Plötzlich hält er an, steigt in ein anderes Auto um und fährt bis zum Boulevard Victor. Alles wie in einem Krimi. Dabei will er nur bei Leinhäuser die neuesten Informationen über die militärische Lage in Empfang nehmen. Der Vortrag ist kurz:

»Das Heer besteht derzeit aus 3500 Personen, davon gehören 1500 zu motorisierten Einheiten und 2000 zur Infanterie. Die motorisierten Einheiten verfügen unter anderem über 28 Mercedes-Fahrzeuge und 71 Berliet-Lkws. Hinzu kommen noch 62 Fahrzeuge, von denen 20 mit 20-mm-Kanonen ausgerüstet sind. An gepanzerten Fahrzeugen gibt es 23 AML 90, die mit einer rückstoß-freien Kanone von 60 mm bewaffnet sind. Weitere 14 Fahr-zeuge sind mit einem Maschinengewehr des Kalibers 7,62 ausgerüstet und fünf mit einer 57-mm-Kanone. Das Stan-dardgewehr der Armee ist ds G 3, Kaliber 7,62. Die Luft-waffe besteht aus zwei C-1340-Maschinen, zwei Nor-Atlas und zwei DO 28, die auf dem Flughafen von Niamey stationiert sind. Nicht zu vergessen sind die 250 Fallschirm-springer, ausgerüstet mit G-3-Gewehren.«

Das ist der Stand vom Oktober 1985. Der Putschist nickt, steigt mit seinem Leibwächter wieder ins Auto und fährt ab.

Für Söldner sind andere Informationen notwendig. Wenn sie angreifen wollen, müssen sie genau wissen – Leinhäuser hat es schon erklärt –, mit welchen Schwierig-keiten zu rechnen ist, wo die wichtigsten Angriffsziele sein werden. Besprechung im Club Républicain, einem der nobelsten Club-Restaurants von Paris. Anwesend ist A., ein ehemaliger Leutnant aus Vietnam und danach Söldner in Angola, jetzt Geschäftsführer eines kleinen Familienun-ternehmens. Der englisch- und spanischsprechende Mann gilt als intelligent, diskret und psychisch sehr ausgeglichen.

Sein Partner B. ist auch da. B. besitzt keine Kampfer-fahrung, obwohl er Reserveleutnant ist. Auch er führt ein kleines Familienunternehmen in der Nähe von Paris und zeichnet sich dadurch aus, daß er in einigen Gegenden Afrikas häufig geschäftlich zu tun hat. Regelmäßig tau-schen A. und B. Informationen aus.

Wichtigstes Angriffsziel jedes Putsches ist der Präsiden-tenpalast. Im Regierungsviertel von Niamey befinden sich vier Gebäude, in denen sich der Präsident aufhält, wenn er nicht auf Reisen ist: morgens im Präsidialgebäude, abends im Generalstab, nachts in der Residenz, und nur selten fin-det man ihn im Präsidentschaftspalais, der telegen zwi-schen dem Boulevard de la République und der Avenue Général de Gaulle liegt.

Das Präsidialgebäude ist ein älteres, einstöckiges Stein-haus. Im ersten Stock liegt das Präsidentenbüro, im Erd-geschoß sind die Verwaltungsbüros, in denen tagsüber rund dreißig Personen anwesend sind. Im Erdgeschoß ist auch die Präsidentenwache untergebracht: fünf Soldaten. Sonst bestehen kaum Sicherheitsvorrichtungen.

Für eine Aktion kann es wichtig sein zu wissen, daß die Zusammenkünfte zwischen dem Staatschef und dem Pre-mierminister immer im Präsidialgebäude stattfinden.

Das Generalstabsgebäude besitzt nur ein Stockwerk und einen Turm. Es hat zehn Zimmer, die durch einen Gang verbunden sind. In ihnen halten sich tagsüber rund zwanzig Soldaten auf. Im Turm ist die Funkstation installiert, die Verbindungsstelle zu den verschiedenen Militäreinheiten im Landesinneren.

Der Polizeiposten im Generalstab besteht aus zwanzig Mann und ist mit G-3-Gewehren ausgerüstet. Eine Mauer von etwa zwei Metern Durchmesser schützt das Gebäude, während das umliegende Grundstück durch einen Elektrozaun abgesichert ist. Auf dem Gelände des Generalstabs befindet sich auch ein kleines Gefängnis für Offiziere.

Der Wohnsitz des Präsidenten: Hier verbringt der General die Nächte bei seiner Frau und den sechs oder sieben Kindern. Zehn Dienstboten arbeiten im Haus. Das Steingebäude ist erdgeschossig ausgebaut und wird zur Straße hin durch eine Mauer abgeschirmt. An den anderen Seiten sind Elektrozäune installiert. Auf der Mauer sind Metallspitzen angebracht, die unter elektrischem Strom stehen. In den vier Ecken des Hofes steht je ein kleines Blockhaus, das von zwei Soldaten bewacht wird. Sie sind mit Maschinenpistolen ausgerüstet. Dazwischen liegen Gebäude, in denen sich die Wohnungen der 500 Soldaten, die dort stationiert sind, befinden. Die meisten Familienangehörigen der Soldaten leben ebenfalls auf dem Gelände.

An den vier Ecken des Geländes sind große Scheinwerfer angebracht und seit Oktober 1983 auch insgesamt fünf Flugabwehrgeschütze (ALM). Hier stehen auch Landrover, die mit Maschinengewehren des Kalibers 7,62 ausgerüstet sind.

Der Präsidentenpalast, kurz als K 4 beschrieben, dient nur offiziellen Anlässen. Bei derartigen Repräsentationsverpflichtungen verläßt der Präsident als erster das Haus, danach gehen die Gäste. In diesem Gebäude befindet sich ein Munitions- und Waffendepot.

Die Sache ist bitterernst, wie man schon aus der Kostenkalkulation ersehen kann. Material, das zur Tarnung der ›Operation Saatkorn‹ notwendig ist:

Für den Ersatzteiltransport von Punkt A bis B und C:	41 900 $
Ausstattung und Umbau von vier Containern, in denen die Waffen in das Land gebracht werden sollen:	65 000 $
Flugkosten, Kauf, Umbau und Transport bis Punkt B:	317 600 $
Einsatz von Spezialausrüstung, Radioausrüstung und mobile Zentrale:	821 000 $
Installation der Einsatzbasis, Errichtung einer Gesellschaft, einschl. Lokal und Löhne:	72 000 $
Personallohn, Prämien:	315 000 $
Einkauf von Transportmaterial für die Männer, bis Punkt C; Lebenshaltungs- und Reisekosten:	194 000 $
Geschätzter Gesamtbetrag	1 826 500 $

»In diesem Kostenvoranschlag sind aber die Kosten für das schwere Material von Punkt B bis C sowie die Kosten für Transport und Übernachtung, Telefon etc. für diejenigen Personen nicht eingeschlossen, die für die ›Einrichtung‹ zuständig sind.« Mit ›Einrichtung‹ ist die logistische Vorbereitungsarbeit von Leinhäuser und seinen Freunden gemeint. »Außerdem ist es in dem jetzigen Stadium unmöglich, die genauen Kosten für den Rücktransport des Personals anzugeben.« ›Personal‹, das sind die Söldner und ihre Helfer. Details über das Tarnmaterial:

144 Propangasflaschen	41 900 $

Die Tarnung: In 12 dieser großen Propangasflaschen müssen die Waffen eingeschweißt werden. 4 Container sind nicht getarnt und können daher von den Behörden ungehindert geöffnet werden.

3 Hubschrauber, insgesamt	2 250 000 FF
60 Maschinenpistolen à 350 $:	21 000 $
60 Tarnanzüge:	108 000 $

Und so weiter und so fort. Die Liste ist genauso lang, wie sie ausführlich ist.

Steht ein solcher Plan, dann müssen die Söldner gefunden werden. Das ist eines der einfachsten Probleme. Für 4000 bis 5000 Mark im Monat kann Leinhäuser genügend Leute rekrutieren, die bereit sind, in Afrika zu kämpfen. Leinhäuser kramt in einer Karteikiste und zeigt mir Karten. Auf ihnen sind persönliche Angaben, Fotos und die Einsatzmöglichkeiten der zur Verfügung stehenden Söldner eingetragen. Sogar ein bundesdeutscher Arzt bewirbt sich.

Leinhäuser: »Geben Sie mir 48 Stunden, und ich stelle Ihnen fünfzig bis achtzig Mann auf die Beine. Es ist nur eine Frage, die Flugtickets nach rechts und links zu verschicken und die Leute vorher anzurufen.«

Für Leinhäuser sind Söldner Spielernaturen. »Spielernaturen kennen sich untereinander.« Leinhäuser kennt sie von seinen Aktionen während des Biafrakriegs, in Guinea und in Südafrika.

»Südafrika?« frage ich.

Im Norden Südafrikas leben in einem Lager 3000 Mann, darunter mindestens 200 Deutsche.

»Was ist da Besonderes dran. Vielleicht gefällt es ihnen in Südafrika besser als in Bottrop«, wende ich ein.

Ihnen waren Arbeitsplätze in Südafrika angeboten worden. Als sie dann aber in Johannesburg eintrafen, voller Hoffnung, wieder einer geregelten Arbeit nachgehen zu können, mußten sie hören: »Es tut uns furchtbar leid. Aber das läßt sich leider nicht verwirklichen. Da hat es eine Panne gegeben. Wollen Sie zurückfliegen?« Und gleich danach: »Sie sind ja kräftig und jung.« Und schon waren sie rekrutiert, um als Söldner die südafrikanische Armee bei Operationen in Angola zu unterstützen.

»Waren denn die Leute so naiv«, frage ich Leinhäuser, »daß sie ein solches Arbeitsstellenangebot annahmen?«

»Die Organisatoren haben zuvor die Leute genau überprüft. Und als sie feststellten, daß sie aufs Geratewohl bereit sind, eine unbekannte Arbeitsstelle in Afrika anzunehmen, haben sie daraus geschlossen, daß die Leute leicht manipulierbar sind.«

Leinhäuser hat das Lager besucht. Bei dessen Beschreibung gerät er ins Schwärmen.

»Das ist da eine feine Ausbildung. Absolut wertvoll.«

»Warum?«

»Die hat Qualität.«

»Gute Qualität? Das bedeutet, daß sie gute Ausbilder haben.«

»Das sind Südafrikaner. Sprachlich bestehen gegenüber den Deutschen meistens keine Probleme. Africaans und Deutsch anzugleichen, in den Kommandos verständlich zu machen – das ist überhaupt kein Problem da unten.«

»Was haben Sie denn in dem Lager bei Namibia eigentlich getan?« will ich noch wissen. Doch die Antwort ist unbefriedigend: »Ich habe mich interessiert, wollte mir das zeigen lassen.«

Man weiß ja nie, wie man die Leute einmal gebrauchen kann.

Der Kaiser und die Waffenhändler

Eigentlich ist Herr Bokassa I. kein Herrscher mehr. Am 4. Dezember 1977 hatte er sich selbst zum Kaiser der Zentralafrikanischen Republik gekrönt und das an Rohstoffen so reiche Land zur Monarchie gemacht. Seitdem ist er in den Schlagzeilen, als Menschenfresser als im Luxus schwimmender Diktator und intimer Freund des damaligen französischen Staatspräsidenten Giscard d'Estaing.

Als seine politischen und persönlichen Eskapaden selbst der Regierung in Paris nicht mehr tragbar erschienen, wurde er gestürzt – natürlich mit militärischer Hilfe der Franzosen. Das war am 20. September 1979.

Im Sommer 1985 besuche ich ihn in seinem Schloß in der Nähe von Paris, in Hardicourt. Vor der Exilresidenz spielen Kinder. Im Schloß beklagt sich Bokassa über das Unrecht, das ihm angetan worden sei. Würdevoll sitzt er in einem pompösen Sessel, während ich mich frage, was mir dieser Mann zum Waffenhandel sagen kann. Ich weiß, daß einer seiner Söhne versucht, im Waffenhandel einen ›guten Schnitt‹ zu machen, und daß Bokassa selbst gute Verbindungen zu Putschisten und Waffenhändlern unterhält. Da sitzt er und sieht so friedlich aus. Es ist ihm gar nicht zuzutrauen, daß er während seiner Regierungszeit über hundert Jugendliche erschießen ließ, weil sie sich geweigert hatten, Schuluniformen zu tragen.

Natürlich ist er auf die Franzosen nicht gut zu sprechen. Profitierte er einst von ihnen, schäumt er jetzt vor Wut. Mir nützt es, denn das macht ihn gesprächig.

Er muß wissen, was Ausbeutung konkret bedeutet. Ich weiß es auch. Doch seine Äußerungen bieten neue Einsichten. »Seit 1966 hat Frankreich keinen Pfennig für den Export von Uran aus meinem Land bezahlt.«

Er vergißt hinzuzufügen, daß er damals den jetzt beklagten Vertrag selbst unterschrieben hatte.

»Man weiß sehr wohl«, klagt er weiter, »daß Frankreich, um zu überleben, gezwungen ist, seine Präsenz in Afrika zu erhalten. Und die französische Präsenz in Afrika heißt Gendarmerie. Die Franzosen sind die Gendarmen Afrikas. Sie fördern jede Unordnung, damit sie das Maximale herausschlagen können. Giscard selbst hat, als er mich gestürzt hatte, dem Botschafter Frankreichs und den Soldaten der ›Operation Barkuda‹ den Auftrag gegeben, meinen Geldschrank aufzubrechen und 147 000 Diamanten herauszuholen.«

»Gibt es aber nicht zwei Partner dabei«, wende ich ein, »die sich dabei ergänzen? Einmal die Kolonialmächte, die die Bodenschätze ausrauben, und zum anderen diejenigen Herrscher, wie Sie, die mit diesen Mächten zusammenarbeiten?«

In seinem Gesicht zuckt es. Mit einer Art Krückstock stampft er auf den kostbaren Perserteppich. Eine Antwort erhalte ich nicht. Wenigstens zur Rolle von Waffenhändlern bei der Destabilisierung afrikanischer Länder könnte er mir etwas erzählen.

Sie sei schwierig zu beschreiben, weil man die Waffenhändler nicht sehe, meint er. »Sie verkaufen Waffen an politische Bewegungen, die in Opposition zu gewissen Regimes stehen. Sie verkaufen ihre Waffen schwarz. Aber ich will nicht tiefergehen. Ich kenne diejenigen, die in Frankreich Waffen verkaufen. Selbst Giscard d'Estaings Partner ist ein Waffenhändler. Und zwar mit der Komplizenschaft von Giscard.«

»Können Sie das genauer erklären?«

»Patati, patata«, antwortet er.

»Neulich hat man Mitterrand vorgeworfen, Ghadafi in Griechenland getroffen zu haben. Man hat gesagt, es sei nicht gut, daß er ihn trifft. Was war wirklich?«

»Frankreich verkauft Waffen an Ghadafi. Aber das ist nicht offiziell. Offiziell sagt man, Ghadafi sei ein Teufel, aber unter der Hand verkauft Frankreich Waffen an Ghadafi. Das ist ein Beispiel.«

Ghadafis Supertransporter

Eigentlicher Inspirator des geplanten Putsches im Niger ist der libysche Staatschef Ghadafi. Nach Leinhäusers Einschätzung weiß er genau, was er will. Ich weiß es nicht.

Leinhäuser sagt: »Der will dort überhaupt nichts. Der wollte auch im Tschad nichts. Sein Plan und Ziel ist es, einen Zugang zum Golf von Guinea zu bekommen.«

»Was bringt ihm das?«

»Oh, das bringt ihm gewaltig viel. Damit kann er praktisch den gesamten westafrikanischen Markt unter seinen Einfluß bringen. Ihm schwebt ja eine Art Pan-Arabismus-Afrikanismus vor. Das ist seine fixe Idee.«

Obwohl Libyen zu den potenten Kunden zählt, will Leinhäuser, von einigen Ausnahmen abgesehen, mit Ghadafi wenig zu tun haben. »Der ist ein idealistischer Träumer.«

Wie kommt er darauf?

»Da hat er doch 800 Panzer in die Wüste geschickt, und die sollten auf ihren Ketten bis zu 2700 Kilometer durch die Wüste rollen.«

Da war während des Konflikts im Tschad 1983. Ein unerwarteter Gesprächsverlauf. Wie können 800 Panzer eine solch lange Wüstenstrecke zurücklegen?

»Um die Panzer über eine solche Entfernung zu transportieren, benötigt man derart viele Versorgungsfahrzeuge, daß selbst die französische Armee dazu nicht in der Lage wäre.« Leinhäuser dachte, rechnete und unterbreitete ein Angebot:

»Seit etwa einem halben Jahr verhandle ich, auf indirektem Weg, mit den Libyern, und zwar über Ben Bella. Ben Bella, der ehemalige algerische Staatspräsident, ist ein Freund von mir und verfügt über sehr großen Einfluß. Dann gibt es die bundesdeutsche Firma KFM in Kaiserslautern. Die stellt ein Superfahrzeug her. In diese Firma haben die Libyer vor einigen Jahren schon zwanzig Millionen Mark für die Entwicklung eines Panzertransporters gesteckt. Das ist ein Superding, der kann bis zu drei Panzern laden.«

Entwickelt wurde das Superfahrzeug, auf dem die Panzer endlich die Wüste durchqueren können, vom Ingenieurbüro Hoppe, das auch den Leopard mitentwickelt hat.

»Das sind Leute in der Fahrzeugtechnik in Deutschland, die sind top.«

»Die Lkws brauchen doch enormen Sprit«, werfe ich ein.

»Aber die können bis zu 300 Tonnen befördern. Und nachdem Ghadafi die Pleite im Tschad erlebte, wurde die Sache bei KFM wieder intensiviert. Jetzt liegt eine Bestellung über 180 Fahrzeuge vor.«

Wie immer, wenn hoher Profit zu erwarten ist, drängte die Konkurrenz, hier das Büro des Anwalts Dr. L.

»Die wollten vor drei Jahren den Libyern das Fahrzeug verkaufen und sich an der Firma beteiligen. Aber mehr beobachtend. Doch es kam nie zu einem Geschäftsabschluß.«

Bis eben im Frühjahr 1985 der libysche Revolutionsrat entschied, 180 dieser Fahrzeuge zu bestellen, und die entsprechenden Mittel lockermachte: 470 000 Mark pro Stück. Und jetzt gab es zwei Interessenten für den Auftrag: den Anwalt und Leinhäuser. Leinhäuser setzte sich durch. Den Konkurrenten teilte er mit: »Dr. L., dieses Geschäft haben Sie nicht mehr. Wir bedauern sehr, daß Sie zwei Jahre umsonst gearbeitet haben. Aber Sie sollen nicht ganz umsonst gearbeitet haben. Wir treten Ihnen einige Prozente ab.«

Der Anwalt eilte wütend nach Libyen, um an Aufträgen zu retten, was zu retten war. Traurig für ihn, daß ihm im letzten Augenblick die Einreise versagt und sein Visum annulliert wurde. Denn die Libyer hatten entschieden: »Wir machen das Geschäft nur über Ben Bella und Martin.«

»Martin«, lacht Leinhäuser, »Martin bin ich. Und jetzt ist auch keine Rede mehr von 8 Prozent Kommission. Wir wollen 15 Prozent.«

Leinhäuser und Ben Bella, der algerische Exilpolitiker mit einem Büro auf den Champs-Elysées waren nicht knausrig. Sie traten ihrem Konkurrenten von den 15 Prozent, die sie erhielten, 2 Prozent ab.

Leinhäuser: »Im Geschäft wird natürlich nicht immer mit den feinsten Mitteln gekämpft. Der Stärkere macht's.«

»Was hat den Ghadafi mit dem geplanten Putsch zu tun?« führe ich das Gespräch wieder auf den Ausgangspunkt zurück.

»Das sind alles Transitgebiete für ihn, um zum Golf von Guinea zielen zu können. Dafür war der Tschad gut. Dafür ist der Niger gut. Zumal die Grenzen fließend sind.«

»Welches Ansehen genießt der Präsident im Land selbst?«

»Der ist ein Hampelmann. Im allgemeinen Ansehen ist er kein Politiker.«

Ansehen scheint er aber zumindest in der Bundesrepublik zu genießen. Im Spätsommer 1985 wurde er dort als Staatsgast willkommen geheißen.

Wie man Waffen befördert

Wäre man der beste Freund eines Waffenhändlers, könnte man ihn selbstverständlich ohne Umstände sowohl in seiner Privatwohnung als auch in seinem Büro aufsuchen. Leinhäuser hat keine ›besten Freunde‹, und ich bin schon einmal gar keiner. Wieso auch? Es war nicht schwierig, sich mit ihm in seiner Wohnung zu treffen. Das Büro bekam ich aber erst Ende September zu Gesicht. In einem alten Hinterhaus vermute ich alles mögliche, aber kein hochmodernes Büro mit kompletter Computerausstattung und allen erdenklichen elektronischen Nachrichtenmitteln. Supermodern! Am Telefon war mir schon vorher die angenehme Stimme der Empfangsdame aufgefallen. »Wir haben nur hübsche Mädchen an dieser Stelle«, meinte Leinhäuser stolz. Ohne Zweifel, er hat recht.

Leinhäuser denkt bei diesem Treffen im Spätherbst 1985 jedoch an andere Dinge. Er ist fahrig. Die Papiere, die er durchsieht, muß er nahe vor die Augen halten.

Ohne daß ich ihn gefragt habe, klagt Leinhäuser: »Die Ärzte haben mir gesagt, daß ich den grauen Star habe.«

»Gehen Sie doch nach Moskau«, rate ich ihm. »Da gibt es hervorragende Chirurgen für solche Augenleiden.«

»Damit ich dort nicht mehr herauskomme?«

Das sind die Grenzen eines Waffenhändlers, bestimmte Länder bleiben ihm verschlossen. Ich empfinde Mitleid.

»Ich habe Angst«, vertraut mir Leinhäuser an, »wenn ich mich operieren lassen muß.«

»Das geht doch ruck, zuck«, sage ich.

Der Waffenhändler und seine Angst vor einer Augenoperation. Da beliefert er seit Jahrzehnten politische Parteien und Bewegungen mit Waffen, begibt sich selbst in unzählige Gefahrensituationen, und jetzt – ein Augenleiden.

Dabei ist das nicht das einzige Zeichen dafür, daß er alt geworden ist. Vor einem Jahr hat er seinen zweiten Herzinfarkt hinter sich gebracht.

»Ich hätte am liebsten Scheiße geschrien.«

»Bitterkeit?« frage ich.

»Ich habe die Dinge wieder so gesehen, wie sie einfach sind: bewußt ein Risiko einzugehen, es selbst zu wollen.«

Genau das hatte zu seinem zweiten Infarkt geführt. 1984, Leinhäuser macht ein großes Geschäft mit politischen Implikationen. Reisen waren notwendig: Paris–Karachi–Bangkok–Karachi–Islamabad – von dort nach Petschawa und dann an die pakistanisch-afghanische Grenze. Die afghanischen Rebellen brauchen Waffen.

Fünf Tage lang dauert die Weiterreise auf einem Esel bis nach Kabul. Danach geht es ostwärts. Wieder zwei Tage unbequemes Reisen. Die Anstrengungen machen sich bemerkbar. Innerhalb weniger Tage kommt man aus der brütenden Hitze Bangkoks auf die 3000 Meter hohen Berge Afghanistans. Es gibt schwierige Verhandlungen und kaum Schlaf.

Leinhäusers Aufgabe: Er will und soll die wichtigsten Gruppen des afghanischen Widerstands einigen, zumindest, was die Waffenbeschaffung angeht. Das Ziel: ein Treffen zwischen dem amerikanischen Außenminister Shultz und Repräsentanten des Widerstands in Spanien.

Alles läuft zufriedenstellend. In einem Dorf verabschiedet er sich von einem der Rebellenführer: »Auf Wiedersehen in Madrid.« Plötzlich gibt es eine ›furchtbare Explosion‹. Eine Granate schlägt in dem Dorf ein, fünfzig Meter von der Stelle entfernt, an der Leinhäuser steht.

Leinhäuser wird von den Granatsplittern nicht getroffen. Dafür bekommt er eine volle Ladung Steine in den Bauch, die die Explosion aufgewirbelt hat.

»Wenn die Russen zunächst mal Artilleriefeuer legen, dann kommen schnell Hubschrauber hinterher«, analysiert der Experte die Lage. Ohne seine inneren Blutungen ärztlich versorgen zu lassen, flieht er aus dem Dorf, um Peschawar zu erreichen. Im dortigen amerikanischen Konsulat erhält er Erste Hilfe. Mehr will er nicht, denn die Konferenz mit dem US-Außenminister steht an, und »einen amerikanischen Außenminister trifft man nicht jeden Tag«.

Körperlich schwer angeschlagen fliegt Leinhäuser nach Madrid, um die letzten Vorbereitungen zu treffen. Wieder kommt er nicht zur Ruhe. Wenn es darum geht, die wichtigsten afghanischen Widerstandsgruppen politisch zu einigen – mit Hilfe der USA –, kann der Waffenhändler nicht im Bett liegen. »Es war ja geplant, unter amerikanischer Obhut die wichtigsten Gruppen Afghanistans zu einem gemeinsamen Handeln zusammenzubringen. Das Drama ist die fehlende Einigung. Sie hat zwar Vorteile. Daß die Russen auf einer Hydra sitzen. Der Nachteil ist dafür, daß es keine massive Front gibt.«

Als organisatorisch alles klar ist, erfährt Leinhäuser, daß es nicht mehr zu dem Treffen zwischen US-Außenminister Shultz und den Rebellenführern kommen wird. Lediglich Vertreter des State Department reisen zu einem Treffen mit den Afghanen an. In einem Gebäude der amerikanischen Botschaft, in der Nähe Madrids, findet ein Arbeitsgespräch statt.

Dort kommt es zu einem Eklat. Abdul Azis, einer der Führer der Palästinenserbewegung, will das Treffen verhindern.

»Wenn ihr mit den Amerikanern verhandelt«, tobte er nach Worten Leinhäusers vor den afghanischen Rebellen, »werdet ihr jede Hilfe von uns verlieren. Ich verbiete euch, das zu tun!« Geschockt von der Geschichte mit dem PLO-Mann, verließen Leinhäuser und sein deutscher Geschäftspartner, »übrigens eine hohe Persönlichkeit«, das Hotel, in dem die Versammlung noch weiterging. Da stießen ihnen zwei Männer Pistolen in den Rücken. »Keine falsche Bewegung«, drohten die Unbekannten. Leinhäuser, aus Erfahrung klug geworden: »Wenn Sie eine Pistole im Rücken haben, hat es keinen Wert, den Helden zu spielen. Man muß die Sache erst mal laufen lassen, um seine Chance zu erkennen.«

Beide wurden in ein bereitstehendes Fahrzeug gestoßen, das in Richtung Plaza de España fuhr. Von dort aus ging die Fahrt zum Hotel Memphis auf der Gran Via, in dem Leinhäuser und Freunde wohnten. Darunter Roushan, ein führender Finanzier der Moslem-Bruderschaft, der eng mit der jordanischen Regierung zusammenarbeitet.

Bewacht von den beiden Entführern, die ihre Pistolen vornehm unter Mänteln versteckten, betrat die Gruppe das Hotel, als zwei weitere Männer auf sie zutraten.

»Wir sind von der spanischen Polizei.«

»Gut, wenn Sie zur spanischen Polizei gehören, dann will ich Uniformen sehen«, sagte Leinhäuser, der nicht glauben wollte, daß es sich bei den beiden wirklich um Polizisten handelte.

»Nein. Wir gehören einer anderen Abteilung an.«

»Sie können mir ja sagen, wer Sie sind.«

»Betrachten Sie sich als verhaftet. Wir gehen jetzt gemeinsam auf Ihr Zimmer. Zwei Mann begleiten Sie.«

Leinhäuser ging zum Portier und verlangte laut nach seinem Zimmerschlüssel. Leise raunte er dem Portier zu: »Rufen sie die Polizei.« Mit großen Augen schaute der Leinhäuser an. »Was liegt denn vor?« »Ich habe sofort gemerkt«, erkannte Leinhäuser, »hier wird von A bis Z falsch gespielt.«

Er mußte handeln. Plötzlich stürzte er sich auf eine große Blumenvase, die mit weißen Gladiolen gefüllt war, warf sie um, ließ sich auf den Teppichboden fallen und begann wie ein Verrückter zu schreien. Alle wurden auf ihn aufmerksam, die ›Polizisten‹ und die beiden Entführer zogen ab.

Es dauerte keine fünf Minuten, bis ein spanischer Geschäftspartner Leinhäusers eintraf. José Navarro Aguilera, Direktor der DISA S. A. in Bilbao. Der Waffenhändler, der, so Leinhäuser, am Telefon behauptet, daß er lediglich Finanzberater sei, hatte einst sogar ein Zweigbüro in der Frankfurter Kleinen Hochstraße.

»Der hat die gesamte Sache inszeniert«, behauptet Leinhäuser.

»Paßten ihm die Leute nicht, die sich hier treffen sollten?«

»Was der damit eigentlich wollte oder nicht wollte, ist mir bis heute nicht klar.«

Dabei hätte sich Leinhäuser denken können, daß einige seiner Kollegen, gleich, welcher Schattierung, gerne an künftigen Waffenlieferungen partizipiert hätten. Leinhäuser selbst war vor allem an Aufträgen interessiert und weniger an der Politik afghanischer Rebellen oder von US-Behörden.

»Ich bin nicht so edel, daß ich sagen würde, ich tue das aus purer Menschlichkeit. Es ist nebenbei gesehen ein Geschäft.«

Wer hätte von ihm etwas anderes erwartet. Nicht erwartet hatte Leinhäuser den Herzinfarkt, der ihn nach diesen Vorfällen zusammenbrechen ließ.

Aber er verfügt über eine robuste Natur. Im Herbst 1985 hat er schon wieder Geschäfte mit afghanischen Rebellen gemacht. Roushan von der Moslem-Bruderschaft machte im Juni 1985 Zwischenaufenthalt in Paris, um mit seinem Freund Günther zu sprechen. Am nächsten Tag flog er über London nach Los Angeles, sprach dort mit den Lieferanten und kehrte dann nach Paris zurück, wo er Leinhäuser berichtete: »Ich habe jetzt mit allen Beteiligten gesprochen. Auch mit Pakistans Präsidenten Zia Il Haq. Er hat grünes Licht für den Waffentransfer nach Afghanistan gegeben. Er verlangte aber, daß wir ihm garantieren, daß Waffenlieferungen 48 Stunden nach Anlieferung das pakistanische Territorium verlassen haben müssen.«

»Das können wir ihm doch nicht garantieren«, wandte Leinhäuser ein.

Ein gewitzter Mann, der Diktator aus Pakistan. Einerseits weiß er natürlich, welche Waffentransporte sein Territorium in Richtung Afghanistan passieren. Andererseits will er sich nicht von der afghanischen Regierung und den Sowjets beschuldigen lassen, die Rebellen offiziell zu unterstützen. Die Erinnerungen an die Angriffe afghanischer Militärflugzeuge auf pakistanische Dörfer sind noch frisch.

Obwohl es keine feste Zusage der neben Leinhäuser beteiligten Waffenhändler gegeben hat, kann die Transaktion beginnen. Die von den USA und Saudi-Arabien finanzierten Waffen, eingekauft und transportiert auch von Leinhäuser, werden zuerst nach Bahrein am Persischen Golf gebracht und dort gesammelt. Von dort werden sie über den Iran auf eine stillgelegte Piste an der afghanischen Grenze geflogen, wo sie schließlich an die verschiedenen Gruppen verteilt werden.

Ein immer und überall wiederkehrendes Täuschungsmanöver mußten Leinhäuser und seine Kollegen selbst bei diesem Deal inszenieren: Waffen aus westlichen Produktionsstätten durften nicht geliefert werden. Ostblockwaffen werden verlangt. Aber an deren Qualität wird es kaum liegen, daß sie bei fast allen verdeckten Lieferungen an westlich orientierte Befreiungsbewegungen geordert werden. Im Fall der afghanischen Rebellen waren es Kalaschnikows, die von den Chinesen zu Spottpreisen nachgebaut werden, ohne einen Cent Linzenzgebühren an die UdSSR zu zahlen.

›Wenzel‹, der 5000 Maschinenpistolen an die antisandinistischen Contras liefern sollte, die vom CIA bezahlt wurden, hatte ebenfalls die Auflage, »russische Waffen zu liefern«. »Die wollen damit die Quelle der Lieferung verdeckt halten«, erläuterte ›Wenzel‹ das Verfahren. Das dürfte ein wesentlicher Grund sein. Aber sicher möchte man auch die eroberten Waffen der Gegenseite einsetzen. Und dazu benötigt man Munition, die paßt.

Ich stoße auf bemerkenswerte Konstellationen: Vor kurzem, erzählte Leinhäuser, ließ die Sowjetunion Waffen an afghanische Widerstandsgruppen liefern. Sowjetische Waffen gegen die sowjetische Armee, welchen Sinn hat das?

»Eifersucht sollte unter den verschiedenen Gruppen erzeugt werden, damit der Keim der Uneinigkeit entsteht, von dem die UdSSR wieder mittelfristig profitiert.«

Ähnlich grotesk sind die Waffenlieferungen von Libyen an die korsischen Autonomisten. Ein Waffenhändler, der aus Angst um sein Leben seinen Namen nicht nennen möchte, berichtete mir folgendes: »Ich habe vor zwei Monaten eine Anfrage von einem belgischen Waffenhändler erhalten, der 30 000 Maschinenpistolen suchte. Als ich ihn fragte, welches Kaliber, welches Fabrikat, war die Antwort: Ist egal.«

Für meinen Gesprächspartner stand damit fest, daß es sich nicht um die Bestellung einer Armee handelte. Weitere Nachforschungen ergaben dann, daß die Maschinenpistolen für Libyen bestimmt waren. Nur eine Bedingung wurde gestellt: Es durften keine israelischen Uzis und keine sowjetischen Waffen sein. Uzis fassen die Libyer nicht an, und die Russen wollen sie nicht in Verlegenheit bringen.

Der Waffenhändler: »Prinzipiell sollten es keine israelischen Waffen sein. Das würden die Franzosen sowieso nicht glauben, daß die Israelis Aufständische in Korsika finanzieren. Also bleibt nur eine andere Lösung übrig.«

Die Lösung: belgische, bundesdeutsche oder französische Waffen, die von Libyen aufgekauft und an die Aufständischen in Korsika geschickt werden. Verwickelt alles, obwohl einleuchtend.

Verwicklungen sind überhaupt das Salz im Waffengeschäft. Falsche Fährten legen, Scheinfirmen gründen, generell die Bereitschaft zum Risiko. Da muß Angst entstehen, selbst wenn sie nicht zugegeben wird. Auch bei Leinhäuser. Den Vorfall in Madrid oder den Herzinfarkt hat er längst verdrängt. Sie werden in seiner psychischen Buchhaltung nicht unter der Rubrik Angst verbucht. Sofern er von Angst redet, meint er die Vergangenheit, und zwar die Angst, verhaftet, geschäftlich aus der Bahn geworfen zu werden.

Bis zum heutigen Tag darf Leinhäuser zum Beispiel nicht nach Österreich einreisen. Konsequenz eines Transports von läppischen 120 Pistolen vom Typ Walther P 38, die er in Sofia eingekauft hatte. Sie waren für den Libanon bestimmt. Für jeden Zollbeamten, selbst in Beirut, wäre das zur damaligen Zeit, in den sechziger Jahren, eine genaue Überprüfung wert gewesen. Immerhin, sechs Koffer voller Pistolen. Daher wählte der Experte für derartige Fälle den Transitweg: Sofia–Wien und dann nach Beirut.

In Wien eingetroffen, eilt er zum Transitschalter, um ein Flugticket nach Beirut zu kaufen. Fünf der sechs Koffer sind schon auf dem Gepäckband angekommen, von den Zöllnern nur oberflächlich betrachtet. Aber Leinhäuser wittert die Gefahr. Von einer naheliegenden Telefonzelle ruft er seine Frau an: »Ich glaube, es gibt Schwierigkeiten.«

Kaum hat er die Telefonzelle verlassen, kommen die Schwierigkeiten in Gestalt der Stewardeß und zweier Zollbeamten auf ihn zu.

»Gehören Ihnen die Koffer?«

»Ja, die gehören mir.«

»Was ist da drin?«

»Das kann ich leider nicht genau sagen. Ich transportiere die Koffer nur für einen Freund und fliege ja in zwei Stunden weiter nach Beirut.«

»Na, dann geben Sie uns mal Ihre Papiere.«

Die Zöllner schauen in die Papiere, auf Leinhäuser, wieder auf die Papiere. Dann kommt der entscheidende Satz: »Ich muß Sie darauf aufmerksam machen, daß der Transit von Waffen und Sprengstoff in Österreich verboten ist.«

In diesem Moment trudelt auf dem Gepäckband ein einsamer letzter Koffer ein. Leinhäusers sechster. »Daß der Koffer da unten geöffnet worden ist, war mir sofort klar.«

Und er handelt. »Okay, wenn das so ist, möchte ich etwas deklarieren. In diesem Koffer befinden sich Faustfeuerwaffen.«

Mit dieser Selbstanzeige hat sich Leinhäuser erst mal aus der direkten Bedrohung gewunden. Gemeinsam öffnet man die Koffer. Schöne neue, glänzende Pistolen liegen ordentlich aneinandergereiht in den Koffern aus Sofia.

Wenig später trifft die Kriminalpolizei am Ort des Geschehens ein. Unter den neugierigen Blicken der Fluggäste wird Leinhäuser durchsucht. Bis auf sein Geld muß er alle Papiere, die er bei sich trägt, abliefern.

»Da hatte ich Angst!«

Die Kripobeamten: »Glauben Sie ja nicht, daß die

Geschichte so schön ausgeht. Wir holen jetzt einen Haftbefehl und die Beschlagnahmeverfügung.«

Inzwischen ist ein neues Flugzeug angekommen, und die Zöllner müssen sich den anderen Passagieren widmen.

»Was sollen wir denn mit dem Herrn Leinhäuser machen?« fragt ein Kripobeamter.

»Ja, der hat ja keine Papiere mehr, kein Ticket, der Flughafen ist ein abgegrenztes Gebiet, da kann wenig passieren.«

Ein anderer Beamter verfügt daraufhin, daß die Koffer in das Zollzwischenlager A gebracht werden und Leinhäuser die Koffer begleiten soll.

In diesem Moment fährt mit einem Elektrokarren ein Gepäckträger durch die Falttür.

»Junger Mann, laden Sie die Koffer auf. Die kommen ins Zollzwischenlager im Gebäude A«, sagt der Zollbeamte zu ihm.

Der lädt die Koffer auf und sagt zu Leinhäuser: »Sie können da mitfahren.«

Leinhäuser steigt auf. Als sie fünfzig Meter gefahren sind, fragt der Arbeiter: »Ins Zollager A, hat der gesagt?«

»Ja, ins Zollager A. Aber es geht mal wieder gar nichts bei euch.«

»Aber wieso?«

»Na ja, die Koffer sollen nach Prag, in die ČSSR.«

»Ach, die wissen doch nie etwas. Da steht doch die Maschine, sie fliegt in einer halben Stunde ab.«

»Mensch, schaffen Sie das?« fragt Leinhäuser.

»Ja, wollen mal sehen. Sehen Sie das Gebäude da hinten, aus rotem Backstein? Gehen Sie zu Fuß dahin, ich komme Sie gleich abholen.«

Leinhäuser steigt ab und geht, sehr langsam, in das rote Backsteingebäude. Durch das Fenster sieht er, wie die Koffer abgeliefert werden. Dann kommt der Arbeiter zurück. »So, Sie müssen schnell mit mir auf das Frachtbüro kommen.«

Leinhäuser folgt ihm.

»Entschuldigung. Wir haben noch Fracht für die Maschine nach Prag.«

Der Luftfrachtbrief wird getippt.

»Der hat gefragt, was denn da drin ist«, erzählt Leinhäuser. »Da habe ich gesagt, Pistolen. Da hat der nicht mit der Wimper gezuckt und auch schön Pistolen reingeschrieben.«

Der freundliche Arbeiter nimmt den Frachtbrief, fährt zur Maschine und kommt mit dem Frachtbriefduplikat zurück. »Ich habe ihm hundert Mark Trinkgeld gegeben. Der war ganz stolz. Und ich habe dem gesagt: ›Ja, ich gehe dann da hinten in das Zollbüro.‹«

Dort herrschte inzwischen gewaltige Aufregung. Der avisierte Pistolenhändler war überfällig. Als er endlich eintraf, waren auch schon weitere Zoll- und Kriminalbeamte eingetroffen.

»Warum haben Zöllner oder die Polizei Sie nicht begleitet?« frage ich Leinhäuser.

»Die mußten erst von ihrer Arbeit in der Halle freigestellt werden, und das dauerte ein wenig – an der Grenze zum Orient.«

Jetzt ging es los. Ihm wurde der Beschlagnahmebeschluß vorgelesen. Leinhäuser grinste, wußte er doch, daß die Pistolen derweilen auf dem Weg nach Prag waren.

»Warum lachen Sie?« fragten ihn die Zollbeamten.

»Hören Sie mal. Auch in Nürnberg hängt man keinen, es sei denn, sie hätten ihn.«

»Was soll der Quatsch?«

»Sie beschlagnahmen etwas, was Sie überhaupt nicht haben.«

»Wo sind die Koffer?«

»Ich habe mir erlaubt, die Koffer nach Prag zu schicken. Die Maschine dürfte bald dort landen. Oder wollen Sie sie zurückrufen?«

Daraufhin wurde Leinhäuser des Büros verwiesen, in dem anschließend ein heftiger Wortwechsel zu vernehmen war. Nach zehn Minuten durfte Leinhäuser wieder in das Büro zurück, wo man ihm den Haftbefehl vorlas. Doch Leinhäuser ließ die Beamten erst gar nicht zu Ende lesen.

»Sie müssen mich ja einem Richter vorführen, und seriöse Arbeit haben Sie nicht geleistet. Sonst hätten Sie sich wenigstens mal der Mühe unterzogen, eine einzige Pistole rauszuholen und sich das Ding anzuschauen. Dann hätten Sie nämlich merken müssen, daß die alle durchbohrt und in keinem schußbereiten Zustand waren. Das sind Demonstrationswaffen gewesen.«

»Aber warum haben Sie die Pistolen dann nach Prag geschickt?«

»Weil es meine sind.«

Erneut mußte Leinhäuser das Büro verlassen, bis man ihn, diesmal nach knapp einer halben Stunde, wieder zurückrief. Verärgert überreichten ihm die Beamten seinen Paß und sein Flugticket. Und dann erteilte man ihm das Einreiseverbot für Österreich, das bis heute Gültigkeit hat.

Heute hat es Leinhäuser nicht mehr nötig, als eine Art Mustervertreter für Waffen durch die Lande zu reisen. Er erinnert sich aber an derartige Abenteuer mit einer gewissen Wehmut.

Berufsrisiko denke ich. Viel Gefahr – viele Prozente.

»Aber«, sage ich zu Leinhäuser, »es wird ja andere Formen der Angst geben. Beispielsweise, wenn Sie jemand töten will?«

Als Antwort erzählt Leinhäuser mir eine Geschichte, die er mit Dokumenten unterlegt. Auf diese Weise erhalte ich einen höchst bemerkenswerten Einblick in bundesrepublikanische Methoden der Terrorismusbekämpfung.

Das spanische Abenteuer
des MAD

»Das war in Spanien. Die Urheber der Sache finden sich beim MAD in der Bundesrepublik, nur beweisen kann ich es nicht.«

Und Leinhäuser macht eine Einschränkung: »Voraussetzen möchte ich, daß ich nie Terroristen beliefert habe.«

Dies stimmt nun allerdings nicht, denn beispielsweise das Geschäft mit der IRA war ja kein Koffertransport von Pistolen. Damals, im Frühjahr 1973, wurden auf dem Küstenmotorschiff ›Claudia‹, benannt nach einer Tochter Leinhäusers, fünf Tonnen Waffen beschlagnahmt, darunter hochexplosive Fahrzeugminen und Panzerfäuste. In diesem Moment aber interessiert mich die Aufklärung dieser Sache wenig.

»Der MAD?« frage ich erneut.

»Vor zwei Jahren mußte ich in Madrid etwas Geschäftliches erledigen.«

Leinhäuser residierte im Madrider Plaza-Hotel. Er besuchte Bekannte im Madrider Verteidigungsminsterium. Nachdem sie zusammen einen Kaffee getrunken hatten, eilte Leinhäuser zu einer spanischen Waffenexportfirma. Mit deren Direktor, einem Herrn Bayon, hatte er einiges zu bereden. »Dem habe ich die Waffenliste gezeigt, alles durchgesprochen und bin dann wieder ins Hotel zurück.«

Bayon kam übrigens im Oktober 1984 in Madrid bei einem mysteriösen Autounfall ums Leben.

Als sich Leinhäuser abends zum Dinner feinmachte, klopfte es an seiner Zimmertür. Zwei Beamte des spanischen Geheimdienstes standen davor.

»Herr Leinhäuser, wir haben gewisse Informationen, daß man Ihnen an den Kragen will.«

»Danke schön für diese Information. Wann geht denn die nächste Maschine zurück?«

»Das geht nicht. Wir haben einerseits ein Interesse, Sie zu schützen, andererseits wollen wir die Hintergründe erfahren. Wir haben Ihnen einen Dienst erwiesen. Jetzt können Sie sich revanchieren.«

Leinhäuser nickte, es gab für ihn sowieso keine Alternative. Damit sich Leinhäuser schützen konnte, händigte man ihm eine Pistole, Kaliber 7,65 mm, mit zwei Magazinen aus. Ein weiterer Trost war: »Wir sind in Ihrer Nähe.«

So wartete Leinhäuser auf seinen Kontaktmann, mit dem er ein Geschäft abschließen wollte. Der traf am nächsten Tag ein, wie verabredet.

»Kommen Sie, ich bringe Sie zu meinem Chef.«

Leinhäuser war einverstanden. Hatte er doch Vertrauen, daß die Überwachung gut funktionieren würde. Er folgte dem Kontaktmann, und beide bestiegen ein Taxi.

»Bitte fahren Sie nicht aus der Stadt hinaus«, sagte Leinhäuser.

»Nein, nein, es ist nicht besonders weit.«

Erste Station war ein Café. Das Taxi wurde gewechselt. Sofort fuhren sie in entgegengesetzter Richtung wieder los. Da hörte Leinhäuser, wie sein Kontaktmann dem Taxifahrer die Anweisung gab, auf die Nationalstraße bis zum Kilometerstein 22 zu fahren.

Als Leinhäuser protestierte, versuchte ihn der Kontaktmann zu beruhigen. »Was ist denn los? Das ist eine belebte Straße. Man kann sich für solche Geschäfte doch nicht auf der Plaza treffen.«

Am Kilometerstein 22 angekommen – die Straße war tatsächlich sehr belebt –, wurde der Wagen auf einmal von einem Polizisten gestoppt.

Komisch, dachte sich Leinhäuser gerade, als der Polizist wieder verschwand und drei Männer auf das Taxi zurannten. Im selben Augenblick wollte der Kontaktmann die Autotür aufreißen und flüchten. Leinhäuser schrie, warf sich auf ihn, und beide fielen aus dem Taxi.

Sofort war ein Dutzend Polizeibeamte da. Sie nahmen die drei Angreifer, die mit Maschinenpistolen bewaffnet waren, fest.

Leinhäuser verstand nichts. Er wurde, mit Handschellen gefesselt, auf die Rückbank eines großen amerikanischen Wagens gestoßen. Die anderen Verhafteten wurden in einen Bus verfrachtet, und gemeinsam fuhr man zum Stadtgefängnis. Drei Tage blieb er dort, »allerdings bei offener Tür und mit Essen aus dem Hotel«.

Danach wurde er zum Flughafen gefahren. Dabei erklärten ihm die Sicherheitsbeamten, daß das Gefängnis der einzige Ort gewesen sei, wo man ihn habe schützen können.

Was steckte nun hinter diesem Verwirrspiel? Außer Leinhäuser, der nur zum Schein verhaftet worden war, hatte die spanische Polizei 15 weitere Personen festgenommen, darunter zwei wegen Mordes gesuchte Killer. »Ja, und der Mann, der den Kontakt zu diesen Leuten herstellte«, nämlich, um Leinhäuser zu liquidieren, »war eindeutig ein Mann vom MAD«, behauptet der Waffenhändler.

Leinhäuser reagierte sofort. Er fuhr direkt nach Köln zur Zentrale des Militärischen Abschirmdienstes und suchte einen Herrn Grünewald auf. »Der wußte über die gesamte Aktion schon recht gut Bescheid«, wunderte sich der Waffenhändler. Grünewald zu Leinhäuser: »Tja, dank Ihrer spanischen Beziehungen sind Sie ja wieder da.«

Leinhäusers Interpretation dieser sibyllinischen Bemerkung: »Das hat nicht geklappt.«

»Sagen Sie«, frage ich, »welches Interesse kann denn der MAD gehabt haben? Ich meine, was waren das für Geschäfte, die in diesem Zusammenhang abgewickelt wurden?«

»An den Geschäften konnte der MAD kein Interesse gehabt haben. Aber vorausgegangen war, daß ich von denen zuviel wußte.«

»Wußten Sie etwas, das im Zusammenhang mit dem MAD stand?«

»Im Zusammenhang mit Scherer.«

Am 4. März 1974 hatte die ›Frankfurter Rundschau‹ geschrieben: »Vor kurzem erschien in der Illustrierten ›stern‹ eine Meldung, in der behauptet wurde, General

Scherer (Chef des Militärischen Abschirmdienstes der Bundeswehr) habe über den Waffenhändler Günther Leinhäuser versucht, Ostblockwaffen als Anschauungsmaterial für die Bundeswehr zu beschaffen. Dieses Unternehmen sei gescheitert, habe die Bundeswehr 170 000 Mark gekostet – und Scherer aus dem Rennen um die Nachfolge des BND-Präsidenten geworfen. Diese Meldung nun, so vermuten Geheimdienstkreise nicht ganz ohne Anhaltspunkt, habe SPD-Mitglied Hans-Josef Horchem (Leiter des Hamburger Landesamtes für Verfassungsschutz) in den ›stern‹ lanciert, um Scherer ›abzuschießen‹. Auch das Bundesverteidigungsministerium bestreitet in der Stellungnahme nicht, daß es Kontakte zwischen dem Waffenhändler Leinhäuser und dem MAD gegeben habe, die jedoch wegen der ›Unseriosität des Händlers‹ abgebrochen worden seien. Der MAD sei sogar verpflichtet – so das Verteidigungsministerium –, Hinweisen aus dem Bereich des internationalen Waffenhandels nachzugehen.«

Leinhäuser weiß anderes zu berichten: »Der Scherer sprach da nur von 170 000 Mark. Das waren jedoch insgesamt 680 000 Mark.«

Der MAD und Waffengeschäfte im Inland. Das wird wohl ein Hirngespinst von Ihnen, Herr Leinhäuser, sein. Laut sagte ich das natürlich nicht.

Leinhäuser klärte mich auf: Damals versuchte der MAD über den in Frankfurt lebenden Waffenhändler Peter Mulack, Leinhäuser dazu zu bringen, Waffen in der ČSSR einzukaufen und diese bis südlich Catanias auf Sizilien zu transportieren. »Mulack sollte dann mit einer Jacht erscheinen, die Waffen an Bord nehmen und zu einem Ort bringen, wo sie von Bundeswehrmaschinen zum Weitertransport in die Bundesrepublik übernommen werden sollten. Bekanntlich können Bundeswehrmaschinen ohne Zollkontrollen auf NATO-Militärflughäfen landen«, erklärt Leinhäuser.

»Was waren denn das für Waffen?«

»Granaten, Gewehre, Bazookas.«

»Vielleicht brauchte der MAD die Waffen, um zu sehen, wie die Gegenseite ausgerüstet ist«, werfe ich ein.

»Nein, nein. Es handelte sich ja um 500 Handgranaten, 35 Stück P 28, die alte Bazooka ist das. Dann soundsoviel Kilo Sprengstoff, eine Anzahl Munition, zugehörig zu den einzelnen Waffen. Also absolut nichts, was der Geheimhaltung unterliegen würde.«

Liest man sich die entsprechenden Lieferpapiere durch, wird das gesamte Ausmaß der Waffenbestellung deutlich: In der Tarnrechnung der Firma Omnipol in Prag (an die Regierung in Zaire) sind 500 Antipanzerminen, 220 panzerbrechende Granaten vom Typ P 27, eine Million 9-mm-Patronen und 2000 Maschinenpistolen vom Kaliber 7,62 mm aufgeführt.

»Welches Interesse hatten denn die MAD-Herren, solche Sachen über Sie zu besorgen?«

»Das ist eben die große Frage.«

»Was versteckt sich hinter dieser großen Frage?«

»Meine Vermutung ist die, daß dies bestimmten politischen Absichten dienen sollte. Denn die Einlassung von Herrn Scherer, er habe die geheimen Verbindungen des Waffenhändlers Leinhäuser aufdecken und offenlegen wollen, zieht nicht. Es zieht deshalb nicht, weil das den Behörden schon hinreichend bekannt war. Darüber wußte die ganze Behörde genau Bescheid.«

»Also handelte es sich um ein politisches Manöver?«

»Genau. Daß man das dem politischen Gegner unterschiebt.« Denn was kann man sonst tun? »Was kann die Bundeswehr mit 500 Handgranaten aus der ČSSR anfangen?«

»Ausprobieren, ob und wie sie funktionieren.«

Leinhäuser zieht die Augenbrauen hoch. »Zweifeln Sie daran, daß die funktionieren? Es wäre ein Armutszeugnis, wenn die Deutschen es nicht wüßten.«

»Kommt so etwas häufiger vor?« frage ich Leinhäuser.

»Ja. Waffenhändler werden manchmal von den Behörden mißbraucht.«

»Für was?«

»Ja, um einen gewissen Eklat herbeizuführen, um damit gewisse politische Gegner beschuldigen zu können, weil sie angeblich das und das getan haben. Selbst um, sagen wir mal, die Ermittlungsbehörden in die Irre zu führen, sie auf irgend etwas zu hetzen, was eigentlich überhaupt nicht existiert oder erst einmal künstlich existent gemacht wird. Das Spiel ist äußerst verworren.«

»Verworren« – eine vornehme Formulierung! Leinhäuser wollte nicht mehr dazu sagen, schließlich hängt er an seiner Gesundheit. Madrid hatte gezeigt, daß Vergessen zu einer wertvollen Fähigkeit werden kann. Also genießen wir erst einmal einen Whisky.

»Das ist ein Mißbrauch des Waffenhandels«, fährt Leinhäuser fort, »daß man hinterher jemanden zum Kriminellen abstempeln kann. Man hat sein politisches Ziel erreicht, indem eben gewisse Dinge erfolgt sind, die nicht erfolgen sollen, die gegen das Gesetz sind.«

Leinhäuser zieht dabei Grenzen. Nicht alles, was gegen das Gesetz ist, muß unbedingt falsch sein. »Wo es um außerpolitische Ziele geht und um die Interessen des eigenen Landes zu sichern. Es ist ja eine Schwäche der Demokratie, daß zu viele Dinge durchdringen und bekannt werden, bevor sie zur Ausführung gelangen.«

Aber?

»Wir wissen genau ...«, Leinhäuser schreckt wieder zurück. »Ich mache mir die Leute vielleicht zu Feinden.«

»Dann sagen Sie es doch so, daß das nicht geschehen kann«, ermuntere ich ihn.

»Selbst das Bundeskriminalamt, BKA, versuchte, die Studentenbewegung in den sechziger Jahren zu kriminalisieren. Also Leute von uns sind von deutschen Diensten angesprochen worden, um Waffen zu liefern. Die haben sich zwar nie als Leute des deutschen Dienstes ausgegeben, sie hatten nur engen Kontakt zu ihm. Aber da man ja genau nachforscht, wenn man sich in eine solche Sache einläßt – woher kommt das, und was ist da gesteuert? Man fährt ja nicht mit 300 Pistolen im Auto in irgendeine Ecke Frankfurts und verkauft die dort heimlich.«

So sehe ich das auch.

»Es gab einen Zeitpunkt, wo das in der Bundesrepublik äußerst hoch entwickelt war.«

»War das in der Zeit der RAF-Terroristen?«

»Genau. Da braucht man nur die Geschichte der Staatsanwältin zu nehmen. Da läuft die ermittelnde Staatsanwältin mit einem Waffenhändler herum und fliegt mit seinem Privatflugzeug durch die Gegend. Das wurde dann von oben herab, weil der Ehemann ein Politiker war, so gemauert, daß man sich fragen konnte, ob es in Deutschland eine Justiz gibt – oder nicht.«

»Was hat das mit den RAF-Terroristen zu tun?«

»Tja, daß bei den Terroristen beschlagnahmte Waffen über die Justiz und über diesen Waffenhändler wieder in die gleichen Kreise hineingekommen sind. Dieselben Waffen, die zuvor beschlagnahmt worden sind.«

Das hört sich alles äußerst abenteuerlich an. War es vielleicht nicht so, daß die Terroristen sich die Waffen direkt beim Waffenhändler besorgten oder auf dem Schwarzmarkt?

»Wenn es um ein paar Pistolen geht, um zwei oder drei Stück, ja, dann würde ich dazu nichts sagen«, antwortet Leinhäuser. »Aber wenn es um Hunderte von Pistolen geht, um Tausende, dann ist das doch etwas anderes. Ich meine, eine Pistole kann überall verlorengehen. Aber mir kann keiner sagen, daß tausend Pistolen verlorengehen. Die sind eigenartigerweise den gleichen Weg gelaufen, den sie bereits schon einmal gelaufen sind.«

»Ich weiß nicht, welchen Weg sie gelaufen sind.«

Leinhäuser beginnt: »Es handelt sich um einen Waffenhändler aus Karlsruhe«, aber dann unterbricht er sich selbst. »Ich kriege dann wieder Schläge aus dem dunkeln. Selbst wenn offiziell gar nichts passiert.«

»Sagen wir es mal ganz abstrakt«, führe ich das Gespräch weiter. »Deutsche Behörden kaufen Waffen, um danach zu sagen, die haben wir bei linken Terroristen gefunden, also ist die Terrorismusgefahr so groß, daß wir dieses und jenes politisch durchsetzen müssen.«

Leinhäuser nickt.

»Kommen wir doch noch mal auf die Staatsanwältin zurück. Sie kann ja sagen, daß sie die Aufgabe hatte, gewisse Dinge aufzudecken. Also bediene ich mich dieser und jener Mittel?«

»Natürlich, das ist ihre Sache.«

»Aber Sie kritisieren diesen Handel?«

»Ich kritisiere daran, daß dabei ein riesiges Doppelspiel getrieben wurde. Denn letztendlich hat sie den Waffenhändler und Waffenschmuggler weitgehendst begünstigt, wenn nicht sogar selbst aktiv mitgearbeitet.«

Was regt Leinhäuser bei dieser Art von Geschäften eigentlich so auf?

Es geht um den in Fachkreisen bekannten ›Pistolenkreislauf‹. Der funktioniert folgendermaßen: Ein Waffenhändler kauft, im Auftrag bundesdeutscher Dienststellen, Pistolen oder andere Waffen in großen Mengen. Und die findet man dann bei Terroristen. Wie es sich ziemt, werden die Pistolen beschlagnahmt. Aber später tauchen sie erneut bei Terroristen auf. Und werden erneut beschlagnahmt.

»Die Methoden, die dabei angewandt wurden, waren nicht die feinsten«, mäkelt Leinhäuser.

»Was heißt, die Methoden waren nicht die feinsten?«

»Wenn bereits beschlagnahmte Waffen wieder, auf unbekanntem Wege, in den Kreislauf hineingeraten. Wenn sie dann wieder, gewollt, bei gewissen Leuten gefunden werden. Das ist doch keine feine Methode!«

›Experten‹ im Auftrag des Bundeskriminalamts

Mir ist kaum ein Waffenhändler begegnet, der nicht seine besonderen Erfahrungen mit bundesdeutschen Dienststellen gemacht hätte. Eine Ausnahme war der Wiener Aitonitsch, der die Bundesrepublik für seine Geschäfte zum Tabubereich erklärt hat: »Ich will doch nicht in Konflikt mit denen kommen.«

Das mit dem Konflikt ist in der Tat eine zweischneidige Sache. Einmal ist es unbestritten, daß das Bundeskriminalamt private, nichtlizenzierte Waffenhändler kompromißlos bekämpft. Andererseits aber setzt es häufig ›agents provocateurs‹ ein.

Auch Bauer L. hat da seine Erfahrungen gemacht: »Die Leute vom BKA marschieren im Land als angebliche Käufer rum. Sie haben sogar Kapital nach Maß dabei. Mit dem Kapitalnachweis locken sie die ›Outsider‹ in die Falle.«

Gegen die Falle wäre eigentlich nichts einzuwenden, ginge es da nicht um noch etwas anderes: »Die säubern den Markt von Leuten, die da nichts zu suchen haben«, sagt L. In den großen Hotels »sitzen immer Leute beim großen Geschäftemachen: Gold, Erdöl und Waffen.« Beobachter scheinen nicht weit entfernt zu sein, und »irgendwie kommt man ins Gespräch . . . Die bringen die Leute dazu, daß sie ihre Listen hinbringen, Lieferungen garantieren und Unterschriften leisten. Und das genügt ja schon in Deutschland. Dann werden sie kalt abgeduscht.«

Über Provokateure beschwert sich auch ›Wenzel‹ bitterlich: »Es werden Verträge gemacht, es wird Kapital nachgewiesen, und in dem Moment, wo die Verträge gemacht worden sind, schlägt das BKA zu.«

Im April 1984 zum Beispiel. Da wurden in der Nähe von Kassel auf einer Bank 50 000 US-Dollar deponiert mit dem Hinweis für den Bankdirektor, daß diese Summe nur ein Anzahlungsbetrag für ein Waffengeschäft sei.

War es Dummheit, daß diejenigen, die den Betrag deponierten, den Banker fragten, ob er nicht jemanden kennen würde, der kleine Waffen, etwa Maschinengewehre und Schnellfeuergewehre, liefern könne? Der Bankdirektor sagte: »Damit habe ich mich nie befaßt. Aber ich kenne einen Broker, der im Ölgeschäft ist und unter Umständen etwas darüber weiß.« Das war ein in Frankfurt lebender Israeli. »Der kann die Sachen liefern. Er muß nur wissen, was gebraucht wird«, sagte der Bankdirektor zu seinem neuen Kunden.

Der Israeli arbeitete schon seit geraumer Zeit mit ›Wenzel‹ zusammen, der dadurch von diesem Geschäftsabschluß erfuhr. Telefonisch vereinbarten sie mit dem Interessenten, welche Waffen in Frage kamen. Am ›Meeting Point‹ im Frankfurter Flughafen wollte man sich dann treffen. Zuvor jedoch, welches Glück für ›Wenzel‹ und den Israeli, hatten sie weitere Erkundigungen eingeholt. »Und dann stellte sich heraus, daß das ein Mann vom BKA war«, sagt ›Wenzel‹.

Ganz geschickt, die Leute vom BKA. Dabei gibt es nicht nur BKA-Beamte oder V-Leute, die versuchen, auf diese Weise an die Waffenhändler heranzukommen. Es gibt natürlich genügend Waffenhändler, die zuerst ihre Geschäfte tätigen und dann die Informationen darüber an das BKA weiterleiten. »Das ist echt eine Kriminalisierung«, ärgert sich ›Wenzel‹.

Gerade bei jenen Waffenhändlern, die zwar meist legal arbeiten, aber dennoch ab und zu nicht völlig saubere Transaktionen vornehmen, setzt das BKA den Hebel an. »Die Broker werden unter Druck gesetzt. Etwa so: Mensch, ›Wenzel‹, du bist jetzt bei uns auf der Abschußliste. Normalerweise bist du reif, um ein Ermittlungsverfahren angehängt zu bekommen. Aber wir sind einmal großzügig, und du arbeitest deshalb für uns. Gib uns die Informationen weiter, wenn du verhandelst und wo du die Angebote herbekommst.«

Natürlich gibt es auch solche Broker, die, obwohl der Waffenhandel in der Bundesrepublik verboten ist, von den

Behörden geduldet werden. In Hessen zum Beispiel lebte zeitweise Ihab Nafi, der Schwiegersohn Adnan Kashoggis, eines der bekanntesten internationalen Waffenhändler. Er ist mit einer Deutschen aus Dreieich verheiratet und bei vielfältigen Geschäften erfolgreich. ›Wenzel‹ kennt ihn: »Ich glaube kaum, daß, wenn die an den gehen würden, um ihm irgend etwas anzuhängen, da etwas passieren würde. Da würden sie einige Unannehmlichkeiten bekommen. Das sind halt solch maßgebliche Leute. Der Mann sagte mir ganz klar: Wer will ihm das verbieten? Das ist sein Geschäft. Der Mann ist zigfacher Millionär. Für den kommt es nicht darauf an, ein Geschäft machen zu müssen. Der macht die Geschäfte, weil sie an ihn herangetragen werden.« Und ohne den Bauer L. zu kennen bestätigt ›Wenzel‹ dessen Auffassung: »Man sanktioniert einige, und alles andere macht man hier tot.« Seit Oktober 1985 wartet Ihab Nafi im Pariser Interconti-Hotel auf den Abschluß eines großen Geschäfts.

Wie zu erwarten, weiß auch der Profi Leinhäuser von einem derartigen Geschäft zu berichten, in diesem Fall zum Nachteil der Staatskasse. Märchen beginnen mit ›Es war einmal‹. In Wirklichkeit war da einmal ein Waffenhändler namens Peter Mulack, der heute in Miami wohnt. Damals lebte er in Frankfurt – und befand sich in einer finanziellen Notlage. Deshalb, weil er Geld kassiert hatte, ohne die bestellten Waffen zu liefern. Prompt erhielt er Besuch von den türkischen Käufern. Mulack, ängstlich und nervös, erwartete seine Gäste mit einer Pistole in der Hand. »Ich werde alles zurückzahlen, werde alles zurückzahlen«, sagte er.

»Gut, Sie zahlen alles zurück. Stellen Sie uns einen Sichtwechsel aus. Und passen Sie auf. Wir haben lieber das Geld als einen toten Mulack.«

Mulack unterschrieb den Wechsel.

Aber Mulacks Partner, eben Günther Leinhäuser, hatte erfahren, daß die türkische Käuferkette infiltriert und derjenige, der den Wechsel besaß, ein V-Mann der deutschen Polizei war.

»Bezahlt ist bezahlt«, sagte Leinhäuser. »Schöner geht es ja nicht.« Zwei Monate später tauchte dieser Waffenhändler bei ihm auf. »Ich habe ein neues Geschäft für Sie und auch das Geld: den Wechsel von Mulack.«

Der V-Mann war wieder in Aktion.

Alle Beteiligten, auch Mulacks Frau, die an diesem Abend anwesend war, wußten von der V-Mann-Tätigkeit des Käufers.

Der V-Mann: »Hören Sie mal. Diesen Wechsel können wir eigentlich verschwinden lassen, wenn wir ein neues Geschäft machen. Wir lassen einfach die entsprechende Summe darin untergehen.«

»Was ist das eigentlich für ein Wechsel?« fuhr Mulacks Frau den V-Mann an. »Darf ich mal sehen?«

»Hier, bitte.«

Kaum hielt sie den Wechsel in der Hand, machte sie den Schulden ihres Mannes ein Ende, indem sie das Papier zerriß, wegrannte und die Reste verbrannte. Dann kam sie ins Wohnzimmer zurück. »Peter«, wandte sie sich an ihren Ehemann, »wenn du nichts sagst, sage ich es ihnen: ›Wir bedanken uns recht schön, daß Sie, die deutschen Behörden, unseren Wechsel bezahlt haben. Und wenn Sie jetzt noch etwas wollen, dann können Sie uns ja anzeigen. Dann ziehen wir zusammen vor Gericht.‹«

Da stand der betroffene V-Mann auf, ging weg und war nimmermehr gesehen. Umsonst hatte das BKA den Wechsel aufgekauft – Wert: 123 000 Mark.

Wenn es um die Jagd auf Waffenschieber geht, ist das Bundeskriminalamt nicht zimperlich. Der Zweck heiligt die Mittel, und die Mittel sind beispielsweise ein bezahlter privater Terroristenjäger und seine Söldnerfreunde. In Fachkreisen habe ich häufig von einem Mann gehört, der zu den Spitzenkräften im Söldner- und Antiterrorismusgeschäft gehört. Bis ich ihn erreicht hatte, dauerte es Monate. Endlich konnte ich ihn in London treffen.

In der feudalen Regent Street muß ich seiner ›Agentin‹ zuerst den Preis für das Gespräch bezahlen. Dann warte ich in einem Raum. Plötzlich öffnet sich die Tür. Ein Mann, ungefähr 1 Meter 70 groß, kommt herein, und bevor ich merke, was gespielt wird, hat er mich schon durchsucht. Ich habe natürlich keine Waffe dabei. Nach der Prozedur setzt der Mann sich auf einen Sessel mir gegenüber.

»Nennen Sie nicht meinen Namen und geben Sie keine Beschreibung von mir. Das würde Ihnen erhebliche Schwierigkeiten mit meiner Organisation bringen. Und wir finden Sie überall.«

Zum erstenmal im Verlauf meiner Recherchen bin ich etwas eingeschüchtert. Und Grund dafür habe ich wohl.

Der Mann ist ein Spezialist, der für eine private Organisation arbeitet. Und die wiederum kooperiert mit verschiedenen Regierungen, vor allem im Bereich der Terrorismusbekämpfung.

»Wir als eine private Organisation im Kampf gegen den Terrorismus haben es natürlich einfacher, tätig zu sein. Denn die ETA, die IRA oder die RAF sind gefährlich, bewegen sich international, und die nationalen Polizeibehörden sind unbeweglich. Wir können jederzeit in allen Teilen der Welt sein. Denn wir haben alle technischen Mittel zur Verfügung.«

Die Organisation arbeitet auch mit Söldnern. »Gerade in Afrika, in Ghana und im Niger wird sich in Zukunft einiges tun. Es ist ein sehr aktives Geschäft.«

Von den vielen Ex-Soldaten, die sich als Söldner bezeichnen, hält er wenig. »Die Söldnerwelt ist keine Welt, in der es Rambos gibt. Die Söldnerwelt besteht aus Experten, die besondere Qualifikationen haben.«

›Söldnerwelt‹ und Terrorismusbekämpfung – eine bemerkenswerte Kombination. Der ›Experte‹ erläutert den Unterschied zwischen beiden Geschäftsbereichen: »Beim Kampf gegen den Terrorismus müssen wir ein sensitives Programm ausarbeiten. Als Söldner zu arbeiten ist demgegenüber schon komfortabel. Sie haben eine offene Kriegführung mit genauen Zielen und Objekten. Beim Kampf gegen den Terrorismus ist die Gewalt viel extremer.

Und es wird viel getötet auf dem Gebiet des stillen Kampfes gegen den Terrorismus.«

»Warum«, will ich von ihm wissen, »arbeiten Sie persönlich eigentlich in diesem Bereich?«

»Der Beginn meiner Arbeit lag in Vietnam. Damals war ich Berater der ›Special Forces‹. Danach ging ich auf den afrikanischen Kontinent. In Angola und Rhodesien hatte ich als Berater ›besondere Aufgaben‹ zu erledigen.«

»Und ist es möglich, ohne Wissen der Regierungen in diesen Bereichen zu arbeiten?«

»Das Kriterium für mich und meine Leute, mit denen ich zusammenarbeite, ist eindeutig. Wir arbeiten für die westliche Lebensweise und gegen die kommunistische Gefahr. Das ist unsere Aufgabe. Anderen ist das vollkommen gleichgültig. Sie arbeiten für den, von dem sie einen Auftrag und Kontrakt bekommen.«

Und in der Tat. Er verfügt über viel Erfahrung. Und was er berichtet, könnte man in die Welt der Phantasie einordnen. Doch alles hat sich wirklich ereignet.

Für die Briten jagte er IRA-Terroristen in Nordirland und ermordete IRA-Waffenschmuggler; für die Spanier tötete er einen baskischen Separatisten in Frankreich, und für die Iraker organisierte er Kommandooperationen gegen iranische Ölanlagen. Ein Mann mit Erfahrung, ein ›Experte‹. Eines Tages im Frühjahr 1978 erreichte ihn, während er den Ausblick auf den Genfer See genoß, ein Anruf aus Wiesbaden, vom BKA.

»Ich hatte auf diesen Anruf schon gewartet, denn ich hatte mit der westdeutschen Bundespolizei zuvor schon einige Diskussionen über die Probleme mit der IRA und den palästinensischen Waffenschmugglern, und ich wurde gefragt, ob ich bereit sein würde, ihnen außerhalb der eigenen Grenzen helfen zu können.«

Diesmal war Hilfe nötig. Das BKA hatte erfahren, daß IRA-Leute Waffen durch die Bundesrepublik transportierten. Von München aus ging der Transport auf den Weg nach Antwerpen, um von dort nach Nordirland verschifft zu werden, so weit die Erkenntnisse der Polizei.

Hatten die Schmuggler gemerkt, daß sie beobachtet wurden? Jedenfalls waren sie plötzlich verschwunden. Sie tauchten erst in Mulhouse, in Frankreich, wieder auf. Dort aber waren sie für die deutschen Behörden nicht greifbar.

Der Auftrag für den ›Experten‹ und seine Kollegen war eindeutig: »Bringt uns die Leute nach Deutschland, da wir den Franzosen nicht trauen können.«

Er akzeptierte, nahm den Telefonhörer wieder in die Hand und begann, seine Arrangements zu treffen. Sein erster Anruf ging nach Paris, zu einem Ex-Fremdenlegionär, mit dem er bereits mehrmals zusammengearbeitet hatte. »Er hat Unterweltkontakte, sowohl in Paris als auch in Madrid, und wenn er verfügbar wäre, könnte er die notwendigen Waffen mitbringen.«

Yves Kergal, so hieß der Kollege, war bereit. Treffpunkt Colmar. Auf dem Parkplatz machten sie den gesuchten Lkw aus, den das BKA ihnen beschrieben hatte. Zuerst machten sie den Wagen fahruntüchtig, während die Fahrer sich in einem Café aufhielten. Die Standardprozedur: »Zwei starke Schraubklammern werden an verschiedenen Stellen der hydraulischen Ölleitung angebracht. Damit wird die Verbindung zwischen der Traktoreinheit und dem Anhänger geschlossen und der Bremsschuh blockiert, so daß sich das Fahrzeug nicht mehr bewegen kann.«

Dann warteten sie. Kurz vor sechs Uhr morgens gingen drei Mann auf das Fahrzeug zu. Als sie den Lastwagen anlassen wollten, geschah nichts. Lange suchten sie nach der Ursache. Als sie feststellten, daß irgend jemand an ihrem Lkw herumgebastelt hatte, wurden sie unruhig. Das war der Zeitpunkt, in dem die ›Experten‹ in Aktion traten. Als einer der drei Waffenschmuggler den Überfall bemerkte, feuerte Kergal. Er traf, ein Mann wurde verletzt. Die beiden anderen schienen sich zu ergeben, als sie die Uzi-Maschinenpistolen auf sich gerichtet sahen. Aber einer richtete plötzlich seine Scorpion-MP auf Kergal. »Ich warnte Kergal, und der schoß aus seiner Uzi und tötete ihn auf der Stelle.«

Den anderen beiden sagten sie, daß sie nur noch wenige

Sekunden hätten, um zu entscheiden, ob sie weiterleben wollten oder nicht. Sie spuckten alles aus, was die beiden ›Experten‹ wissen wollten.

Die beiden informierten das BKA. »Das Bundeskriminalamt hatte die Situation sofort unter Kontrolle. Es gibt ja eine Menge Witze über die deutsche Gründlichkeit, aber die Wahrheit ist, daß sie wirklich gründlich sind. Sie gaben uns detaillierte Informationen, was wir mit dem Lkw und den IRA-Waffenschmugglern machen sollten.«

Das Fahrzeug sollte demnach an einen bestimmten Ort auf der französischen Seite, in der Nähe von Mulhouse, gebracht werden, und zwar in Sichtnähe des Grenzübergangs.

»Alles, was wir zu tun hatten, war, einen Maschinenschaden zu simulieren, den Rest würde schon das Bundeskriminalamt erledigen.« Am verabredeten Ort wartete die Gruppe auf die BKA-Leute. Die kamen in einem VW-Kastenwagen, der in derselben Farbe und mit derselben Aufschrift wie der Lkw bemalt war – getarnt als Transporter einer Lebensmittelfirma. Legal war es nicht, daß die BKA-Beamten die IRA-Schmuggler auf französischem Boden festnahmen – doch die Operation klappte. Damit die französischen Grenzbeamten, sollten sie auf die beiden Fahrzeuge aufmerksam werden, nicht mißtrauisch wurden, taten die Bundespolizisten noch einige Zeit so, als würden sie einen Schaden beheben. Eine halbe Stunde später waren sie mit ihren Gefangenen auf bundesrepublikanischem Gebiet.

Der ›Experte‹ ist stolz auf seinen Erfolg, obwohl er schon so viele derartige Aufträge erledigt hat. Für ihn war es ein ›Job‹, den er korrekt erledigen wollte. Zwei Wochen nach Abschluß der Aktion traf auf seinem Schweizer Bankkonto der Lohn ein: 160 000 Mark.

Die ganz spezielle
Entwicklungshilfe der Weltbank

»Wir leben in einer Welt wechselseitiger Abhängigkeiten, also in einer interdependenten Welt, in der die Führungsrolle den Institutionen solcher Interdependenzen zufallen sollte – in diesem Fall dem Internationalen Währungsfond und der Weltbank. Sie müssen ihren Beitrag leisten zu der neuen Weltordnung, die entstehen wird, und sie mit ihrem Wissen und ihrer Erfahrung formen und gestalten.«
William Clark, ›Das Mexiko-Syndrom‹

In Genf ist neben vielen angesehenen internationalen Organisationen, wie etwa dem Roten Kreuz, die ›Internationale Bank für Wiederaufbau und Entwicklung‹, kurz Weltbank ansässig. Sie ist eine durchaus seriöse Gemeinschaft der privaten Banker der westlichen Welt und von Repräsentanten des Finanzwesens der Entwicklungsländer, und sie versucht, den freien Welthandel zu stützen. Das Finanzkonsortium verfügt über erheblichen Einfluß, durch Kreditpolitik kann politische Macht ausgeübt werden.

Reicht das aber nicht aus, um bestimmte wirtschaftspolitische Interessen durchzusetzen, werden manchmal Kredite mit anderen Bestimmungszwecken vergeben. Dann sind nicht der Aufbau der Landwirtschaft und der Industrie gefragt, sondern Waffen, um Regierungen zu stürzen.

Frühjahr 1980. In Genf findet eine internationale Konferenz der Weltbank statt. Teilnehmer sind überwiegend seriöse Finanzleute, darunter auch Repräsentanten der Deutschen Anlagen-Leasing und der Bundesbank. Anwesend sind jedoch auch Männer anderen Kalibers wie der berüchtigte Waffenhändler und Söldnerführer Heinz Schulz.

Der macht bei dieser Konferenz nicht mit, um bessere Einblicke in das Kreditgeschäft internationaler Organisationen zu bekommen, sondern um seine Erfahrungen bei einem besonderen Tagesordnungspunkt einzubringen: Darlehensgewährung an ein Land »zur Modernisierung der Hafenanlagen«. In Wirklichkeit sollen mit dem Kredit Waffen für einen Umsturzversuch finanziert werden.

»Nun können die Leute sagen, die bei diesen Gesprächen beteiligt waren, wir wußten nicht, um was es da geht«, frage ich einen an dieser Aktion beteiligten Geschäftsleute, der aus verständlichen Gründen nicht als Informant erwähnt werden will.

»Das können die mit gutem Gewissen sagen.«

»Wissen die das wirklich nicht?«

»Nein. Bestimmt nicht alle. Einige schon.«

»Sie sagten, das sei kein Einzelfall?«

»Ds ist kein Einzelfall gewesen.«

Tagung der Weltbank im Jahr 1982, wieder in Genf. Es geht um einen Kredit in Höhe von 500 Millionen Dollar zum Kauf von Flugzeugen und für den Bau einer Flughafenanlage. Empfänger ist ein asiatisches Land. Die Weltbank genehmigt das Darlehen. Tatsächlich werden daraufhin sowohl Flugzeuge gekauft, als auch ein neuer Tower gebaut. Von vornherein aber war bekannt, daß der Kredit in zwei Teile zerfiel, der eine für zivile Investitionen, der andere fließt in ›fremde Kanäle‹.

»Die Preise wurden so hochgetrieben, daß zum Schluß 300 Millionen Dollar übrigblieben. Dieses Geld floß in einen fremden Kanal.«

»Und welchen Sinn ergibt das?«

»Mit diesem Geld wird in einer überraschenden Situation die im Land bestehende Opposition bewaffnet. Es existieren sowieso große Spannungen, da Vertreter einer ethnischen Minderheit die ethnische Mehrheit regieren. Wenn der Staat, der unter Druck gesetzt werden soll, erkennt, daß er sich eine militärische Auseinandersetzung nicht leisten kann, werden sie aufgeben.«

Der Zweck der Operation wird mit dieser Erklärung nicht klarer. Abgezweigtes Geld aus einem Weltbankkredit, das in fremde Kanäle geht. Mit Waffen, die davon gekauft werden, will man einem Land eine bestimmte Politik aufzwingen. Aber wer ist ›man‹, und um welchen Staat geht es? In Südostasien gibt es fünf wirtschaftlich starke Länder: die Philippinen, Indonesien, Malaysia, Singapur und Taiwan. Vier sind bereits für den Plan gewonnen, sich zusammenzuschließen, um auch international konkurrenzfähig zu werden, besonders gegenüber Japan. Saravah, eine Region Malaysias, jedoch macht nicht mit. Da die Mittel friedlicher Diplomatie ausgereizt sind, soll nun auf andere Weise nachgeholfen werden. Deshalb wird derzeit eine Operation vorbereitet, mit Geldern der Weltbank, um die Opponenten zu ›überzeugen‹, sich an der Wirtschaftsgemeinschaft zu beteiligen.

Mit 300 Millionen US-Dollar lassen sich vielfältige Formen des Drucks ausüben: von der Propaganda bis hin zu Militäraktionen, von der Verschärfung der Gegensätze zwischen ethnischen Gruppen bis hin zu Umsturzversuchen.

Es muß bumms machen

Eigentlich sind solche Storys über Waffengeschäfte für Journalisten ein gefundenes Fressen. Ich bin jedoch im Laufe der Zeit, in der ich mich mit diesem Thema beschäftigt habe, ziemlich zurückhaltend in der Beurteilung geworden. Selbst die moralische Dimension vermag ich lediglich schemenhaft wahrzunehmen. Da kannst du miese Typen und die miesen Geschäfte anprangern, oder du kannst das als die Realität anerkennen. Es gab Zeiten, da war ich nahe daran, das Miese im Geschäft zu verdrängen und die Realität anzuerkennen. Menschen verrecken durch die Waffen, die man überall kaufen kann. Sie werden von Kugeln zerrissen und von Granaten zerfetzt, ihre Gedärme liegen auf den Schlachtfeldern, Frauen und Kinder trauern. Und dieselben Politiker, die Drahtzieher der Geschäfte mit dem Tod, halten Verdammungsreden gegen den internationalen Terrorismus.

›Wenzel‹ rechtfertigt sich, indem er sagt: »Kriminell sind eher die Politiker und die Leute, die diese Krisensituation schaffen. Da liegen die Verantwortlichkeiten.«

Meine moralische Distanz drohte immer dann abzubröckeln, wenn die Beziehung zu einem Broker vertraulicher wurde. Dann verdrängte ich meine Empörung über die Auswirkungen von Waffendeals. Und haben wir uns nicht schon an das tagtägliche Morden wie an die immer perfektere Vorbereitung des ›worst case‹ gewöhnt? Wer regt sich auf, wenn die USA Tausende von Söldnern und anderen kaputten Killertypen den Hof machen, damit sie das Bestreben des nicaraguanischen Volks nach Unabhängigkeit ersticken?

›Action‹ ist gefragt. Die Führung der Söldnerinternationale, die sich um das Magazin ›Soldier of Fortune‹ versammelt, unterhält nicht umsonst beste Beziehungen zur Reagan-Regierung. In diesem Magazin wird von Sabotage geschwärmt, was die bundesdeutsche Waffenfirma Heckler und Koch nicht daran hindert, dort für ihre Todesinstrumente zu werben.

Ich gestehe, daß mir die meisten Waffenhändler menschlicher erschienen, als ich es erwartet hatte. Sie stehen moralisch weit über Rüstungsunternehmern oder Politikern, den Verantwortlichen für das Elend und Sterben unzähliger Menschen. Ohne sie gäbe es keine internationale Waffenhändlerszene. Das Gewehr folgt der Flagge, und der Flagge folgt das Geld, heißt es bei den Brokern.

Gewiß, Waffenhändler sind Menschen mit unendlich vielen Schwächen, sie sind skrupellos und daher angreifbar.

Bin ich nun total verkorkst, wenn ich sage, daß es mir teilweise Spaß gemacht hat, mich mit Leinhäuser und Cummings zusammen- und auseinanderzusetzen? Aber dabei hatte ich es nicht mit Bürokratenentscheidungen zu tun, wie sie in den Vorstandsetagen der Rüstungsunternehmen getroffen werden, sondern mit Individuen. Die werden benutzt, lassen sich auch benutzen, sind Werkzeuge – was auch immer. Aber ich kann sie fassen. Sie legitimieren sich, manchmal neigen sie sogar zu Selbstzweifeln. Und sie haben Geschichte gemacht, waren wenigstens daran beteiligt. Ihre Erinnerungen an ihre Taten sind wichtig, auch weil sie zeigen, was sich hinter dem Pathos der modernen Heldengesänge wirklich verbirgt.

Zypern in den fünfziger Jahren. Auf der Inselrepublik, die damals unter englischer Mandatschaft stand, kämpften verschiedene Gruppen für die Unabhängigkeit. Auf Initiative des Kirchenfürsten Makarios und der nationalen Rechten wurde 1952 die Untergrundorganisation EOKA (Nationale Organisation der zypriotischen Kämpfer) gegründet. Am 1. April 1955 eröffnete sie einen Kampf, zu dem auch Sabotage und Terror gehörten und der erst sieben Jahre später enden sollte, als die Engländer die Insel aufgaben. Leinhäuser hat in diesem Krieg mitgemischt, er war zu dieser Zeit schon zwei Jahre im Waffengeschäft tätig. Makarios beauftragte ihn, Sprengstoff zu besorgen. In Prag belud er vier Koffer voll ›Brot‹, das ist der Slangausdruck für Sprengstoff, und reiste damit nach Zypern.

Mit dem ›Brot‹ sollten Anschläge verübt werden. »Aber es gab die strikte Anweisung von Makarios, daß es nur bumms machen darf. Mehr als Fensterscheiben dürften nicht zu Bruch gehen. Er war ja schließlich Priester, ein Kirchenmann, und wollte nicht, daß irgend jemand verletzt würde«, erinnert sich Leinhäuser.

Nachdem er also wieder in Nikosia angekommen war, fuhr er gemeinsam mit EOKA-Leuten los, um die Orte kennenzulernen, an denen der Sprengstoff eingesetzt werden sollte. Polizeistationen waren beliebte Angriffsziele.

»Wir gingen zu den Polizisten hin, kriegten noch einen Kaffee und haben dann gesagt: Ja, es ist alles bereit. Jetzt geht mal alle auf Streife.«

Das Angebot wurde gerne angenommen. In der Zwischenzeit installierten Leinhäuser und Begleiter die Bombe, starteten den Zeitzünder und fuhren weg. Dann gab es den erwarteten Knall, der später als ›neuer Terrorakt‹ verurteilt wurde.

Wobei, glaubt man Leinhäuser, er nicht immer sofort die Flucht ergriff, wenn der Zeitzünder eingestellt war. »Damit nicht per Zufall noch dummerweise ein Familienvater zur Polizei gelaufen kommt, weil ihm die Kuh geklaut wurde, und er dann in die Luft geht.«

Allerdings weiß man, daß es bei solchen Anschlägen auch Tote gab. Leinhäuser hat sicher davon gehört und gelesen. Aber er will es nicht wahrhaben – vielleicht, weil er mit diesen tödlichen Anschlägen tatsächlich nichts zu tun gehabt hat.

Das Zündschnurspiel

Leinhäuser ist schon frühzeitig in Beirut gewesen, einem Eldorado für Waffenhändler. 1965 begannen sich dort die islamischen und christlichen Gruppen zu bewaffnen – die französische Regierung befürchtete Schlimmstes. Der Verantwortliche für die Ausrüstung der französischen Polizei und spätere Leiter der französischen Spionageabwehr rief bei Leinhäuser an: »Günther, in Beirut wird es knallen. Es wird furchtbar werden, wenn das andauert. Beide Seiten fangen an, sich bis an die Zähne zu bewaffnen. Aber sie sind noch nicht soweit. Es muß daher vorher knallen.«

Der Auftrag war eindeutig. In Beirut lagen sich zwei Gruppen gegenüber, die bereit waren, einen Krieg anzufangen, und dieser wurde immer wahrscheinlicher, je mehr Waffen sie anhäufen konnten. Leinhäuser und seine Helfer sollten einen Eklat herbeiführen, einen ›begrenzten Konflikt‹, damit sich die verfeindeten Lager verausgabten, bevor die Rivalität in einen Bürgerkrieg ausartete. Leinhäuser sollte also ›Zündschnur spielen‹.

»Ich bin eingereist, zusammen mit vier weiteren Leuten. Wir waren bewaffnet. Dann gingen wir abends gegen 22 Uhr in eine Bar innerhalb der Demarkationslinie, in ein Lokal, das genau zwischen den Fronten lag.«

Obwohl es ziemlich heiß war, trugen die fünf aufrechten Kämpfer Mäntel, als sie das Lokal betraten. Sie müssen gefährlich ausgesehen haben, denn sofort herrschte unter den zwanzig Gästen Ruhe. Wohlgesittet setzten sich die fünf an einen Tisch und hielten ihre Maschinenpistolen demonstrativ in ihren Händen.

Der Barbesitzer eilte auf die Gruppe zu. »Was darf ich Ihnen servieren?«

»Geben Sie jedem von uns einen Whisky und Mineralwasser. Und dann sagen Sie allen Ihren Gästen, daß keiner mehr das Lokal verlassen sollte.«

»Was bedeutet das?« fragte der Wirt verängstigt.

»Das geht Sie überhaupt nichts an. Keiner verläßt das

Lokal. Aber wir geben Ihnen zehn Minuten. Jeder Ihrer Gäste darf nach Hause telefonieren und Bescheid sagen, daß er nicht vor morgen früh nach Hause kommen wird.«

»Sind wir Geiseln?«

»Nein, nein. Sie sind absolut keine Geiseln. Daß Sie hier sitzen bleiben, ist zu Ihrer und zu unserer Sicherheit. Alle bleiben da, wo sie sind.«

Die Zeit verrann. 23 Uhr – Mitternacht. Die Spannung stieg, keiner wußte, was die fünf Bewaffneten vorhatten. Plötzlich ging es los. Leinhäuser und seine vier Helfer standen auf. Einer von ihnen riß das Telefon aus seiner Verankerung. Dann gaben sie verschüchterten Gästen den Rat, »bis morgen früh im Lokal zu bleiben«.

Jetzt war es Zeit, die ›Zündschnur‹ anzuzünden. Sie taten es, indem sie wild in der Gegend herumschossen. Dann rannten sie weg. Wenig später war der Teufel los. Jede der beiden Seiten dachte, die jeweils andere greife an. Und dann schossen Christen auf Moslems und Moslems auf Christen.

Leinhäuser und seine Leute fuhren in den Westteil Beiruts. Nach zwei Tagen war der Krieg aus, Christen und Moslems hatten ihre Munition verbraucht. Leinhäuser: »Vertrag erfüllt. Aus. Der Bürgerkrieg konnte nicht stattfinden.«

Der fand natürlich trotzdem statt, konnte von Leinhäuser auch nicht verhindert werden. Für den Waffenhändler hatte diese ›Mission‹ jedoch eine besondere Bedeutung. Und ich fand es beeindruckend, wie ›cool‹ er sie mir erläuterte. »Lieber zwei, drei Tage ein kurzes Tack-Tack-Tack und nichts mehr dahinter, als abzuwarten. Und das war immerhin im Auftrag einer Regierung, die dafür bezahlt hatte. Nicht toll. Man konnte nicht reich werden. Aber eine Entwicklung ist gestoppt worden.«

Waffen für die IRA

Erfolg ist wichtig für einen Waffenhändler, aber Mißerfolge bleiben nicht aus. Einer der großen Mißerfolge in Leinhäusers Waffenhändlerkarriere war das schon erwähnte IRA-Geschäft.

März 1973. Das in Zypern zugelassene Schiff ›Claudia‹ (Miteigentümer Günther Leinhäuser) hat Tripoli in Richtung Irland verlassen. Auf dem Schiff lagern Waffen: 250 Maschinengewehre, 248 Pistolen Kaliber 38, mehr als 20 000 Schuß Munition, 100 Panzerminen, 100 andere Minen, 300 Kilogramm TNT, 220 Kilogramm Gelginite und 300 Handgranaten.

»Kein Wunder, daß die IRA-Führer an mich dachten, als sie Waffen zu kaufen versuchten«, sagt Leinhäuser. In der Tat, mit seinen Waffenlieferungen für die Kurden im Irak, in den Libanon und nach Syrien hatte er sich bereits einen Namen gemacht. So riefen eines Tages zwei IRA-Führer an, mit denen er sich dann später im Hotel Afrique in Tunis traf.

»Das Beste ist«, empfahl Leinhäuser den IRA-Einkäufern, »Sie kaufen die Waffen in Libyen ein.«

Der Rat wurde angenommen. Leinhäuser erhielt das Geld, bar und im voraus, eine Million Mark. Kosten für den Transport: 110 000 Mark. »Unglücklicherweise wurde ich in Sterling bezahlt«, klagt Leinhäuser, »so daß die letzte Abwertung gegenüber der Mark nicht verrechnet werden konnte, so daß meine Kosten nicht ganz gedeckt wurden.«

Abgesprochen war, daß zwei bedeutende IRA-Führer, Joe Cahil und David O'Connor, den Waffentransport aus Libyen begleiteten. In Irland sollte das mit modernsten Radaranlagen ausgerüstete 298-Bruttoregistertonnen-Schiff ›Claudia‹ nicht außerhalb der Dreimeilenzone ankern, sondern vor der Küste. Mit kleinen Fischerbooten würden die Waffen dann weitertransportiert werden.

»Irgend etwas muß schiefgelaufen sein«, sagt Leinhäuser heute dazu. »Ich glaube, die IRA-Leute haben sich in dieser Angelegenheit wie Amateure benommen.«

15. März 1973, gegen 11 Uhr. Die ›Claudia‹ erreicht den Hafen von Tripoli, begleitet von einem Boot der libyschen Marine. Dann bleibt es bis in die Nacht hinein ruhig auf dem Schiff. Gegen 23 Uhr röhren die Diesel auf. Drei Armeelastwagen fahren vor, zwei Offiziere und sieben Soldaten kommen an Bord. »Löschen Sie alle Lichter«, befehlen sie den Matrosen der ›Claudia‹. Die Dunkelheit wird nur durch die Scheinwerfer der Lkws gebrochen, die die Beladung beleuchten, Kisten mit den Aufschriften ›made in England‹ oder ›made in USSR‹. Genau eine Stunde braucht die Mannschaft, um die Waffen zu verladen.

Die Matrosen wissen, daß die Fracht nicht ungefährlich ist. Doch für 10 000 Mark Heuer schließt man gerne Augen und Ohren. Vor der Abfahrt erhalten die Matrosen letzte Instruktionen, seltsame Instruktionen: »Es kann Ärger geben. Aber keine Angst, Ihnen wird nichts geschehen.«

Endlich dampft die ›Claudia‹ ab, mit hundert Tonnen Waffen für die IRA. Datum: 16. März 1983, 4 Uhr früh.

Die beiden IRA-Führer halten sich die meiste Zeit im Ruderhaus auf. Besonders herzlich dürfte das Verhältnis zwischen ihnen und der Mannschaft nicht gewesen sein. Ein Matrose: »Sie schienen eine gewisse Kenntnis von Navigation und Seefahrt zu haben, und sie benutzten ihre Pistolen, um uns zu drohen. Sie sagten, wir würden erschossen, wenn wir nicht täten, was sie wollten. Einmal sagte einer der beiden, die ›Sache‹ der IRA sei eine Angelegenheit der Ehre. Aber im Moment habe man eine schlechte Zeit und sei knapp an Waffen.«

Genau diesen Mangel sollte Leinhäuser beheben. Wenn es da nicht einen Informationsaustausch zwischen englischen Behörden und Mitwissern des Waffentransports gegeben hätte. Die britische und irische Marine blies zur Treibjagd, und sie fand ihr Opfer. Von Gibraltar an wurde die ›Claudia‹ beobachtet. Als Leinhäuser merkte, daß sie im Visier von Aufklärungsflugzeugen und U-Booten war, ankerte das Schiff nachts in einer Bucht vor der englischen Küste. 95 Tonnen Waffen gingen über Bord, ob ins Wasser oder auf wartende Boote – das ist bis heute nicht geklärt.

»Merkwürdig war das schon«, erzählt einer der ehemalige Matrosen der ›Claudia‹. Wieso wußte Leinhäuser, daß ein kleinerer Zwischenfall geschehen könnte und wir innerhalb 24 Stunden wieder frei wären? Warum folgte uns ein U-Boot in einigem Abstand, als wir uns den Britischen Inseln näherten? Wir konnten das Sehrohr in etwa zwei Meilen Entfernung sehen. Warum haben die 18 Soldaten, die in Waterford Bay an Bord kamen, ihre Gewehre nicht auf uns gerichtet? Sie richteten sie nur auf die IRA-Leute. Warum wurde die Besatzung von den Behörden nicht verhört? Der Kapitän und der Steuermann gingen sogar in Cork an Land, um einen zu trinken.« Was liegt näher, als anzunehmen, daß der britische Geheimdienst von dem Transport wußte, vielleicht sogar beteiligt war.«

Leinhäuser schweigt zu diesen Fragen.

Am 23. März 1973 verließ die gesamte irische Marine ihren Stützpunkt Cork. In der tiefschwarzen Nacht steuerten Marinekommandos auf die ›Claudia‹ zu, um das Schiff zu entern. Leinhäuser wußte, was jetzt gespielt wurde. Ein Zwölf-Mann-Prisenkommando enterte die ›Claudia‹, die IRA-Führer gaben die Anweisung: »Ganz ruhig bleiben.«

Cahil wurde verhaftet, während O'Connor unbemerkt das Schiff verlassen und in ein bereitstehendes Boot übersetzen konnte, um zu flüchten – mit britischer Hilfe.

Leinhäuser geriet in Schwierigkeiten. Er hatte knapp eine Million Mark kassiert, die Waffen aber nur zu einem geringen Teil geliefert, und überdies verdächtigte die IRA ihn, mit dem britischen Geheimdienst zusammengearbeitet zu haben – die IRA verurteilte Leinhäuser zum Tode.

Er lebt noch, und der geheimnisvolle Transport ist bis heute nicht aufgeklärt. Leinhäuser hat mir erzählt, wie es wirklich war, mich jedoch um absolutes Stillschweigen gebeten.

Am 4. April 1973 schrieb der Londoner ›Daily Express‹: »Leinhäuser war so großzügig mit seinem Geld, daß wir glauben, er wurde zweimal bezahlt. Offensichtlich wußte er, daß es einigen Ärger geben würde, und daher glauben wir, daß er die IRA unterlaufen und alles mit dem britischen oder irischen Geheimdienst arrangiert hat. Vielleicht war er ein Doppelagent.«

›Türke unter Hausarrest‹ oder
›Wie komme ich an den Leo 2?‹

Die Südtiroler Provinzhauptstadt Bozen. Nahe des Bahnhofs, in einem mickrigen Hotel, wohnt seit über zwei Jahren ein seltsamer Gast: ein Türke. Freiwillig lebt er nicht in der Touristenmetropole Südtirols. Er steht unter Arrest; saß monatelang im Gefängnis. Der Grund: Die italienischen Strafbehörden von Trento beschuldigen ihn, ein großer illegaler Waffenhändler zu sein. Bevor er nach Italien ausgeliefert wurde, hatte Erdem T. in München gelebt. Dort besaß er eine Transportfirma.

Der schlanke Ex-Offizier der türkischen Armee wartet auf sein Verfahren. Um die Wartezeit zu verkürzen, ist er kaum in seinem Hotel anzutreffen. Wo genau er sich aufhält, weiß niemand. Bekannt ist lediglich, daß er manche Abende beim Bridgespielen verbringt.

Wie viele andere Waffenhändler vorgeben, kam auch er ›per Zufall‹ in das lukrativ scheinende Geschäft hinein. Gefragt, ob er als Chef eines Transportunternehmens nicht die Möglichkeit gehabt hätte, einen Waffentransport durchzuführen, sagt er »ja«. Seitdem war er »irgendwie im Geschäft drin«.

Erdem habe ich 1984/85 häufig besucht, schon allein deshalb, weil es mir die Südtiroler Berglandschaft angetan hat. Und Erdem war einsam. Als er noch in Deutschland lebte, war das ganz anders. »In kurzer Zeit bin ich mit vielen Menschen in Verbindung gekommen, die im Waffenhandel eine große Rolle spielen. Zum Beispiel mit dem verstorbenen Henry Arsan aus Syrien, den man den Waffenkönig nannte, oder mit dem Exportleiter von Rheinmetall in Belgien.«

Erdem steht zu den Geschäften, die er zusammen mit türkischen und italienischen Waffenhändlern betrieben hat. Stolz bekennt er, »daß ich in der Zeit, als ich im Waffengeschäft tätig war, nie ein Angebot gemacht habe, das ich nicht erfüllen konnte«. Auch habe er nie etwas versprochen, das »nicht der Wahrheit entsprach«. Über diese Geschäfte hat er akribisch Tagebuchnotizen angefertigt. Darin ist auch dieses zu lesen: »Da gibt es viele Leute in Deutschland im Waffengeschäft, die sich als Ex-Offiziere der SS oder Gestapo ausgeben. Oder Leute. wie z. B. Dr. B., die glauben, sie könnten alles machen, obwohl sie gar keine Geschäfte machen.«

Besonders beeindruckend ist Erdems Aktion im Zusammenhang mit dem bundesdeutschen Panzerprunkstück Leo 2, Kostenpunkt 5,5 Millionen Mark.

Ob der Wiener Aitonitsch, der Hesse ›Wenzel‹, der in Paris lebende Leinhäuser oder der Türke Erdem T., in einem Punkt sind sie sich einig: Der Leo 2 wird das große Geschäft sein, sollte es je klappen, ihn zu bekommen.

»Den Leo 1 zu bekommen ist ein Klacks«, meint Erdem. »Schließlich finden sich immer Länder, die den Leo 1 offiziell aus Deutschland beziehen und ihn dann weiterverkaufen.«

Aber den Leo 2?

1982 erhielt Erdem T. über einen in Westberlin lebenden KGB-Agenten den Auftrag, zwei oder drei Leo 2 für die Ostblockländer zu beschaffen. »Die wollten den nicht benutzen, sondern ihn auseinandernehmen und studieren.«

Weil Verhandlungen für derartig sensible Geschäfte notwendig sind, trafen sich die Beteiligten in der norditalienischen Konsummetropole Mailand. Anwesend waren ein aus Wien angereister DDR-Botschaftsangehöriger, der Repräsentant einer italienischen Waffenfabrik, der schon erwähnte Syrier Henry Arsan, Erdem T. und noch ein Italiener, der »wahrscheinlich eine größere Rolle im italienischen Waffenhandel spielt«.

Stundenlang wurde verhandelt: über den Preis, über die Form des Vertrags und über den Transport in die DDR.

»Können Sie garantieren, daß der Leopard ohne Schwierigkeiten zu uns gebracht wird?« wurden Erdem T. und Arsan von dem DDR-Vertreter gefragt.

»Eigentlich ist es kein Problem.«

Die einzige Transportschwierigkeit sahen sie darin, daß die türkische Regierung das Schiff bei der Durchfahrt durch die Dardanellen eventuell kontrollieren würde. Für die Lieferung wäre ein guter Preis erzielt worden: 13 Millionen Mark pro Leo 2.

Das Geschäft soll nicht geklappt haben. Warum, sagt Erdem T. nicht. Aber hat es später etwa doch geklappt? Leinhäuser weiß zu berichten, daß der Leo 2 in der DDR und in der UdSSR sorgfältig durchleuchtet worden ist. »Der Leo ist nun einmal ein gutes Stück. Ob er ein Prachtstück ist, das muß er erst beweisen.«

Viele Waffenhändler beginnen zu lachen, wenn von der Lieferung des Leo 2 nach Saudi-Arabien die Rede ist. »Die brauchen ja hier schon eine Klimaanlage. Und in den heißen Regionen sind das allenfalls Standobjekte, als Palastwache für die Saudis. Benutzen können die den sowieso nicht, weil er aufgrund seiner Elektronik in diesem Klima nie funktionieren würde.«

Allerdings interessiert es mich viel mehr, wie der Leo 2 in den Osten gekommen sein soll. Leinhäuser sagt: »Die Italiener, ein NATO-Land, haben die Panzer als Studienobjekte bekommen, weil sie eine Parallelentwicklung vorbereitet hatten.«

Und über Italien, genau, wie Erdem T. berichtet hat, seien zwei Leos den Weg zum Klassenfeind gegangen.

Dazu gibt es eine Anekdote: Bei einem Manöver in der Bundesrepublik wird der Leo 2 vorgeführt. Anwesend sind der sowjetische Militärattaché und der bundesdeutsche Verteidigungsminister. Gemeinsam besichtigen sie das Prunkstück der modernen Todestechnologie. Der Minister fragt den Militärattaché: »Davon hätten Sie ja wohl gerne einen?« Der Militärattaché lacht: »Haben wir doch schon.«

Seit einigen Wochen ist der bundesdeutsche Waffenhändler ›Wenzel‹ verschwunden. Telefonanrufe werden nicht mehr beantwortet. Die Polizei sucht ihn, erfuhr ich im

Oktober 1985, nachdem er sich mit mir wieder in Verbindung gesetzt hatte. Bei dem anschließenden Treffen im Wiesbadener Hauptbahnhof hatte er mir von einem Geschäft mit dem Leo 2 erzählt, über das er mit der südafrikanischen Botschaft verhandelte. Die südafrikanische Botschaft in Bonn hatte die entsprechenden Papiere schon ausgestellt, was noch fehlte, war der Panzer.

In den Niederlanden gab es einen Anbieter, Elbert Leegwater, Paß-Nummer 161354 E, ausgestellt am 9. Dezember 1983. »Meine Auftraggeber bestätigen die unwiderrufliche Lieferung von 100 L 2, die innerhalb von zwei Monaten (60 Tagen) geliefert werden können, sowie die Möglichkeit, 50 weitere Leo 2 innerhalb des nächsten Monats zu liefern. Außerdem bestätigen meine Auftraggeber, daß sie für diese Transaktion eine unwiderrufliche Exportlizenz für den Bestimmungsort und den Käufer zur Verfügung haben. Wie bereits vereinbart, suchen sie eine Hauptbank in Frankreich, bei der ein Geschäftskonto eingerichtet werden soll, über das der Kaufvertrag abgewickelt wird. Dazu benötigt man einen Geschäftscode, eine Vollmachtserklärung und einen Liefervertrag über den L 2, der den Namen des Bankers enthält, welcher alle Informationen auf Verlangen an die Verkaufsbank weiterleiten und koordinieren soll.«

Das Geschäft stand vor dem Abschluß. Die Südafrikaner waren bereit, pro Panzer 3,5 Millionen Dollar zu bezahlen, während der Verkäufer den Leo für 2,9 Millionen Dollar erwerben wollte.

Als Provision hätte ›Wenzel‹ 100 000 Dollar verdienen können. Als es aber darum ging, von dem Holländer die endgültige Zusage für die Lieferung zu bekommen, ließ sich dieser verleugnen. Das Geschäft platzte. Das Interesse am Leo 2 besteht jedoch weiter.

An elektronische Einzelteile des Leo 2 heranzukommen, dürfte dafür weitaus weniger schwierig sein. Helmut Aitonitsch hat mir davon im Wiener Heeresgeschichtlichen Museum berichtet. In diesem Museum – 1850 erbaut – findet man von der Trauerdekoration für Prinz Eugen aus dem Jahr 1736 über die Kinderuniform des Kaisers Franz Joseph und die blutdurchtränkte Uniform des in Sarajevo erschossenen Thronfolgers Franz-Ferdinand bis hin zu modernen Panzern auf dem Freigelände alles, was der historisch gebildete Waffenhändler liebt.

Zum Leo 2 befragt, ist er felsenfest davon überzeugt, daß »der nicht« geliefert werden kann. »Da sitzt im Werk auf jedem Panzer, der die Fabrikhalle verläßt, ein Mann vom BND drauf.«

Kann man die technische Ausstattung wenigstens kaufen?

»Ja, das ist überhaupt kein Problem. Da war ich selbst ganz erfolgreich.«

»Zum Beispiel?« frage ich.

»Konkret weiß ich es nur über Motoren, Wehrmittelgeräte, also über technische Einzelteile, Einzelbauteile, die auch vom Leo 2 geliefert werden. – Schauen Sie, in Österreich zum Beispiel ist das ein ganz legales Geschäft. Schließlich sind die Motoren keine Kriegswaffen. Die werden ganz legal als Motoren eingekauft. Wenn sie sie dann in Österreich haben, ist keine Verkaufsbeschränkung mehr da, nichts.«

Begeistert ist er von der Rüstungsfirma Rheinmetall, besonders von deren Filiale in Belgien. »Da bekommen Sie alles, auch wenn der Verkauf in der Bundesrepublik selbst verboten ist.«

Bekanntlich hat die Schweiz die Erlaubnis bekommen, den Leo 2 nachzubauen; ein gutes Geschäft. Die Schweizer sind ausgesprochen geschäftstüchtig. Am 31. Januar 1984 schrieb die Firma Krauss-Maffei, in München, unter dem Aktenzeichen WK 1 W:

»Sehr geehrte Damen und Herren,

die deutsche Handelskammer in der Schweiz hat uns darüber unterrichtet, daß Sie Interesse an Kompensationsaufträgen im Rahmen des Leo-2-Programms gezeigt haben. Aus einem im Herbst 1984 abzuschließenden Liefervertrag über 35 Kampfpanzer mit der Schweizer Regierung werden wir eine Kompensationsverpflichtung über ca. DM 500 Mio. übernehmen, die bis ca. 1991 zu erfüllen ist. Aufgrund dieser Verpflichtung werden wir zusammen mit unserer Zuliefererindustrie Produkte aus der Schweiz beziehen, die in erster Linie bei der deutschen panzerbauenden Industrie Verwendung finden sollen ... Wir bitten Sie zu prüfen, ob Sie geeignete Produkte aus Ihrem Produktionsprogramm anbieten können, die eine überwiegend schweizerische Wertschöpfung beinhalten. Sollte dies der Fall sein, bitten wir Sie, uns zu benachrichtigen und dieser Nachricht eine kurze Übersicht über Ihre Fertigungsmöglichkeiten beizufügen. Wir werden Ihnen gegebenenfalls eine Liste der am Leopard-2-Programm beteiligten deutschen Industriefirmen zukommen lassen, so daß Sie anhand der aufgeführten Produktionsprogramme im Detail prüfen können, ob Ihr Herstellungsprogramm Ansätze für eine Zusammenarbeit bietet.«

Die 35 Leopard-Panzer, um die es in diesem Schreiben geht, kauft die Schweiz ›von der Stange‹. Weitere 210 Exemplare sollen später in Lizenz von einem schweizerischen Industriekonsortium gebaut werden. Das gleiche gilt für die zweite Serie von nochmals 210 Panzern, so die Entscheidung des Schweizer Bundesrats vom 24. August 1983.

»Was ist unter Kompensation zu verstehen?« fragte die ›Swiss Association of Machinery Manufacturers‹ in Zürich und gab gleich selbst die Antwort darauf:

»Unter Kompensation sind Aufträge mit Zusätzlichkeitscharakter an die schweizerische Industrie zu verstehen. Als Auftraggeber kommen die an der Herstellung des Leo 2 beteiligten deutschen Firmen und ihre Zulieferer sowie weitere von diesen zur Kompensation herangezogene Drittfirmen innerhalb wie außerhalb der Bundesrepublik Deutschland in Frage. Die Kompensationsaufträge brauchen in keinem Zusammenhang mit der Herstellung von Kampfpanzern oder anderem Wehrmaterial zu stehen. Als

Gegenstand von Kompensationsgeschäften kommen vor allem, aber nicht ausschließlich, Produkte oder Dienstleistungen der schweizerischen Maschinen-, Metall-, Apparate-, Fahrzeugbau-, Elektronik-, Optik- und Uhrenindustrie in Frage.«

Was sich dahinter verbirgt, ist klar: Die Schweizer kaufen den Leo und erhalten dafür Aufträge aus der deutschen Wirtschaft. Bei den 420 Panzern, die in Lizenz gebaut werden, müssen sich die bundesdeutschen Zulieferer verpflichten, für den Gegenwert, man rechnet mit rund einer Milliarde Franken, schweizerische Produkte zu kaufen und sie gegen den Kaufbetrag aus dem Leo-Geschäft aufzurechnen. Dabei ist eine der wesentlichen Fragen vollkommen untergegangen. Was will die Schweiz mit 420 Leos anfangen? Werden sie für die eigene Verteidigung gebraucht?

Mir klingt noch das hämische Lachen von wichtigen Waffenhändlern in den Ohren. »Die Schweizer machen einen großen Reibach, indem sie auf der einen Seite dienstbar werden, um ihrem Nachbarland aus einer politischen Zwickmühle zu helfen. Diese Hilfe auf industriellem Weg kommt uns aber sehr teuer. Denn sie wollen kompensieren; sie wollen einen Export ihrer Produkte in die Bundesrepublik, und zwar in gleicher Höhe. Da liegt das Riesengeschäft. Und dieses Geschäft ist größer und interessanter als der eigentliche Waffenhandel.«

Mit einem schnellen Griff in seine Aktentasche holt Waffenhändler ›Wenzel‹, als er mich einmal zu Hause besucht, einen Prospekt hervor. Ein Panzer – im Querschnitt und mit allen technischen Details – ist darin abgebildet. Bevor er mir erklärt, um was es sich handelt, beklagt er die Mühsal des Geschäfts: »Am Anfang fliegt man aufgrund eines großen Bekanntenkreises, den man plötzlich kriegt, auf jedes Geschäft. Jedes Geschäft erscheint dir hundertprozentig, und im Endeffekt klappt keines dieser Geschäfte. In der Zwischenzeit bin ich konsequenter geworden. Es gibt überhaupt keine Verbindung mehr, wenn nicht zuerst der Kapitalnachweis erbracht wird. Und zweitens müssen wir genau wissen, ob der Mann für den Kauf kompetent ist.«

Nochmals greift er in seine schwarze Tasche und holt Bankbestätigungen englischer Kreditinstitute hervor. Die Summen bewegen sich in schwindelerregenden Höhen: 200 Millionen Mark.

»Nur nützen sie nichts. Wenn sie diese Dinger auf den Tisch bekommen, fangen sie an nachzufragen. Kann geliefert werden? Und dann sind entweder die Mandate längst erloschen, oder es handelt sich um Bescheinigungen der Midland-Bank. Die gibt diese Dinger wie Persilscheine raus.«

Mein Bedauern über derartige Geschäftspraktiken ist groß, noch größer jedoch ist meine Neugierde auf den Panzer, dessen Unterlagen er mir auf den Tisch gelegt hat.

»Wir sind zur Zeit im Gespräch mit einem Vertreter dieser Firma, die den Exklusivvertrieb hat. Sie haben uns gesagt, daß sie fast das gleiche Produkt wie den Leo 2 herstellen, unter der Bezeichnung TAM. Dieser Panzer ist eine Entwicklung deutscher Firmen, die ihre Kenntnisse und teilweise Materialien zur Verfügung stellen. Das ist also ein deutsches Produkt, das in Argentinien produziert wird.«

Der Einschub sei erlaubt: Argentinien zählt zu den wichtigsten Rüstungsexporteuren für diejenigen Waffensysteme, die beispielsweise von der Bundesrepublik nicht direkt in Spannungsgebiete geliefert werden dürfen. »Heil, Argentinien!«, ruft die bundesdeutsche Rüstungsindustrie und liefert soviel wie möglich an den südamerikanischen Staat.

TAM ist eine Abkürzung für ›Medium Argentine Battle-Tank‹. »Der TAM«, heißt es in dem Prospekt, »ist ein mittleres Kampffahrzeug von geringem Gewicht, aber mit einer Feuerkraft ausgestattet, wie sie nur die besten Panzer derzeit haben.«

Gehandelt wird dieses Wunderding zum Stückpreis von knapp 1,9 Millionen Mark – es ist also um fast die Hälfte billiger als der Leo 2.

Auch wenn ›Wenzel‹ sich darüber beklagt, daß so viele Geschäfte nicht klappen, aus welchen geheimnisvollen Gründen auch immer, bleiben trotzdem genügend Erfolge übrig. Selbst bei Eintagsfliegen. Da lebt in Düsseldorf zum Beispiel ein gewisser Antoni Debono. Sein Führerschein ist dort unter der Nummer 5548/72 registriert. Für 65 000 Dollar, einen mickrigen Betrag, sollte er Waffen nach Ghana liefern. Ein Spediteur mußte den Transport organisieren, der wurde in Straßburg gefunden. Der Spediteur erhielt ein Telex:

»Flug Bremen–Helsinki für Mr. Debono. Flugzeug: DC 8 54 F-Registrierung Elajk.

Abflug von Bremen 15th nach Helsinki. Dort eine Nacht Wartezeit, Abflug Helsinki 16th 4.85 0500 Z via technischem Stop für Treibstoff, danach Tirana am gleichen Tag.

Waren: Maschinenteile 19 Kisten 160 x 80 cm, Ladung 11 Tonnen.

Preis: 65 000 Dollar.

Zahlung: 25 000 Dollar, am 9. März 1985

40 000 Dollar bei Banksicherung.«

Das Telex endete mit »best regards LES ORR, Maufrey 870885 F/817106 ACILSA.2«.

Und so wurden die Waffen, als technische Güter getarnt, nach Ghana transportiert. Dort herrschen äußerst instabile politische Verhältnisse. Irgend jemand ist dabei, die Lage weiter zu verschärfen. Maschinenpistolen und Maschinengewehre können dabei ganz nützlich sein.

Biographie einer Waffenhandelsfirma

Die Firma ›Sidem International Limited‹ auf St. Helier, einer Kanalinsel, gilt bei Experten als zuverlässiger Partner für unterschiedlichste Ansprüche.

Bei über dreißigjähriger Erfahrung ist das kein Wunder. »Unsere Freunde in der Industrie und die Regierungskunden aus aller Welt wissen, daß wir ihnen den bestmöglichen Service und die angemessensten Preise anbieten«, so der Präsident des Unternehmens, John S. Michault.

Man ist diskret und nennt seine Kunden nicht, nur, daß sie aus Afrika, Amerika, Europa und dem Nahen und Mittleren Osten kommen.

Sidem ist 1945 in Belgien gegründet worden als Hersteller und Exporteur von Militärfahrzeugen und Waffen. Amerikanische Behörden beauftragten Michault senior damals, die bundesdeutsche Polizei bei ihrem Aufbau und ihrer Ausrüstung zu unterstützen. Später belieferte er auch den Bundesgrenzschutz. Das war der Grundstock für die weitere Expansion des Unternehmens.

In den frühen fünfziger Jahren begannen die bundesdeutschen Dienststellen eine leichte Infanteriewaffe zu entwickeln, zusammen mit Sidem. Es handelt sich um das später berühmt gewordene Gewehr G 3.

Ende der sechziger Jahre entwickelte Sidem, gemeinsam mit einer kalifornischen Firmengruppe, das Infanteriegewehr AR 10, das in den Niederlanden produziert wurde. Diese Waffe gab die Basis ab für das AR-15- und schließlich das M-16-Schnellfeuergewehr, die in Millionenhöhe produziert und in alle Welt vertrieben werden. Neben den Gewehren stellte Sidem Infanterie- und Artilleriemunition her. »Wir besitzen große Lager, Munitionslager verschiedener Kaliber in verschiedenen Ländern, und wir haben ein aktives Interesse an Surplus-Ausrüstung.« Bevor dieses Surplus, also Überschuß- oder Restware, verkauft wird, unterzieht Sidem es einer sorgfältigen Inspektion, damit alles ordentlich schießt.

Neben diesen Waffengeschäften bietet die Firma auch »Sicherheit, Bewachung und VIP-Schutz«. Denn: »Das Ansteigen von politischen und kriminellen terroristischen Aktivitäten bedeutet, daß diejenigen, die sich in einer potentiell verwundbaren oder sensiblen Situation befinden, Schritte unternehmen müssen, um ihre eigene Sicherheit zu gewährleisten. Unsere Elektronikabteilung ist in Sicherheits- und Überlebensaktivitäten engagiert. Wir offerieren Verteidigungs- und aggressive ›Hardware‹, von der wir glauben, daß sie zum Feinsten gehört.«

Selbstverständlich offeriert sie neben allem anderen einen Beratungsservice durch eigene Experten, wenn es um die Beschaffung und Lieferung von Waffen geht.

Sidem ist ein erfolgreiches Unternehmen.

Der größte Waffenhändler der Welt

»Es lag Schnee, als der Waffenhändler Peter Graef in Bonn aus der Untersuchungshaft flüchtete. Aber in der Luft hing Regen, und es war knapp über Null Grad. Das war am 30. Dezember 1970 – der Beginn einer Flucht durch halb Europa, der erste Tag einer gnadenlosen Jagd wie auf Dr. Kimble persönlich«, erzählte die Illustrierte ›Quick‹.

Bei derartig detailgenauen Berichten werde ich übrigens immer neidisch ob des genauen Wissensstands ihrer Verfasser.

Viele Jahre später, im Winter 1984, sitzt mir dieser Graef im Münchner Nobelhotel ›Bayerischer Hof‹ gegenüber. Ein weißhaariger, abgehetzter alter Herr.

Der Grund für das Treffen? Graef-Bonin, inzwischen hat er sich einen Doppelnamen zugelegt, will mir Dokumente über sensationelle Waffengeschäfte verkaufen.

»Ich und mein Kollege Edward in den USA haben hochbrisantes Material.«

»Was haben Sie denn?«

Damals gab es Spekulationen über den türkischen Waffenhändler Bekir Celenk, der in das Papst-Attentat verwickelt gewesen sein soll. Celenk, der inzwischen in einem türkischen Gefängnis gestorben ist, trieb in der Bundesrepublik seit Jahren Waffengeschäfte – unbelästigt von den Behörden.

Graef-Bonin kennt Bekir Celenk und führt ihn als Zeugen an, um mir klarzumachen, welch ehrlicher Mann er sei: »Selbst Bekir Celenk kam mit 400 000 Dollar zu mir nach Köln in der Erwartung, über mich illegal Waffen kaufen zu können. Zum Schein ging ich auf seinen Vorschlag ein. Nach drei Tagen rief ich ihn in München unter der Adresse einer persischen Stewardeß an und forderte ihn auf, das Geld wieder abzuholen, was er noch am selben Tag tat. Später nannte er mich einen ehrlichen Kaufmann. Denn andere prellten ihn um das Geld, ohne dafür Ware zu liefern. Den Waffenhändler Mulack machte ich mir zum

Feind, der nun in seiner Villa in Miami lebt und seine auf zwanzig Millionen geschätzten Gewinne aus illegalen Waffengeschäften versucht zu verbrauchen. Leinhäuser haßt mich aus demselben Grund: nicht kooperativ gewesen zu sein, als ich ›viel Geld hätte verdienen können‹.«

Der arme Graef-Bonin. Selbst der BND war ihm nicht wohlgesonnen. »Der Bundesnachrichtendienst hatte mich zur Mitarbeit bei einem Waffengeschäft veranlaßt mit dem Hinweis: Sie sind deutscher Staatsbürger und als solcher verpflichtet, uns zu helfen, Schaden von der Bundesrepublik abzuwenden. »Sie versicherten mir, daß sie mir helfen würden, wenn ich in Schwierigkeiten sei, aber dann haben sie mich fallengelassen.«

Er kommt ins Erzählen: »Im November 1975 lauerten mir zwei Männer auf, darunter ein mehrfach vorbestrafter Gewaltverbrecher, und sie versuchten mich in ihren Pkw zu zerren. Zeuge dieses Vorfalls war der Chef der Pressestelle im Polizeipräsidium München. Zu den beiden sagte er sogar: ›Das ist versuchter Menschenraub.‹ Als ich aber auf der Polizeistation war, wurden nicht diese beiden Gangster als Kriminelle behandelt, sondern ich.«

Die beiden waren bald wieder auf freiem Fuß und gingen sogleich daran, sagt Graef-Bonin, seinen Mercedes 280 S aufzubrechen. Sie stahlen einen Aktenkoffer, in dem sich einige »unersetzliche Dokumente« befunden haben sollen.

»Ja, haben Sie denn dann überhaupt noch Dokumente?«

»Einen ganzen Haufen. Das sind sensationelle Enthüllungen.«

Das Angebot verlockt mich.

»Aber ich brauche Geld, um damit nach Zürich und Wien zu fliegen. Denn dort warten meine Geschäftspartner, die die Dokumente für mich aufbewahren. Haben Sie nicht 5000 Mark?«

Die habe ich nicht. »Genügt Ihnen ein Scheck?«

»Natürlich.«

Nachdem ich ihm einen Scheck ausgestellt habe, verabschieden wir uns. Nicht ohne Graefs Zusicherung, daß er innerhalb von vier Tagen das versprochene Material liefern würde.

Am selben Abend telefoniere ich noch mit einer Kollegin vom Bayerischen Rundfunk, die mir den Tip mit Graef gegeben hatte. Als ich ihr von den 5000 Mark berichte, schluckt sie hörbar. »Bist du verrückt? Du weißt doch sicherlich, daß Graef einen Offenbarungseid geleistet hat?«

Weiß ich leider nicht.

»Hoffentlich siehst du die Dokumente.«

Ich tröste mich damit, daß er einen verzweifelten, ansonsten aber seriösen Eindruck gemacht hatte.

Drei Tage später verabrede ich mich mit Graef-Bonin im Sheraton-Hotel am Frankfurter Flughafen. Und er kommt tatsächlich mit einer großen Aktentasche. Erwartungsvoll blicke ich ihn an.

»Leider hat es noch nicht geklappt. Ich brauche noch Geld.«

Scheiße, denke ich. Jetzt bist du angeschmiert. »Herr Graef, wir hatten doch eine Abmachung getroffen. Wenn Sie mir wenigstens ein paar Dokumente zeigen könnten«, sage ich und blicke auf die geheimnisvolle Aktentasche.

Er öffnet sie, greift hinein und holt einen großen Aktenordner hervor. Eine Offenbarung aber bleibt aus. Was er mir zeigt, sind Gerichtsunterlagen und viele Briefe, die er geschrieben hat, um seine Unschuld zu beteuern.

1970 wurde er wegen des Verdachts, Waffenschiebungen und Betrügereien begangen zu haben, verhaftet. Er saß über ein Jahr in Untersuchungshaft, bis ihm die Flucht gelang. Am 14. Mai 1982 wurde er im Wiederaufnahmeverfahren freigesprochen, und das Gericht sprach ihm auch eine Haftentschädigung zu.

Was blieb, waren hohe Schulden, die ihn zu erdrücken drohten.

»Sie bekommen die Unterlagen. Ich verspreche es Ihnen. Warten Sie noch einige Tage.«

Während er wieder zu seinem Auto geht, eile ich zur nächsten Telefonzelle und lasse den Scheck sperren.

Acht Tage später ruft Graef-Bonin entsetzt an. »Sie haben den Scheck sperren lassen! Ich habe schon 2000 Mark für Flüge nach Wien und Zürich ausgegeben. Das Material liegt hier, und jetzt ist kein Geld da. Ich bin tief enttäuscht.«

»Das müssen Sie verstehen«, beruhige ich ihn, »wir können uns sofort treffen, und ich bringe Ihnen das Geld in bar mit, wenn Sie die Unterlagen haben.«

Aber Graef-Bonin ist tief beleidigt, er will nicht mehr.

Einige Wochen später, Mai 1985. Graef-Bonin ruft wieder an. »Wenn Sie jetzt Geld haben, können Sie die Dokumente bekommen. Wo wollen wir uns treffen?«

Schon am nächsten Tag kommt er nach Frankfurt. Diesmal trägt er zwei große Aktentaschen mit sich herum. Na endlich, denke ich.

»Ich habe gerade mit meinem Partner Edwards in den Staaten gesprochen. Ich soll sofort nach New York fliegen, um alles abzuholen. Dadurch, daß das mit dem Geld nicht geklappt hat, sind die Sachen jetzt wieder in den USA.«

»Lieber Herr Graef«, seufze ich, »das bringt uns nicht mehr weiter. Zeigen Sie mir doch wenigstens ein paar Dokumente.«

Graef-Bonin fleht und bittet. Ich habe Mitleid, aber nicht den karitativen Wesenszug, ihm auf seine blauen Augen hin das Geld zu geben. Also geht er. Und wenn er nicht einen anderen Käufer gefunden hat, dann läuft er heute noch mit dem Versprechen herum, Dokumente über große Waffenschiebereien verkaufen zu können. Das einzige, was er mir in die Hand gedrückt hatte, war ein Schreiben der North American Fine Art Company. Verantwortlich für diese Firma zeichnen ein William Edwards und Peter Graef-Bonin. Sitz der Gesellschaft: Waynesboro/USA.

In diesem Schreiben vom 5. November 1983, adressiert an den Richter, der ihn Anfang der siebziger Jahre verurteilt hatte, stand unter anderem: »Der CIA-Agent Cummings verstand sich naturgemäß mit dem CIA-Agenten Bailly Cowell, der damals wie Dupont mein Partner war, sehr gut. Die korrekten Mitteilungen der Polizei in Paris an die Zollfahndung Köln (Lehmann und Voss) wurden vom Freund des Bailly Cowell, einem gewissen Kommissar de la Rue, berichtigt und dann zurückgehalten. So sollte verhindert werden, daß Bailly Cowell durch die deutschen Behörden als der wirkliche Drahtzieher und Waffenschieber, ›Generalvertreter der Waffenfabrik MAB Bayon‹ überführt werden konnte. Noch 1981 sagte einer der höchsten Beamten des Bayerischen Landeskriminalamtes zu mir: ›Wir wußten, daß Sie diese Waffengeschäfte nicht getätigt haben konnten. Aber einen mußten sie hängen.‹«

Er wirft Cummings nicht nur vor, daß dieser angeblich gedroht hat »We kill him in Germany«, gemeint war Graef-Bonin. Er behauptet auch, daß Cummings 200 Smith-and-Wesson-Revolver an einen US-Club in der Bundesrepublik geschickt habe, die zu bedienen gefährlich, wenn nicht tödlich gewesen wäre. Aber nicht Cummings sei dafür verantwortlich gemacht worden, daß die Revolver kaputt waren, sondern er, Graef-Bonin. Deshalb bezeichnet er Cummings als den »wohl größten, widerwärtigsten und skrupellosesten unter den Waffenhändlern«.

Samuel Cummings: Das Schreckgespenst, der Dracula im internationalen Waffenhandel, größter Broker, zigfacher Millionär und ein Mann, über den manches erzählt wird. Cummings ist ein behäbig wirkender Amerikaner, der schon seit langem in Monte Carlo wohnt und dem viele Experten glaubhaft unterstellen, daß seine Unternehmensgruppe Interarms im Auftrag des amerikanischen Geheimdienstes CIA gearbeitet hat beziehungsweise arbeitet.

Mit dem Flug LH 940 komme ich am 3. März 1985 in Nizza an, um Cummings aufzusuchen. Im Hotel La Perouse am Quai Raubacapeu sollte ich auf seinen Anruf warten, um einen Treff zu vereinbaren. Das Hotel klebt an den

148

Mauern des alten Châteaus. Tief unten, am Boulevard Anglais mit seinen Casinos und Superhotels, geht es bedächtig zu. Im Frühjahr, der Schnee leuchtet von den Bergen, ist wenig von den Touristen zu spüren, die im Sommer das Leben der Stadt beherrschen.

Um die Zeit bis zu dem Treffen mit Cummings zu überbrücken, verabredete ich mich mit Renée Leroux. Sie war einmal Chefin der Spielbank ›Méditerranée‹, bis die Mafia sie zwang, ihr Unternehmen aufzugeben. Als Hebel hatte ihre Tochter Agnès gedient. Sie hatte dem Mafiaboß Fratoni, der die Spielbank aufkaufen wollte, ihre Anteile ausgeliefert. Damit ging die Aktienmehrheit in den Besitz der Mafia über. Direktor Fratoni ließ ein riesiges Fest steigen. Unter den vierhundert Gästen waren auch Stadtpräsident Jacques Médécin, der Direktor der städtischen Polizei, René Asso, und der Schauspieler Alain Delon.

Agnès verschwand nach dem Coup. Als die Polizei ihr Appartement aufbrach, fand sie lediglich einen Abschiedsbrief. Selbstmord? Später stellte sich heraus, daß der Abschiedsbrief eine Fälschung war – die Leiche von Agnès wurde nie gefunden. »Ermordet von der Mafia«, behauptet die entmachtete Spielbankbesitzerin und kämpft seitdem gegen den Verbrecherclan in und um Nizza. Wie hatte der Schriftsteller Graham Green geschrieben: »Alle, die versucht sind, sich an der Côte d'Azur niederzulassen, möchte ich warnen. Meidet Nizza, denn dies ist der bevorzugte Ort der mächtigsten Verbrecherorganisationen Südfrankreichs.«

Fratoni, der in den siebziger Jahren begonnen hatte, die Spielbanken Südfrankreichs mit Hilfe seines ehemaligen Schulfreundes Médécin zu erobern, hat sie benutzt, um Mafiageld zu waschen, Geld aus dem Drogenhandel, Geld aus Erpressungen oder dem Devisenschmuggel.

Die Verbindung zwischen dem Mafiaboß und dem Stadtpräsidenten lohnte sich. Im Rathaus von Nizza werden Baugesuche geprüft und Bauzonen festgelegt, hier werden die Konzessionen für Hotels, touristische Anlagen oder Spielcasinos vergeben.

Nizza war aber auch immer eine Hochburg der äußersten Rechten. Der berüchtigte Geheimbund ›Cagoule‹ etwa entstand hier. Seine Anhänger, fanatische Antisemiten, zündeten in Paris ein halbes Dutzend Synagogen an. All das geschieht, ohne daß die Touristen etwas davon ahnen.

»Médécin«, erklärt mir die alte Dame im Hotel, »ist mit der Mafia verbunden. Das Casino ist mit der Stadt verbunden. Die Stadt ist mit dem Staat verbunden. Das Geld kommt von der Mafia, und das bedeutet Einfluß.«

»Welche Rolle spielen denn Polizei und Justiz?«

»Es gab drei Richter, die die Mafiaaktivitäten untersuchten. Sie haben alle den Schwanz eingezogen. Es ist ein Skandal. Basta. Der eine Richter hat beispielsweise die Zeit für die notwendige Anklageerhebung verstreichen lassen. Ja, und die Polizei. Die kann auch nicht immer das tun, was sie will. Alle sind verstrickt. Ein heikles Thema. Die Verflechtung von Mafia, Justiz und Staat ist meiner Meinung nach skandalös.«

Die grauhaarige Renée Leroux, die gerne einen Schlangenledermantel trägt, kämpft weiter, obwohl sie schon oft massiv bedroht worden ist. Auf offener Straße hat man sie überfallen. Dann wurde an ihrem Auto manipuliert. Der Grund: Sie hat Fratoni öffentlich bezichtigt, ein Strohmann der italienischen Mafia zu sein.

»Man hat genügend Pläne gegen mich geschmiedet. Einer davon ist jetzt, daß sie mich zwingen wollen, einen Brief zu schreiben, in dem ich erklären soll, daß ich weder an die Zeitungen noch an sonstige öffentliche Medien Informationen weitergeben werde. Meine Gegner, gerade der Bürgermeister, sind ja froh, Geld von der Mafia erhalten zu haben. Aber natürlich wollen sie nicht, daß darüber geredet wird. Ich werde diesen Brief niemals schreiben.«

Ob im Casino Meton, Maxim oder im Casino Beaulieu sur Mer; es wird nicht nur Roulette, Black Jack oder Baccara gespielt.

In der Zwischenzeit hat Cummings angerufen und mich für den Nachmittag nach Monte Carlo eingeladen. Mit dem Auto fahre ich an Hotelkästen und Prachtvillen vorbei, die von hohen Steinmauern umgeben sind. Sie blockieren die Sicht und den Zugang zum Mittelmeer. Vor dem Schloß des illustren Fürsten Rainier von Monaco herrscht Hochbetrieb. Die Souvenirläden haben Hochkonjunktur. Touristenkitsch verkauft sich blendend, so gut, daß sich der Besitzer eines kleinen Geschäfts, das direkt am Platz vor dem Fürstenpalais steht, einen Rolls-Royce leisten kann.

In Richtung Menton finde ich dann nach einigem Suchen Cummings' Haus. Es hat sieben Stockwerke, in zwei davon befindet sich des Waffenhändlers Privatrefugium. Frau Cummings empfängt mich im marmorn und silbern glänzenden Treppenhaus und bittet mich in die Wohnung. Dann kommt er, Samuel Cummings, in Strickjacke und mit Pantoffeln. Ein freundlicher Empfang. Wir gehen in sein Privatbüro. Cummings schließt die Zimmertür und öffnet die große Terrassentür, freier Blick auf die Riviera. In dem dreißig Quadratmeter großen Privatbüro des Präsidenten von Interarms steht eine mächtige Kanone aus dem 18. Jahrhundert. Sieben Drucke aus derselben Epoche hängen an den Wänden. Hinten, in der rechten Ecke, fallen meine Blicke auf eine Ritterrüstung, einen Schreibtisch und einen kleinen Bücherschrank. Die meisten Bücher haben etwas mit Waffengeschichte zu tun.

»Was macht denn Ihr Kollege Adnan Kashoggi?« frage ich. »Der hat hier doch eine Jacht liegen.«

Cummings winkt ab.

Adnan Kashoggi ist Cummings' schärfster Konkurrent. Welten trennen die beiden. Wenn Cummings ihn erwähnt, rümpft er die Nase. »Der hat doch überhaupt kein eigenes Waffenlager.«

Der feiste Playboy Kashoggi machte einen großen Teil des Geldes, indem er für die Saudis Waffen beschaffte. Schließlich war er Vertrauter von Prinz Sultan, dem saudiarabischen Verteidigungsminister. 1978 schloß er mit der spanischen Banco Exterior einen Vertrag und gründete eine Firma, Al Kantara. Damit wollte er den spanischen

Waffenmarkt erobern. Für die Operationen im Waffenhandel kassierte Kashoggi im Durchschnitt Provisionen zwischen 10 und 15 Prozent. Zu seinen Klienten gehörten Großunternehmen wie Lockheed, die ihm zwischen 70 und 75 Millionen Dollar Provision zahlten, oder die Flugzeugfirma Northtrop, die ihm 54 Millionen Dollar Vermittlungsgebühren für Waffengeschäfte überwies. Er ist so reich, sagt man, wie mehrere Hearsts und Rockefellers zusammen. Und er demonstriert seinen Reichtum, der aus Waffengeschäften entstanden ist. Inzwischen soll er übrigens pleite sein, einen Bankwechsel über 250 000 Dollar hat er jüngst nicht eingelöst.

Im Sommer 1985 allerdings hat er in Marbella wieder hofgehalten, und alle Schmarotzer kamen. »Zwei Tanzorchester spielten auf der ›Nabila‹, seiner Jacht, für hundert Gäste, ein amerikanisches und ein brasilianisches, bis nachts um drei, während Kashoggi die zwanzigjährige Sabina Siani aus Ostia vernaschte. Kashoggi zog sie langsam aus, küßte sie von Kopf bis Fuß, ließ dann seinen Morgenmantel aus schwarzer Seide fallen. Ihr Lohn, ein goldenes Kettchen und eine Handvoll Hundertdollarscheine.« Das ist der Bericht in ›Bild‹ vom 7. August 1985.

Während Kashoggi feiert, lebt Cummings eher bescheiden. Im Sommer flüchtet er mit seiner in der Schweiz geborenen zweiten Frau Irma von Monte Carlo nach Villars zu den Eidgenossen. In einem Chalet kann er seine Geschäfte in aller Ruhe abschließen, abgeschirmt durch die Berge ringsum. Auf Reisen sucht er sich Standby-Flüge aus, Touristenklasse. »Ich sage, jedem das Seine. Ich interessiere mich nicht für Jachten, große Autos und andere Luxusdinge. Wenn ich einen Tick habe, dann den, alte Waffen zu sammeln, was auch ein Teil meines Geschäfts ist.«

Während er das sagt, blickt er aus seiner Zwölfzimmerwohnung in Monte Carlo über das Mittelmeer. Die Geschäfte bahnen ihm Agenten in über 75 Ländern an. Die meisten sind ehemalige Militärs oder Regierungsbeamte, die auf Provisionsbasis für ihn arbeiten.

Cummings, der Mann mit dem Hang zum Understatement, kontrolliert derzeit knapp neunzig Prozent des privaten Waffenhandels. Und trotzdem: »Ich habe Sympathien für die Friedensbewegung. Ich respektiere ihre Befürchtungen hinsichtlich der weltweiten Aufrüstung. Ich respektiere ihre Anstrengungen, die Politik der westlichen Welt zu ändern, was sie vielleicht auch erreichen wird. Aber gleichzeitig fürchte ich, sagen zu müssen: Wer könnte nicht mit der Idee übereinstimmen, daß wir in dieser Welt nicht ohne Bewaffnung leben können?«

Während seiner Waffenhändlerkarriere hat Cummings allein an amerikanische Bürger Millionen von Gewehren und Pistolen verkauft. Als offizieller Vertreter für bundesdeutsche Firmen, wie Walther oder Heckler und Koch, hat über ihn auch manche bundesdeutsche Waffe ihren Weg zu Mördern und Selbstmördern gefunden. Bedenkenlos verkauft er Waffen und Munition an Regierungen in der gesamten Welt. Benutzt werden sie zur Ausrüstung von Truppen, für Revolutionen und Konterrevolutionen, für Verteidigungs- und Angriffskriege, für Guerillaeinsätze. Der CIA hat er Waffen für geheime Einsätze geliefert. Er hat Waffen gekauft, die auf den Schlachtfeldern der vier Kontinente aufgesammelt werden durften. Mit Stolz erwähnt Cummings, während seine Frau Irma Kaffee und Plätzchen bringt, daß er aus seinen Lagerhäusern in Manchester (England) und Alexandria (USA) vierzig Infanteriedivisionen ausrüsten könnte.

Anthony Sampson hat in seinem Buch ›Der Waffen Bazar‹ folgendes geschrieben: »Es waren die kleinen Waffen, die in den hundert Kriegen seit dem Zweiten Weltkrieg am häufigsten benutzt werden. Vom Libanon bis Biafra, vom Jemen bis Katanga. Und es ist der Handel mit Gewehren, Maschinengewehren und Mörsern, die das kalte Herz jenes Geschäftes enthüllen, in dem Diplomatie und Kriege in Aufträgen, Bilanzen und Gewinnen ausgedrückt werden.«

In der Kindheit wird ein Mensch für sein gesamtes

Leben geprägt, sagen manche. Bei Samuel Cummings trifft das hundertprozentig zu. Im Alter von fünf Jahren fand er beim Spielen, in der Nähe eines Gebäudes der Amerikanischen Legion, eine alte Maxim-Maschinenpistole aus Deutschland. Die Waffe aus dem Ersten Weltkrieg war ausgemustert worden und lag als Abfall am Straßenrand. Cummings nahm sie mit nach Hause und versuchte herauszufinden, wie das Ding funktionierte. »Im Alter von zehn Jahren war ich ein richtig guter Experte für Maxim-Maschinenpistolen. Nachdem ich wußte, wie sie funktionierte, konnte ich sie völlig auseinandernehmen. Für mich war es das beste Stück Mechanik, das ich jemals gesehen hatte. Ich machte mir nichts aus Fahrrädern oder Kinderspielzeug. Da war dieses wundervoll gearbeitete Instrument des Todes. Aber ich hatte nie etwas so gut Gemachtes gesehen.«

Er gerät ins Schwärmen. »Zuerst wird man das Teleskop aufregend finden, eine wundervoll exakte und präzise Optik. Dann wird man feststellen, daß es sehr viel besser gemacht ist als eine Spielzeugpistole. Und letzten Endes wird man denken – so ging es zumindest mir –, daß die Waffe ein Stück Maschine ist.«

An dieser Stelle läßt er einen Witz einfließen, den, soweit ich Veröffentlichungen über Cummings kenne, jeder Journalist zu hören bekommt: »Einige Leute haben versucht, einen Freudschen Symbolismus in diese Einstellung zu interpretieren: Vaterloses Kind spielt mit Maschinenpistole. Vielleicht haben sie recht. Aber Freud selbst sagte einmal, daß auch eine Zigarre nur eine Zigarre ist.«

Als Cummings 18 Jahre alt war, im Februar 1945, wurde er in die Armee eingezogen. Weil er sich mit Waffen vorzüglich auskannte, wurde er in kurzer Zeit zum Sergeanten befördert. Am Krieg mußte er nicht mehr teilnehmen. Cummings erzählt: »Ich erinnere mich an meine ersten Tage in der Armee. Das war Ende des Zweiten Weltkriegs. Es gab damals noch jede Menge deutscher Kriegsgefangener bei uns. Jeder Soldat hatte eine wöchentliche Zigarettenration, zwei Stangen. Die deutschen Kriegsgefangenen bekamen keine. Technisch war ich an der Ausrüstung der Deutschen interessiert. Also tauschte ich meine Zigaretten gegen Uniformen und solche Sachen. Die anderen Rekruten haben nie kapiert, weshalb ich meine Zigaretten gegen Medaillen und Uniformen eintauschte.«

1948 reiste Cummings durch das vom Krieg zerstörte Europa. Er sah eine Menge ausgemusterter Waffen und war begeistert. Unermeßliche Schätze, die ihm aber leider nicht gehörten. Zurück in Washington, arbeitete er tagsüber als Angestellter für die Handelskammer der Vereinigten Staaten, für einen Wochenlohn von 27 Dollar. Danach besuchte er eine Abendschule. Als der Koreakrieg anfing, rief die CIA bei Cummings an; bei ihr hatte er sich früher einmal um einen Job beworben. Der US-Geheimdienst bot ihm an, für ein Jahresgehalt von 2900 Dollar als technischer Analytiker für kleine Waffen zu arbeiten.

»Ich saß in einem sehr kleinen Raum an einem sehr kleinen Tisch im CIA-Gebäude in Washington. Jeden Tag bekam ich Bilder von dem durch die Amerikaner erbeuteten Material auf den Tisch. Meine Aufgabe war es, auf den Bildern zu notieren, woher die Waffen kamen und mit welchen unserer Waffentypen sie vergleichbar waren. Für mich war das sehr spannend. Aber für einen Durchschnittsmenschen dürfte es langweilige Routine sein.«

Da sich mit der Begutachtung von Waffen keine Existenz aufbauen läßt, ging Cummings in die freie Wirtschaft. »Ich erhielt einen Brief von Western Arms. Sie suchten einen technischen Spezialisten, der ihre Direktoren beim Kauf ausländischer Waffen beraten sollte. Ich habe kurze Zeit mit ihnen gearbeitet.«

Erst danach begann seine Karriere. »Das war 1953«, erinnert sich Cummings. »Damals gründete ich meine eigene Firma, was zur damaligen Zeit in Amerika nicht besonders schwierig war. Man brauchte dazu – Gott sei Dank – kein Geld.«

Cummings gründete eine Briefkastenfirma und nannte sie ›International Armament Corporation‹, Interarms. Er war sein einziger Angestellter, nannte sich jedoch, um nach außen hin Eindruck zu machen, ›Vizepräsident‹. »Außerdem dachte ich, daß ich zu jung sei, um Präsident eines Unternehmens sein zu können.«

Danach begann er zu schreiben. An Staatschefs, Verteidigungsminister und militärische Beschaffungsdienststellen Dutzender von Ländern. »Ich bot ihnen an, alle Überschußwaffen, die sie in ihren Lagern hätten, aufzukaufen.«

Monatelang geschah nichts. Dann kam ein Anruf aus Panama. Der kommandierende Offizier der Nationalgarde, Colonel Bolivar Vallarino, bot dem Vizepräsidenten von Interarms an, eine Kollektion aussortierter Überschußwaffen zu kaufen.

»Ich fuhr also hin. Der Chef der Nationalgarde, damals war es noch die nationale Polizei, empfing mich. Ich begutachtete das Material. Vom heutigen Stand aus gesehen, war da fast nichts. Für damalige Verhältnisse aber war es sehr interessant: Maschinengewehre, Gewehre, Pistolen, aber auch Messer und alles mögliche, insgesamt über 7000 Einheiten. Einige der Waffen waren über fünfzig Jahre alt, andere wiederum fast neu.

Sie waren bereit zu verkaufen, ich war bereit zu kaufen. Mein einziges Problem bestand darin, daß ich kein Geld hatte.« Cummings fuhr in die Staaten zurück, um eine Lizenz für den Waffenkauf zu beantragen und um das Geld zu beschaffen. Bei seinem ehemaligen Arbeitgeber, Western Arms, fand er für das Geschäft ein offenes Ohr. Die Firma war bereit, die angebotenen Waffen zu erwerben.

»Ich bekam das Ganze schriftlich und lief damit zur Bank, stellte mich als Vizepräsident von Interarms vor, legte den Kaufvertrag mit Panama und den Verkaufsvertrag vor und bekam 25 000 Dollar Kredit.« Western Arms bezahlte ihm für die Waffen 66 000 Dollar. Abzüglich der Transportkosten von 15 000 Dollar sowie der Steuern und des Zolls blieb ihm ein Gewinn von 20 000 Dollar. Das war sein Kapital, um weiterhin in dem »faszinierenden Geschäft des Waffenhandels tätig sein zu können«.

»Vor allem hatte ich jetzt Geld, um zu reisen und andere Geschäfte ausfindig zu machen. Ich fuhr zurück nach Panama, und der Polizeichef schlug mir vor, nach Costa Rica und Nicaragua zu fahren, um dort mit seinen Freunden zu verhandeln.«

In Costa Rica lernte er nicht nur seine erste Frau, eine Deutsche aus Liegnitz, kennen, auch für seine Geschäfte war die Reise nützlich. Noch mehr Glück hatte er in Nicaragua. Dort traf er 1953 den Sohn des Diktators, Anastasio Somoza junior, den Kommandanten der Streitkräfte. Mit diesem Treffen begannen profitable Geschäftsbeziehungen. Aber schon bevor die Sandinisten Somoza verjagten, waren sie wieder eingeschlafen. Die Regierung in Managua erhielt ihre Waffen nun direkt von den Vereinigten Staaten, Cummings wurde nicht mehr gebraucht.

Damals jedoch, 1953, als er in Nicaragua tätig wurde, konnte er auf ein großes Lager voller Surpluswaffen im Nationalpalast blicken. Dort gab es fast alles: historische Relikte, einige von antikem Wert, aber auch viele Gewehre, die die US-Marines bei ihren Interventionen zurückgelassen hatte, Remington-Gewehre, welche die nicaraguanischen Regierungstruppen in den dreißiger Jahren den damaligen sandinistischen Rebellen abgenommen hatten. Auf den Gewehrkolben war eingebrannt: »Viva Sandino«. Heute sind diese Gewehre – dank Cummings – im Besitz von amerikanischen Sammlern.

Somoza verlangte für die gesamte Waffensammlung 100 000 Dollar. Cummings akzeptierte, erklärte aber, daß er nicht sofort zahlen könne. Somoza gab ihm einen Kredit.

»Für mich, als junger Mann, war das sehr interessant. Ich war damals etwas über zwanzig Jahre alt und schloß Geschäfte mit Somoza ab. Ich verhandelte persönlich mit dem Diktator von Nicaragua und fand das sehr aufregend. Auch heute empfinde ich das noch so. Natürlich waren sie sehr nett zu mir. In den meisten Fällen war ich gerade alt genug, der Sohn meines Verhandlungspartners zu sein. Ich sprach mit Somoza offen, direkt und respektvoll. Selbst mit den blutigsten Diktatoren wie Battista oder Trujillo bin ich gut zurechtgekommen. Ich hatte keinerlei Kompetenz, stellte für sie keinerlei Gefahr dar. Ich war nur ein junger Mann, der versuchte, seinen Weg in einem Umfeld zu machen, das ihnen nur zu gut bekannt war.«

In meinem Hinterkopf bildete sich ein Gedanke heraus: Du Hund, Waffenhändler, verkuppelst dich mit einem dreckigen Diktator.

»Nehmen wir zum Beispiel Somoza. Ich saß mit ihm im Büro in seinem Palast, und er sagte: ›Hier ist eine Materialliste.‹

Ich antwortete: ›Das ist 100 000 Dollar wert.‹

Er wollte einen Teil verkaufen, und er wußte, wieviel ich dafür verlangte. Wir schlossen also das Geschäft ab. Dann schickte er mich zu seinem Sekretär ins Nebenzimmer, er hatte übrigens immer einen männlichen Sekretär, und sagte ihm: ›Tippen Sie einen Vertrag mit ihm. Ich werde ihn unterschreiben.‹

Mit diesem Schreiben ging ich zur Zentralbank und suchte deren Direktor auf. Er offerierte mir einen Akkreditivvertrag auf seinen Namen, und dann konnte ich das Material verschiffen. Anschließend mußte ich noch zu den Schiffahrtsgesellschaften gehen und die Vereinbarungen treffen. So lief damals das Geschäft.«

Und heute?

»Heute kann ich in jedes südamerikanische Land gehen. Wenn ich mich dort drei Wochen aufhalte, habe ich einen Vertrag über den Kauf von ihrem alten Material in der Tasche.«

»Wenn Sie ein Experte für Nicaragua sind, wie steht es denn mit einer Invasion der Amerikaner?«

»Ich hoffe nicht, daß die dort einmarschieren. Das ist die einzige Antwort, die ich Ihnen geben kann. Letztes Jahr war ich bei einem Dinner in London. Der britische Verteidigungsminister war Gastgeber, und es waren eine Menge wichtiger Politiker und hochoffizielle Persönlichkeiten geladen – nicht nur aus England, sondern aus ganz Europa und Amerika. Ein Deutscher saß per Zufall neben mir. Wir unterhielten uns über eben diese Frage. Er sagte: ›Falls Reagan gewählt wird, gibt es im März in Nicaragua eine Intervention.‹

Das war letztes Jahr im September. Ich antwortete: ›Das glaube ich nicht.‹

Er sagte: ›Ich bin sicher.‹

Jetzt, beinahe sechs Monate später, beantworte ich Ihre Frage noch immer auf die gleiche Weise.«

»Man könnte ja sagen: Wenn er Grenada überfallen hat, warum nicht auch Nicaragua?«

»Das ist nicht das gleiche. In Grenada konnte und durfte er nicht verlieren. Um das Ganze mal in einem unrealistischen Vergleich zu bringen: Es ist eine Sache, in Monte Carlo einzumarschieren; eine andere ist es, Bayern zu besetzen. Ich bin daher immer noch der Überzeugung, daß sie es nicht tun werden. Aber sie werden auf Nicaragua jeden möglichen Druck ausüben.«

»Sehen Sie«, sinniert er, »ich betrachte solche Probleme mehr als Europäer. Tatsächlich habe ich die meiste Zeit meines Lebens außerhalb der USA verbracht. Ich wünsche den USA alles Gute. Aber manchmal werde ich ein bißchen ungeduldig. Ich glaube, daß wir Europäer Amerika manchmal vor sich selbst retten müssen. Falls wir dazu in der Lage sind.«

Das erzählt der heute fast Sechzigjährige ganz ruhig, abgeklärt. Er wirkt nahezu friedlich. Dabei hat er eine Blutspur durch viele Länder gezogen, so zum Beispiel 1954 in Guatemala.

Geschäfte mit Diktatoren

Im Gegensatz zu den meisten Staaten in Lateinamerika der vierziger und fünfziger Jahre herrschte damals in Guatemala eine demokratisch gewählte sozialreformerische Regierung. Vor allem die brutale Ausbeutung der Landbevölkerung, größtenteils Indianer, hatte 1944 zum Sturz der Diktatur geführt. Ein Lehrer, Juan José Arevalo, wurde zum Präsidenten gewählt. Seine Regierung führte den Achtstundentag ein, eine Sozialversicherung und ein staatliches Gesundheitswesen wurden entwickelt. Fünf Jahre später, wiederum nach demokratischen Wahlen, führte Jacobo Arbenz diese Politik weiter. Geplant war eine umfassende Landreform. Während bis dahin das amerikanische Unternehmen United Fruit mit Hilfe der Großgrundbesitzer die Kleinbauern hemmungslos ausgebeutet hatte, wurden nun die Latifundistas enteignet. United Fruit, und dmait die amerikanische Regierung, tobte.

John Foster Dulles, der US-Außenminister, und sein Bruder Allan W. Dulles, der CIA-Chef war, wurden aktiv. ›Erfolg‹ nannten sie die Operation, mit der sie die Regierung in Guatemala stürzen wollten.

Cummings hatte damals bereits wichtige Kontakte auf dem Waffenmarkt geknüpft. Er organisierte die Bewaffnung der US-hörigen Rebellen, die in Somozas Nicaragua auf ihren Einsatz vorbereitet wurden.

»Wissen Sie«, sagte Cummings, »Sie müssen jede politische Operation nach dem Stand ihrer Zeit bewerten. Ganz bestimmt war Arbenz, der Präsident von Guatemala, gegen die United Fruit eingestellt. Indem er sich aber gegen die United Fruit stellte, stellte er sich auch gegen die Regierung der USA. Daher hatte die CIA beschlossen, Arbanz zu stürzen, um ihren eigenen Mann, Carlos Castillo Armas, auf seinen Platz zu setzen. Wir wurden damals, als Firma, gefragt, ob wir Waffen für die Rebellen liefern könnten. Gefragt waren dreitausend Gewehre. Und wir waren in der Lage, diese zu liefern.«

Die Regierung Guatemalas wußte von der Invasionsgefahr aus Nicaragua. Mit den Waffen, die sie besaß, hätte sie von vornherein keine Chance gehabt, den Angriff abzuwehren. Deshalb kaufte Arbenz tschechoslowakische Waffen. Am 15. Mai 1954 traf der schwedische Frachter ›Alhem‹ in Guatemala ein, beladen mit Waffen für die »Verteidigung der nationalen Souveränität Guatemalas«, wie die Regierung bekanntgab.

Zwei Tage später warf Präsident Eisenhower der Regierung Guatemalas vor, daß diese Lieferung mit »der Errichtung einer kommunistischen Diktatur auf dem Kontinent vergleichbar« sei.

»Dabei«, weiß Cummings zu berichten, »waren diese Waffen überhaupt keine Hilfe für die Regierung. Fast alle Gewehre waren defekt, die Antipanzerwaffen waren überflüssig, da es damals keine Panzer in Zentralamerika gab, und die Artillerie war für die primitiven Straßen viel zu schwer.«

Aber die amerikanische Regierung nahm diese Waffenlieferung zum Anlaß, die Invasionsarmee aus Nicaragua in Marsch zu setzen. Ohne große Schwierigkeiten konnte der ›Befreier‹, Castillo Armas, die Regierung stürzen. Seine 400-Mann-Truppe, ausgerüstet mit Cummings' Waffen und bezahlt von der CIA, traf auf keinen großen Widerstand. Womit hätten sich die Guatemalteken auch wehren sollen?

Castillo Armas wurde als Präsident eingesctzt, die Großgrundbcsitzer erhielten das enteignete Land zurück und United Fruit alle alten Privilegien. Die Ordnung war wiederhergestellt.

Nun kam Cummings erneut ins Geschäft. Er kaufte die von der ČSSR gelieferten Waffen auf und transportierte sie in seine Lagerhallen nach Alexandria. Im Gegenzug verkaufte er an die neue Regierung moderne Waffen, die das Pentagon bezahlte.

Bis heute herrscht in Guatemala eine blutige Diktatur, die auch durch Cummings an die Macht gekommen ist. Seit 1954 sind in diesem Land mehr als 90 000 Menschen ermordet worden, wie der frühere Außenminister Guillermo Toriello 1982 festgestellt hat.

»Allein in den letzten zwei Jahren waren es 97 Professoren, über 500 Studenten, 47 Journalisten, 15 katholische Priester, 190 Laien-Katecheten, Hunderte von Lehrern, Intellektuellen, Arbeitern, Gewerkschaftlern und Tausende von Indianern«, zitiert der ›Spiegel‹ vom 28. Oktober 1985 den Politiker.

Wie rechtfertigt Cummings angesichts solcher Tatsachen sein Handeln?

»Sehen Sie«, antwortet er mir, »wie jedermann bin ich bemüht, mein Leben in einer Weise zu führen, die ich für die ehrlichste und korrekteste halte. Meinen Kindern das beste Beispiel in Lebensbedingungen zu sein, so daß sie in der Lage sind, nach den von der westlichen Welt als Norm gestellten Bedingungen korrekt und anständig zu leben. In gewisser Weise ist meine geschäftliche Tätigkeit nicht von meinem Privatleben zu trennen. Mein Geschäft ist in jedem Fall mein Hobby. Ich war schon immer ein Waffenenthusiast, ein Sammler, ein Forscher, ein Konstrukteur. Das ist ein Teil meines Lebens. Meine Lektüre, geschäftlicher oder privater Natur, ist oft die gleiche: technische Bücher über Waffen. Was meine persönliche Philosophie betrifft? Aus meiner Sicht ist es der Sinn des Lebens, recht zu tun. Für mich heißt das, der Welt mehr zurückzugeben, als sie mir gegeben hat. Dies ist die kürzeste Zusammenfassung, die ich Ihnen geben kann.«

Da wäre noch viel nachzufragen. Doch es ist spät geworden, ich muß meinen Flug nach Frankfurt erreichen, und Cummings scheint müde geworden zu sein. Wir verabreden uns für das nächste Wochenende zu einer weiteren Gesprächsrunde.

Im Flugzeug nach Frankfurt lese ich über Cummings' CIA-Aktivität. Damals war er gerade dabei, sein Geschäft aufzubauen. »In dieser Zeit«, so schreibt ein ehemaliger CIA-Mitarbeiter, »gab es eine Menge Aktionen in Zentralamerika, vor allem in Costa Rica, Nicaragua und El Salvador. Die meisten Staaten benutzten Surpluswaffen aus dem Zweiten Weltkrieg. Aus Angst vor dem Potential an Waffen, das für Revolutionen eingesetzt werden konnte, bat das US-Außenministerium die CIA um Hilfe. Der einfachste Weg wäre gewesen, alle Waffen aufzukaufen.«

Die beiden früheren CIA-Agenten Victor Marchetti und John D. Marks schreiben in ihrem Buch ›CIA‹: »Während die CIA gelegentlich Waffen für Sonderoperationen kauft, zieht sie es doch vor, Kriegsmaterial im voraus zusammenzutragen. Zu diesem Zweck unterhält sie mehrere Lagermöglichkeiten für unauffindbare oder ›sterile‹ Waffen in den USA und im Ausland, Waffen, die immer zur sofortigen Verwendung bereitstehen. Nach dem Pentagon sind die Interarms und ähnliche Waffenhändler die zweitwichtigste Quelle der CIA, um Kriegsmaterial für paramilitärische Operationen zu erhalten.«

Ich streiche mir einige Stellen in den Büchern an, um Cummings am nächsten Wochenende darauf anzusprechen. Als ich ihn wiedersehe, reden wir aber zuerst über das Wetter. »Sie haben Glück gehabt, daß heute die Sonne scheint. Als sie am letzten Wochenende bei mir waren, hatte es die ganze Woche über wieder geregnet. Und heute ist wieder Sonnenschein.«

»Wir waren beim letztenmal bei der Philosophie stehengeblieben, wie Sie es persönlich rechtfertigen können, Waffen, mit denen Unterdrückung und Ausbeutung zementiert werden, in Länder zu liefern?«

Cummings' Antwort ist bemerkenswert: »Schauen Sie, das militärische Waffengeschäft hat seine Grundlagen weltweit in der menschlichen Verrücktheit, in der menschlichen Dummheit, wenn Sie so wollen. Weder Sie noch ich können das kontrollieren. In der gesamten Menschheitsgeschichte ist es noch keinem gelungen, die menschliche Torheit zu bemessen oder ihr Ende abzusehen. So wird das immer weitergehen. In einem gewissen Sinn beruht das Waffengeschäft auf menschlicher Verrücktheit. Aber wäre es nicht verrückt von uns, daraus keinen Vorteil zu ziehen? Sie können sagen, das sei eine zynische Betrachtung. Aber wir leben in einer zynischen Welt. Außerdem können Sie sicher sein: Wenn wir – im geschäftlichen Sinne – daraus keinen Vorteil zögen, stünden mindestens zehn andere auf der Matte, die das machen würden. Mein Busineß, mein Metier, ist das Waffengeschäft. Ich finde das Geschäft faszinierend. Aber ich weiß auch, daß die militärische Seite des Ganzen auf der Verrücktheit der Menschen beruht. Ich kann es kaum glauben. Ich sage den Staatschefs oft, daß sie die Waffen gar nicht brauchen. Sie haben aber andere Ideale: Waffen sind Symbole der Macht, ihrer Kraft. Das kann man nur entschuldigen, indem man Waffen als eine Form der Versicherung gegen die allerschlimmste Verrücktheit auffaßt.«

Die Menschen in Guatemala werden, soweit sie sich an die fünfziger Jahre erinnern können, anders darüber denken. Und Guatemala war nicht das letzte Geschäft. Denn auch in dieser Branche gilt: je besser der Ruf, um so besser die Aufträge.

Ein Jahr, nachdem der Präsident Arbenz in Guatemala gestürzt worden war, versuchte eine rechtsradikale Gruppe das gleiche Spiel in Costa Rica. Zwar hatte sie nicht die Rückendeckung der CIA wie die ›Freiheitskämpfer‹ in Guatemala, doch der nicaraguanische Präsident Somoza unterstützte sie. Er war der Überzeugung, daß es an der Zeit sei, das demokratische Regime von José Figueras »zu eliminieren«.

Somoza ging zu Cummings und kaufte dänische MPs und italienische Beretta-Pistolen bei ihm, gab sie den Umstürzlern und schickte diese über die Grenze.

Gleichzeitig aber hatte Cummings bereits gute Geschäftsbeziehungen zu Costa Rica aufgebaut. Als die mit Cummings' Waffen ausgerüsteten Kämpfer die Grenze überschritten, wandte sich Figueras an Cummings, damit der ihm Waffen liefere. Und Cummings handelte. Er charterte ein Flugzeug und schickte eine Ladung M-1-Garands, Sturmgewehre aus dem Zweiten Weltkrieg, und tausend Browning-Maschinenpistolen inklusive Munition nach Costa Rica. Das Flugzeug kam gerade rechtzeitig an.

Die Streitkräfte Costa Ricas, von Cummings bewaffnet, vertrieben die Invasoren, die ihre Ausrüstung aus derselben Quelle bezogen hatten.

»Natürlich gibt es immer wieder mal Zwischenfälle«, erklärt Cummings, »wenn man mit solchen Personen arbeitet.« Er meint die lateinamerikanischen Diktatoren. Einer von ihnen war Trujillo, Regierungschef der Dominikanischen Republik. Cummings traf ihn im Zusammenhang mit einer ›Tommy‹-Maschinenpistole. Die hatte er von der britischen Regierung über seinen Agenten in London eingekauft. Die Thompson-MP, so ihre richtige Bezeichnung, ist auch unter dem Namen ›Chicago Piano‹, ›Chicagoer Schreibmaschine‹, bekannt. Al Capone und seinesgleichen benutzten sie in ihren Gangsterkriegen, und häufig waren auch die Leibwächter der karibischen Diktatoren mit ihr ausgerüstet.

Cummings hatte Kataloge über die ›Schreibmaschine‹ und anderes Mordgerät an verschiedene Botschafter verschickt. Die Vertretung der Dominikanischen Republik in Washington zeigte Interesse. Und so kam er ins Geschäft mit Trujillo. Über Maschinenpistolen bis hin zu Flugzeugen lieferte Cummings alles, was der Diktator wollte. Der dickste Brocken war der Verkauf von 26 schwedischen Vampir-Flugzeugen. Die Flugzeuge wurden mit einem schwedischen Frachter nach New York verschifft, dort auf einen dominikanischen Frachter verladen und dann ans Ziel gebracht. Cummings kaufte die 26 Flugzeuge für insgesamt 650 000 Dollar. Der Verkaufspreis lag bei 3,5 Millionen Dollar. Trujillo zahlte, ohne zu zögern. Er war mit Cummings' Arbeit höchst zufrieden – bis es einen Zwischenfall gab. Und der hing mit Kuba zusammen.

Selbstverständlich hatte Cummings auch an den kubanischen Diktator Batista Waffen geliefert. Nachdem jedoch die Rebellen unter Fidel Castros Führung Ende der fünfziger Jahre das Landesinnere und die Straßen kontrollierten und Batista schließlich Havanna fluchtartig verlassen mußte, war das Geschäft erst einmal zu Ende. Die Vereinigten Staaten hatten nämlich ein Waffenembargo gegen

Kuba verhängt, und Cummings hielt sich daran. Zuvor jedoch konnte er noch eine Ladung AR-10-Gewehre, ›made in Holland‹, auf die Karibikinsel liefern. Wegen des Embargos schrieb er dann die neue Regierung auf Kuba, daß die kürzlich gelieferten Gewehre Eigentum von Interarms seien. Wenn Castro sie jedoch kaufen wolle, solle er sie bezahlen. Falls er kein Interesse daran hätte, möge er die Ladung bitte an Cummings zurückschicken.

Dieser Brief wurde beantwortet. Castro lud Cummings ein, nach Havanna zu kommen, um ihm die Gewehre vorzuführen. Cummings kam und traf Fidel in Gesellschaft von Che Guevara und Raoul Castro. Sie alle probierten das AR 10 aus, und sie waren begeistert. »Wenn ich tausend von diesen Gewehren in der Sierra Maestra gehabt hätte, wäre Havanna schon ein Jahr früher erobert worden«, sagte Castro zu Cummings.

Taktvoll, wie Cummings war, spekulierte er nicht laut darüber, was Batista getan hätte, wenn ihm die Gewehre ein Jahr vorher geliefert worden wären. Castro bezahlte die von Batista bestellten Waffen und orderte noch einige mehr. Wie günstig, daß in dieser Zeit das Waffenembargo kurzfristig aufgehoben wurde, so lange, bis den USA die Regierung von Kuba wieder ›zu kommunistisch‹ erschien und sie ein neues Embargo verhängte. Cummings aber nutzte die Lücke, um Castros Wünsche zu erfüllen.

Juni 1959, sechs Monate nach der kubanischen Revolution. Während Cummings mit Trujillo über den Verkauf von 25 000 AR-10-Gewehren verhandelte, bewaffnete Fidel Castro eine Gruppe dominikanischer Oppositioneller. Sie wollten die Diktatur in der Dominikanischen Republik stürzen und ein zweites Kuba errichten. Als Waffen übergab er ihnen AR-10-Gewehre, die ihm Cummings verkauft hatte.

Aber der Aufstand endete in einem Fiasko. Die neuen Vampir-Kampfflugzeuge der dominikanischen Luftwaffe zerschlugen den Angriff der Rebellen.

Am Tag dieses Angriffs befand sich Cummings gerade im Büro von General Kovac, dem militärischen Befehlshaber der Dominikanischen Republik, und pries die wunderbaren Eigenschaften des AR-10-Gewehrs. Da trat Trujillo in den Raum. In der Hand hielt er ein solches Gewehr, das man einem toten Rebellen abgenommen hatte. Cummings hatte schlechte Karten. Er berichtet darüber folgendes:

»Trujillo kam in das Büro und schwenkte das Gewehr. ›Was habe ich da gefunden? Sehen Sie sich das an. Sie wollten mich übers Ohr hauen‹, brüllte er mich an.

›Das würde ich niemals tun‹, antwortete ich dem Generalissimo. Gott sei Dank war ich damals erst 25 Jahre alt und er schon weit in den Fünfzigern. Und so ging alles glimpflich ab.«

Cummings versprach hoch und heilig, nie mehr Waffen an Castro zu liefern, und erklärte, daß er nichts von der Invasion gewußt habe.

Der Verkauf von 25 000 Gewehren des Typs AR 10 war eines der letzten Geschäfte, die Cummings mit Trujillo gemacht hat, denn die USA begannen nun, Waffen zu liefern. Und Trujillo wurde am 30. Mai 1961 ermordet. Die Offiziere, die ihn ermordeten, hatten zuvor die CIA konsultiert. Trujillo, ein unbarmherziger und brutaler Diktator, wurde nur deshalb fallengelassen, weil die USA befürchteten, daß er denselben Weg wie Batista gehen würde.

Cummings wirkt nicht gerade depressiv, wenn er die Frage beantwortet, ob er denn nachts ruhig schlafen könne. »Ich denke dabei an ein altes arabisches Sprichwort. Es gibt nur drei ewige Elemente in der Welt: Gott, menschliche Dummheit und Gelächter. Und da die beiden ersten außerhalb unseres Verstandes liegen, müssen wir mit dem dritten Element leben.«

In Zentral- und Lateinamerika hatte er durch seine Waffenlieferungen zweifellos erheblichen Einfluß auf das politische Geschehen. Wobei er immer mit Duldung und Genehmigung der amerikanischen Regierung handelte, nie gegen deren Willen.

Chile: »Wir haben an Allende niemals etwas verkauft und auch nichts von ihm gekauft. Wir haben auch nichts an Pinochet verkauft. Allerdings habe ich in diesem Januar von ihm 40 000 Gewehre, Munition, einige Pistolen und Maschinengewehre gekauft. Die befinden sich jetzt in Virginia. Wir werden sie dem amerikanischen Sammlermarkt anbieten. Das war unser erstes Geschäft mit Chile seit der Zeit Allendes. Als Allende sein Amt antrat, lag die ganze Wirtschaft brach. Der Geheimdienst war sehr rührig, wir waren es nicht. Als dann Pinochet kam, waren die Geschäfte für uns wieder möglich.«

Ich versuchte das Gespräch auf die jüngste Vergangenheit zu lenken. »Die CIA soll ja in Nicaragua die Contras mit Waffen ausgestattet haben. Das gleiche gilt für die afghanischen Rebellen. Stimmt das Ihrer Meinung nach?«

»Es muß so sein, weil sie die Waffen nicht durch den privaten Sektor kaufen. Sonst hätten wir auf dem Markt davon hören müssen. Nun ist es für jede Regierung leicht, von der anderen Seite Material zu bekommen. Sie erwähnten Afghanistan und Nicaragua und vermuten, daß es eine CIA-Operation sein müßte. Ich stimme mit Ihnen überein. Aber lassen Sie uns einen Schritt zurückgehen. Wenn es eine CIA-Operation ist oder die einer anderen amerikanischen Stelle, woher bekommen sie dann das Material?«

»Das möchte ich auch wissen.«

»Im Falle der Afghanen können sie alles, was sie wollen, von den Israelis kaufen. Die haben von kleinen Waffen wie Kalaschnikows bis zu russischen Panzern alles, was die Contras und afghanischen Rebellen benötigen. Kein Problem, es von den Israelis zu bekommen. Ich selbst könnte es bei ihnen kaufen. Aber ganz sicher bekommen die einen besseren Preis von der amerikanischen Regierung. Wir könnten dort alles kaufen, was die anbieten. Aber es ist zu teuer. Heute habe ich gerade ein Fernschreiben von den Israelis erhalten, in dem sie einiges von diesem Material anbieten. Der Preis war zu hoch. Aber den Amerikanern macht der Preis wahrscheinlich nicht viel aus. Und auf jeden Fall ist es für die Israelis psychologisch besser, mit den Amerikanern zusammenzuarbeiten als mit mir. Und die Russen können jedes amerikanische Material von Vietnam bekommen. So ist das heute.«

»Ganz gleich, wer verliert oder gewinnt, wir, Interarms, gewinnen immer«, hat Cummings einmal gesagt. Ich halte ihm diesen Satz vor.

»Das ist mehr oder weniger richtig. Wir versuchen, Reste, Surplus, zu kaufen. In jedem Krieg – wer auch gewinnt oder verliert – gibt es Reste, Überschüsse. Wir gewinnen, wenn es uns gelingt, diese Reste zu kaufen. Beispielsweise im heutigen Krieg zwischen Iran und Irak, der der größte freie Markt für die Waffenindustrie ist. Wir haben bereits Angebote von beiden Seiten bezüglich des Überschusses bekommen. Es ist fast der einzige Platz auf der Welt, wo Russen und Amerikaner sich einig scheinen. Beide unterstützen den Irak. Irak hat viele russische, aber auch westliche Waffen seit Kriegsbeginn bekommen, weil sie die Unterstützung der westlichen Welt haben. Die Iraner können nicht gewinnen. Sie können aber auch nicht verlieren. Das letzte, was ich von den Iranern gehört habe, ist, daß sie die Spannung aufrechterhalten wollen und zu keiner Friedenserklärung bereit sind. Sie wissen, daß sie den Krieg nicht mit militärischen Mitteln gewinnen können. Sie meinen, daß sie mit der Aufrechterhaltung der Kriegsbedrohung dem Irak mehr schaden können, als der Irak dem Iran anhaben könnte. Also werden sie weiterhin Druck machen.«

Cummings ist unglücklich, daß er auf diesem riesigen Markt bisher weder etwas verkaufen noch einkaufen konnte. »Im Falle des Irans gibt es keine Lizenz von den Regierungen Großbritanniens und der USA für mein Unternehmen. Im Irak wird alles direkt über die beteiligten Regierungen verkauft oder gekauft.«

Derartige Beschränkungen gibt es auch in anderen Fällen. Zum Beispiel Uganda: 1976 läutete das Telefon in Cummings' Wohnung in Monte Carlo. »Ich möchte mit Cummings sprechen.«

»Das bin ich«, antwortete er.

»Sie kennen mich nicht. Aber ich kenne Sie.«

»Ich kenne Sie nicht, aber wenn Sie mir Ihren Namen nennen, wird sich das ändern«, erwiderte Cummings.

»Ich bin Präsident Amin. Ich werde Ihnen mein Privat-flugzeug schicken, und Sie können damit nach Uganda kommen, um uns einen Modernisierungsplan für unsere Armee aufzustellen.«

»Das geht schlecht.«

»Macht nichts. Ich schicke meinen Jet trotzdem morgen zu Ihnen.«

»Leider muß ich morgen verreisen und kann daher nicht zu Ihnen kommen. Ich bin jedoch in zwei Wochen wieder zurück.«

»Mein Jet kommt auf jeden Fall vorbei. Er ist auf dem Weg nach Spanien. Können Sie daher einige Kataloge am Flughafen für mich hinterlegen?«

»Ich sagte zu«, berichtete Cummings, »und hinterließ das Standardsortiment an Katalogen. Die wurden tatsächlich abgeholt.«

Als Cummings 14 Tage später wieder nach Monte Carlo zurückgekehrt war, klingelte erneut das Telefon. Wieder ein Anruf aus Kampala. Diesmal meldete sich ein Schweizer, der militärische Berater Idi Amins.

»Ich kann auch zu Ihnen kommen, falls Sie keine Zeit für eine Reise nach Kampala haben«, versuchte er Cummings zu locken.

»Leider mußte ich ihm sagen, daß ich für Uganda weder eine amerikanische noch eine englische Ausfuhrlizenz bekommen würde.«

»Was soll ich denn jetzt tun?« fragte Amins Berater verzweifelt.

»Fragen Sie doch mal die Russen.«

Und so geschah es.

Die UdSSR belieferte Idi Amin, den Schlächter von Uganda, über Libyen.

Inzwischen ist Idi Amin Geschichte. Entmachtet lebt er in Saudi-Arabien.

Vielleicht kennt er die Meldung in der Zeitung ›Soldier of Fortune‹ vom Oktober 1985. Dort ist folgendes zu lesen:

»Achtung, Einkaufsbummler in Saudi-Arabien!

Vergeßt die Marken und Coupons. Holt Euch das Geld. Ein ›Soldier of Fortune‹-Leser sah kürzlich 10 000 Dollar in einem Lebensmittelgeschäft in Jiddah. Kein anderer als Idi Amin in Begleitung von ein paar größeren seiner vielen Kinder war einkaufen – man glaubt es kaum – im Happy-Family-Supermarkt.

Amin lebt recht komfortabel in Saudi-Arabien, obwohl er immer noch ein sehr gesuchter Mann in Uganda ist.

Die Belohnung von 10 000 Dollar für Idi Amin, die der ›Soldier of Fortune‹-Herausgeber Bob Brown anbot, steht noch. Der Preis geht an denjenigen, der Informationen geben kann, die zu Amins Versteck und zu seiner Rückkehr nach Uganda führen, um ihn dort für die zahllosen Verbrechen gegen die Menschlichkeit anzuklagen. Fröhliches Jagen.«

Ähnlich unergiebig wie Uganda war der Falklandkrieg zwischen Argentinien und Großbritannien.

»Während des Falklandkriegs«, erzählt Cummings, »war ich zufällig in unserem amerikanischen Büro in Alexandria.«

Hoher Besuch war angesagt. Der argentinische Botschafter wollte bei Interarms Waffen für den Krieg einkaufen.

Cummings, dessen Firma auch in Buenos Aires eine Niederlassung unterhält, aber hatte Bedenken. Dem Botschafter sagte er: »Es geht nicht darum, ob ich liefern kann oder nicht liefern will. Ich kenne Ihr Land. Aber ich bin britischer Staatsbürger, und unser britisches Büro kann nichts für Sie tun, weil Engländer und Amerikaner in diesem Krieg übereinstimmen.«

Allerdings, bot Cummings an, könne er seine Kenntnisse vom Waffengeschäft seinen argentinischen Freunden zur Verfügung stellen. »Sie hatten keine Zeit, lange Untersuchungen darüber anzustellen, was von den anderen Waffenangeboten brauchbar wäre und was nicht. Es war fast nichts Brauchbares unter den Angeboten. Mit dieser Beratung habe ich die mir gesetzten Grenzen in keiner Weise verletzt.«

Die Argentinier, mit denen Cummings seit über zwanzig Jahren Geschäftsbeziehungen unterhielt, waren dankbar. Daher wunderte sich Cummings kaum, daß sie sich nach dem Falklandkrieg wieder bei ihm meldeten. Sie bedankten sich für die guten Ratschläge und wollten, daß er sie bei der Wiederbewaffnung ihrer Streitkräfte beriet.

Cummings dagegen interessierte sich zunächst für das Material, das die Briten erobert hatten. Für alles sah er einen Absatzmarkt. Die argentinischen Streitkräfte verfügten über modernste Waffen, einschließlich der begehrten NATO-Standard-FN-Schnellfeuergewehre oder der bundesdeutschen Boden-Luft-Raketen vom Typ ›Roland‹. Sechs Monate nach Beendigung des Kriegs rief das britische Verteidigungsministerium bei Cummings an. »Sie wollten nichts von dem erbeuteten Material verkaufen. Es sollte entweder von britischen Truppen benutzt oder als Trophäen vergeben werden.«

Damit aber war die argentinische Connection nicht beendet. Im Herbst 1982 fand in London ein Symposium über die militärischen Lehren aus dem Falklandkrieg statt: Der Einsatz von Flugzeugen, Raketen und Schiffen, die Taktik der Infanteriekriegführung in subarktischen Bedingungen sollten diskutiert werden. Das britische Verteidigungsministerium und alle Alliierten waren an einer Aussprache über diese Fragen interessiert – die Argentinier ebenfalls. Als das Symposium arrangiert wurde, waren jedoch die diplomatischen Beziehungen zwischen London und Buenos Aires so miserabel, daß die Argentinier keinen offiziellen Vertreter nach England schicken konnten. Dabei hätten die britischen Behörden keine Einwände gegen den Besuch argentinischer Militärs oder anderer Experten gehabt. »Visaerteilung und Ein- und Ausreise wären kein Problem gewesen«, meint Cummings.

Der Regierung in Buenos Aires fiel ein anderer Weg ein – über Interarms: »Argentinien beauftragte uns, als offizielle Vertreter dorthin zu gehen. Sie zahlten sogar die Unkosten unseres Vertreters. Vorher befragten wir noch das Außenministerium, ob es irgendwelche Einwände gäbe, daß wir dort die Papiere einsehen könnten, aber es war ja nichts Geheimes dabei. Ich selbst ging nicht hin, obwohl es sicher sehr interessant gewesen wäre. Aber ich schickte einen unserer Leute von der britischen Niederlassung hin.«

Cummings weicht politischen Konflikten möglichst aus. Seine Hauptbüros unterhält er in Großbritannien und den USA, bei seinen Geschäften ist er auf den Segen beider Staaten angewiesen.

»Schauen Sie, es mag Ihnen ja erstaunlich erscheinen, aber für diejenigen, die im legalen Waffengeschäft tätig sind, stellt sich gar kein moralisches Problem oder eine moralische Frage. Erstens können wir keinerlei Geschäfte ohne Lizenzen unserer Regierungen – in meinem Fall England oder Amerika – tätigen. Zweitens hat eine Waffe keinerlei Eigencharakter. Schauen Sie sich diese Büroschere an. Das ist eine schlimme Waffe. Es wäre möglich, daß ich Sie sofort damit umbringe oder mit diesem Papiermesser. Aber in sich tragen diese Gegenstände nicht diesen Charakter. Da findet nur ein Ge- oder Mißbrauch statt. Wir kontrollieren weder den Gebrauch noch den Mißbrauch. Wir überprüfen nicht einmal die Lieferung der Ware an diejenigen, die sie ge- oder mißbrauchen. Dies tun die Regierungen der Länder, für die wir arbeiten. Wir Waffenhändler sind mehr als alles andere Widerspiegelungen der Zeit, der Politik und der moralischen Situation, in der wir leben.«

Ich treffe Cummings noch zweimal. Einmal in Nürnberg, während der Internationalen Sportwaffenmesse, und dann in Manchester in einem seiner beiden dortigen großen Lagerhäuser. Dessen Keller ist voller alter Waffen. Einzelteile liegen herum und Kisten mit sogenannter Surplusware. Wie viele Menschen haben mit diesen Waffen gekämpft, wie viele sind durch sie gestorben? überlege ich mir, als ich mir von ihm die Lagerbestände zeigen lasse. Ganz unten ist ein Schießstand eingerichtet. Bevor die restaurierten Waffen verschickt werden, überprüft man ihre Funktionstüchtigkeit. In einem weißen Kittel setzte sich Cummings an ein Maschinengewehr. Fototermin für die Illustrierte ›Quick‹: »Setzen Sie sich rechts, links. Können Sie einmal schießen« und ständig Blitzlicht. Als Cummings mit dem Maschinengewehr einige Probeschüsse abgeben will, setze ich einen Ohrenschützer auf. Der gewaltige Knall des Schusses läßt mich trotzdem zusammenzucken. Dann hat die Waffe eine Ladehemmung. Verwundert nimmt Cummings das Maschinengewehr auseinander, überprüft irgend etwas und setzt es wieder zusammen. Erneuter Versuch. Vergebens.

Im ersten Stock liegt die Buchhaltung. Emsig wird getippt und gerechnet. Der andere Teil des riesigen Gebäudes beherbergt moderne Waffen: Maschinengewehre, Pistolen und Gewehre. In einer Ecke werden Waffen instand gesetzt. Zehn Arbeiter, im blauen Kittel, und sechs Angestellte, im weißen Kittel, tragen dazu bei, daß das Geschäft floriert.

Da Cummings mir noch nicht verraten hat, wieviel er verdient, frage ich ihn, ob es stimmt, was Patrick Brogan und Albert Zarca in ihrem Buch – ›Deadly Business‹ – über ihn behaupten. Sie schreiben:»Interarms in Großbritannien kauft ein Lee-Enfield-Gewehr von der britischen Regierung für 1,50 Dollar. Das war der Durchschnittspreis, den Cummings in den späten fünfziger Jahren für Hunderte und Tausende dieser Gewehre in England bezahlt hatte. Dann verkauft Interarms (England) das Gewehr an Interarms in Monaco für 1,65 Dollar weiter. In Großbritannien sind bei einer derart geringen Gewinnspanne keine Steuern zu bezahlen. Interarms in Monte Carlo verkauft dieses Gewehr an Interarms in den USA für 4,95 Dollar. Das Gewehr wird dabei direkt in die Vereinigten Staaten verschifft.

Interarms in Monaco macht einen Profit von 3,30 Dollar pro Stück, Interarms England von 15 Cents. Der gesamte Preis, der an Interarms in Monaco von Interarms USA bezahlt wird, 4,95 Dollar, geht auf das Bankkonto der Gesellschaft in Genf bei der Banque Commerciale. Dafür müssen keine Steuern bezahlt werden. In den USA verkauft Interarms das Gewehr schließlich für 24,95 Dollar.«

»Das trifft in etwa zu«, erwidert Cummings.

Diskurs in Sachen Moral:

»Hat nicht auch der Geschäftsmann eine persönliche oder politische Verantwortung?« frage ich ihn, während draußen in der Halle der amerikanische Hit ›Ein Lied für Afrika‹ ab und zu vom Durchladen der Gewehre übertönt wird.

»Wie soll ich das beantworten? Wenn ich zu einem politischen Führer gehe, und der will 10 000 von diesen Gewehren. Wenn ich ihm erzähle, daß er allerhöchstens 500 einsetzen könnte, wird er trotzdem 10 000 haben wollen. Wenn meine Regierung den Export genehmigt, dann würde ich liefern. Erstens, weil es mein Geschäft ist, und zweitens – und das ist vielleicht viel wichtiger –, wenn ich es nicht täte, brauchte er nur über die Straße zu gehen und sie woanders zu kaufen.«

»Ich bin ja sicher, daß Sie Fernsehzuschauer sind. Was empfinden Sie, wenn Sie Kriegsberichte sehen, zerstörte Häuser, schreiende Kinder und Frauen?«

»Ich denke, wie jeder andere, daß das eine Tragödie ist. Es ist seltsam. Aber erst einmal interessiert mich, welche Art von Waffen benutzt werden. Das hat mit unserem Geschäft zu tun. Und ich möchte da, technisch gesehen, auf dem laufenden sein. Ich mache das so seit dem Zweiten Weltkrieg. Man könnte sagen, als Sammler. Auf der anderen Seite sieht man da in erster Linie das klassische Beispiel für menschliche Verrücktheit. Unser Geschäft beruht nun mal auf dieser Verrücktheit. Ob wir das nun zugeben oder nicht, gäbe es diese menschliche Torheit nicht, gäbe es auch kein Wettrüsten. Wir, als Völker, hätten keinen Militarismus, der sich überall in seiner Geschichte so negativ auf die Menschheit ausgewirkt hat. Und das vor allem in unserem Jahrhundert. Unser Jahrhundert ist das Jahrhundert der Superkriege, was auch immer der Grund dafür sein mag. Paradoxerweise wäre es für unser

Geschäft, unser spezielles Geschäft, am besten, wenn wir tatsächlich Frieden hätten. Das steht im Gegensatz zu dem, was jeder sagt. Warum? Wenn wir wirklichen Frieden hätten, dann könnten wir, Interarms, alle Waffen aufkaufen und auf dem Sammlermarkt wieder verkaufen. Das ist immer noch ein Riesenmarkt in den USA. Mal abgesehen von den Vorteilen für die Menschheit, würden wir den Weltfrieden schon aus kommerziellen Gründen begrüßen. Ich glaube aber nicht, daß dieser Zustand jemals eintreten wird.«

Will er mich nun auf den Arm nehmen? Ich lasse mir die früheren Gespräche nochmals durch den Kopf gehen, nein, er denkt wirklich so. Das, was für jeden normalen Sterblichen ein Widerspruch wäre, ist für ihn keiner. Der Grund dürfte in seinem Verhältnis zu Waffen zu finden sein.

»Ich liebe das Geschäft. Ich finde es gewaltig interessant. Es ist mein Hobby. Solange meine Gesundheit in Ordnung ist, werde ich weiter dabeibleiben. Morgens kann ich es kaum erwarten zu sehen, was über den Telex gekommen ist«, sagte er einmal. Oder: »Für mich sind Waffen Kunstgegenstände, schöne Objekte.« Er weiß aber auch: »Ich sage oft zu den Führern der Länder, mit denen wir arbeiten: Sie brauchen die Waffen nicht. Vor allem wäre es zu spät, wenn Sie sie wirklich brauchten. Ich weiß aber auch, daß ich Sie nicht aufhalten kann, weil die Waffen auch Symbole der Macht sind, die wirkliche Macht repräsentieren.«

Der Mann, der Renoir liebt, am liebsten alle Museen dieser Erde besuchen würde, der selbst die Kalaschnikow als Kunstobjekt ansieht, zieht eine Zwischenbilanz: In der 34jährigen Firmengeschichte hat Cummings etwa fünf Millionen Pistolen, Gewehre, Maschinenpistolen und Maschinengewehre verkauft. In den letzten zehn Jahren waren es allein eine Million. Wieviel Munition er verkauft hat, kann er nur noch schätzen: »Über 800 Millionen Patronen oder Granaten.«

»Mein Leben«, meint er, »ist keine Episode aus der

Fernsehserie ›Dallas‹ oder ›Denver‹. Ich sage: Jedem das Seine.«

Das alles hat etwas Unwirkliches an sich. Da ist ein Waffenhändler, der sich darüber empört, daß »Milliarden von Dollar für Waffen ausgegeben werden, die nie verwendet werden«, und er weiß, daß er »die Waffen in Originalverpackung zu einem Schleuderpreis zurückkaufen kann. Und das, während Millionen Menschen in der Welt verhungern«.

Als ich ihm daraufhin vorschlage, er könne ja ins Kloster gehen und den Rest seines Lebens philosophieren, antwortet er mir: »Das mag ich aber nicht. Ich liebe mein Geschäft.«

Deutsche Waffen für die Welt

»Sancho Pansa, ein freier Mann, folgte gleichmütig, vielleicht aus einem gewissen Verantwortlichkeitsgefühl, dem Don Quixote auf seinen Zügen und hatte davon eine große und nützliche Unterhaltung bis an sein Ende.«
Franz Kafka, ›Die Wahrheit über Sancho Pansa‹

Die in Westberlin erscheinende ›Tageszeitung‹ hat am 26. Oktober 1985 von einer Anfrage der Bundestagsfraktion der Grünen zum Rüstungsexport nach Südafrika berichtet. Die Antwort war von vornherein klar: »Die Bundesregierung verstößt nicht gegen das von der UNO 1977 verhängte Rüstungsembargo.« Natürlich nicht. Waffenhändler würden, sollten sie diese Zeitungsmeldung lesen, in ungläubiges Gelächter ausbrechen. Und sie würden auf die Deutsche Merex Gesellschaft mbH in Bonn verweisen.

Diese Firma ist in den siebziger Jahren ins Gerede gekommen. Damals wurden Chef und Mitarbeiter des Unternehmens beschuldigt, zwischen 1965 und 1967 Raketen, Gewehre, Flugzeuge und Munition im Wert von über achtzig Millionen Mark nach Indien, Pakistan und Saudi-Arabien verkauft zu haben. Weil die Lieferung von Kriegsmaterial in diese Spannungsgebiete verboten war, soll die Merex falsche Angaben über das Empfängerland gemacht haben.

»Rechtsbruch durch Tarnung«, so definierte am 22. Dezember 1975 der ›Spiegel‹ einen anderen Aspekt der Geschichte. Tarnung – das bezog sich auf das Wissen, wenn nicht gar auf die aktive Rolle des Bundesnachrichtendienstes bei diesen Geschäften.

Die Merex GmbH ist sich treu geblieben. Am 10. Oktober 1978 schrieb sie dem Wiener Ingenieur Manfred Poetsch einen Brief: ». . . übersenden wir Ihnen beiliegend unser Vorstellungsschreiben an das Ministry of Defence der Transkei, mit der bitte um entsprechende Weiterleitung.«

Die Transkei ist ein von Südafrika ins Leben gerufenes künstliches Gebilde, ein ›Homeland‹, das noch kein Staat der Erde anerkannt hat. Folter und Unterdrückung sind dort wie in Südafrika üblich.

Das Vorstellungsschreiben an das ›Ministry of Defence of Transkei‹ soll ›confidential‹, ›vertraulich‹, behandelt werden:

»Betreff: Studie und Planung eines nationalen Verteidigungssystems für die Streitkräfte von Transkei.

Sehr geehrte Herren,
  die Deutsche Merex GmbH und ihre assoziierten Firmen sind eine internationale Organisation, die seit 15 Jahren auf dem Gebiet der Verteidigung, Sicherheit und industriellen Entwicklung arbeitet. Politische Unabhängigkeit und die Tatsache, daß wir Lieferungen in allen Fällen dank unserer weltweiten Ressourcen durchführen können, sind die Basis unseres Erfolges. Wir liefern nicht nur Material und Ausrüstung, sondern sind auch in der Lage, Unterweisung, technisches und taktisches Training genauso wie Know-how zu liefern.

  Da wir erfahren haben, daß Sie an einer Studie betreffend eines nationalen Verteidigungssystems interessiert sind, sind wir bereit, Ihre autorisierte Delegation in unserem Hauptbüro in Deutschland für weitere Verhandlungen zu empfangen.

  Aus Sicherheitsgründen sind wir – in diesem Stadium – nicht bereit, Ihnen unsere detaillierte ›reference list‹ zu übergeben. Wir können nur sagen, daß unsere Hauptaktivitäten in den arabischen Gebieten liegen, wo wir seit 15 Jahren zu verschiedenen Verteidigungsministerien genauso wie zu Innenministerien Beziehungen unterhalten. Auf militärischem Gebiet arbeiten wir jedoch nicht mit privaten Institutionen zusammen.«

  Wenig später, am 30. Oktober 1978, erhielt Ingenieur Poetsch ein weiteres Schreiben von der Merex:

»Wir bestätigen Ihnen hiermit unwiderruflich, für die Vermittlung und das Zustandekommen von Geschäften mit der Regierung von Transkei oder deren bevollmächtigten Firmen, für die Erstellung einer Studie zur Landesverteidigung und den daraus folgenden Lieferungen von Material etc. eine Provision von fünf Prozent auf die Gesamtpreise zu zahlen.«

Poetsch wollte es genauer wissen und stellte Fragen:

»1. Typen der Sprengstoffe,

  2. Erzeugungsmenge pro Stunde oder Tag.

  3. Sind Rohstoffe vorhanden, oder müssen diese importiert werden?

  4. Maximal- oder Minimaltemperatur und Luftfeuchtigkeit in jener Gegend, in welcher die Fabrik errichtet werden sollte.«

»Schauen Sie«, sagt der Waffenhändler Aitonitsch, »nicht wir machen die großen Geschäfte, sondern Firmen, die auf Regierungsebenen Embargos umgehen.« Die Sache muß ihn gekränkt haben, ist er doch Experte für das Umschiffen von Waffenembargos.

»Die haben doch alles, was sie brauchen«, sagt Günther Leinhäuser. Und wie kommt es dazu, trotz Exportbeschränkungen? »Na ja, über Argentinien, über Spanien.«

Aitonitsch sieht es genauso: »Nach Südafrika dürfen keine Waffen geliefert werden. Aber sie haben dort sonderbarerweise alles, was sie brauchen. Es fehlt in Südafrika bestimmt nicht an Waffen, einschließlich deutscher Herkunft.«

Erdem T. würde sich in einer Telefonkonferenz* der Waffenhändler so äußern: »Das geht nicht direkt, beispielsweise über Rheinmetall in Deutschland, sondern über die belgischen Firmen. Die Länder, die nicht direkt von Deutschland die Ware bekommen können, haben sich an Rheinmetall Belgien gewandt und dort die Verträge abgeschlossen. Von da aus geht die Ware in ein Land, das nicht auf der schwarzen Liste steht. Für Rheinmetall Deutschland ist das eine normale Lieferung nach Belgien.

---

* Erdacht ist nur die Telefonkonferenz, die Zitate dagegen sind echt.

Von Belgien aus geht sie in das Land, das die Ware bestellt hat. Die wollten von mir selbst Käufer wissen.«

Jetzt würde sich ›Wenzel‹ einschalten: »Was machen die Firmen? Diehl sitzt in Belgien, Heckler und Koch sitzt in Saudi-Arabien. Wenn man den richtigen Kontakt hat, dann kann man Ware aus Saudi-Arabien von Heckler und Koch beziehen. Die deutsche Ware kommt in jedes Land, in dem die Ware benötigt wird.«

»Sie brauchen in Belgien doch nur an einem Baum zu rütteln, und es fallen Waffen herunter«, würde Cummings hinzufügen. »Und was ist mit Spanien?« würde er fragen. »Wenn Sie mit Spanien, einem großen, seriösen Land, handeln, wird Ihnen die Regierung Ihres Landes normalerweise die Exportgenehmigung geben. Wenn Spanien sich dann zu einem Weiterverkauf irgendwo entscheidet, kann das natürlich problematisch werden. Die Engländer – wir haben solche Angelegenheiten mal mit dem dortigen Außenministerium diskutiert – sagten mir: ›Hören Sie, wir überwachen den Transport. Wenn die Waffen weitergegeben werden, dann ist das ein politisches Problem und kein finanzielles für Sie. Sie, die Firma Interarms, versucht das Beste zur Vermeidung solcher Geschäfte zu tun. Wenn wir Anzeichen dafür erkennen, setzen wir die britische Regierung davon in Kenntnis. Wir sagen dann: Spanien hat das und das bestellt. Wir glauben aber nicht, daß es für Spanien selbst bestimmt ist. Wir wissen nicht, was die damit vorhaben. Seien Sie also vorsichtig. Die antworten: Alles klar! Wenn die es weitergeben, ist das ein politisches Problem.‹«

›Umschiffung‹ nennt man es in der Waffenhändlersprache, wenn man Waffen ohne offizielle Genehmigung dort hinbringt, wo sie angefordert werden. Die Methoden dabei sind sehr verschieden. Zum Beispiel gibt es den Weg über befreundete Länder. »Hier spielt Argentinien eine wichtige Rolle«, erklärt Leinhäuser. »Es ist ja bekannt, daß zwischen Südafrika und Argentinien sehr enge Beziehungen in dieser Richtung bestehen. Teilweise auch durch Lizenzbauten, die in Argentinien vorgenommen werden und dann im Austausch nach Südafrika gehen.«

»Also«, frage ich, »bundesdeutsche Rüstungsunternehmen liefern Waffen nach Argentinien, und die gehen dann nicht nach Argentinien, sondern in ein anderes Land?«

»Ich würde sogar so sagen: Heute, wo alles mehr oder weniger einer Kontrolle unterliegt, gehen diese Waffen auch nach Argentinien. Das Schiff läuft einen argentinischen Hafen an. Ob da jetzt ausgeladen wird, ist schon nicht mehr sicher. Aber selbst wenn ausgeladen wird, ist es nicht sicher, ob die Waffen nicht drei Tage später wieder an Bord eines anderen Schiffes gehen.«

»Da können die Ursprungsländer aber sagen, das wußten wir nicht.«

»Ich akzeptiere, wenn die Behörde sagt, das haben wir nicht gewußt, oder gewisse Instanzen der Behörden behaupten, nicht darüber informiert gewesen zu sein. Aber ich kann es nur schwer akzeptieren, wenn zum Beispiel der Fabrikant sagt, das habe ich nicht gewußt. Ein Fabrikant muß es doch spätestens dann wissen, wenn er Munition eines Kalibers in ein Land liefert, das nicht eine einzige Kanone dieses Kalibers besitzt. Dann kann er mir nicht weismachen, ›wir sind übers Ohr gehauen worden.‹«

»Wie ist es denn mit dem Zusammenbau von Kanonen im spanischen Oviedo, Kanonen ›made by Rheinmetall‹?« fragt ›Wenzel‹ rhetorisch.

»Woher soll ich das wissen?« erwidere ich.

»Da können Sie sehen, wie die Geschäfte auf dieser Ebene laufen.« Bei ›Umschiffungen‹ spielt das End-User-Zertifikat eine wichtige Rolle. Das ist die hochoffizielle Bescheinigung des Käuferstaats, daß nur er die gelieferten Waffen benutzen wird und sie nicht an irgendeinen anderen weitergibt. Ein Kinderspiel, gefälschte oder gekaufte End-User-Zertifikate zu bekommen.

»Man fragt den Käufer«, sagt Erdem in unserer imaginären Telefonkonferenz der Waffenhändler zu diesem etwas trockenen Thema, »welche Länder sind akzeptabel? Dann bekommt man eine Liste mit vier oder fünf Ländernamen. Da gibt es verschiedene. Die nicht auf der schwarzen Liste stehen, sind akzeptabel. Dann müßte man versuchen, von einem dieser Länder ein End-User-Zertifikat zu beschaffen. Dazu wendet man sich an bestimmte arabische Länder und fragt an, ob sie von diesen Ländern ein solches Zertifikat besorgen können. Man muß drei, vier Namen angeben. Sie sagen, von Thailand können wir eines besorgen, von Nigeria zum Beispiel nicht. Okay, Thailand ist akzeptabel. Man bekommt ein Zertifikat, das man an die Lieferanten weitergibt – und das Geschäft läuft. Natürlich kostet das End-User-Zertifikat etwas. Bei normalen Geschäften vier bis sechs Prozent vom Gesamtumsatz.«

Cummings ist da vorsichtiger: »Natürlich kann ich von irgendeinem der kleinen lateinamerikanischen oder auch afrikanischen Staaten ein End-User-Zertifikat bekommen. Aber nehmen wir einmal an, die Regierung von Obervolta gibt mir ein End-User-Zertifikat über 100 000 Gewehre. Ihre gesamte Armee besteht aus 12 000 Mann. Ich würde damit niemals zur britischen Regierung gehen, um eine Exportlizenz zu beantragen. Die wüßten sofort, daß es sich um ein fingiertes Geschäft handelt.«

»Das sagt Cummings«, widerspricht ›Wenzel‹. »Bei den Dreiecksgeschäften werden Waffen von Portugal bestellt und das Zertifikat von Portugal ausgestellt. Die Ware geht auch nach Portugal, wird dort jedoch umgeladen.«

»Kann man diese Zertifikate auch auf dem freien Markt kaufen?« frage ich.

»Die kosten je nach Qualität, das heißt nach der Besonderheit der Ware, zwischen vier und zwölf Prozent des Gesamtwertes«, erwidert ›Wenzel‹. »Wenn die Exocet von Frankreich in den Iran geht, kostet es keine vier Prozent, sondern garantiert zwölf. Denn das Land, das den Hals hinhalten muß, beziehungsweise die Leute dort wollen ordentlich kassieren.«

»An Kenia«, wirft Leinhäuser ein, »liefert kein Mensch mehr Waffen – aus einem einfachen Grund: Kenia könnte, wenn es alle Waffen, die die Regierung in den letzten drei Jahren aufgrund von End-User-Zertifikaten eingekauft hat, besäße, die Hälfte des Landes mit diesen Waffen eindecken. Soviel Waffen können die überhaupt nicht verwerten, wie sie Zertifikate ausgestellt haben. Das gleiche gilt heute auch schon für Portugal.«

Welches Land favorisieren die Waffenhändler beim Kauf von End-User-Zertifikaten?

›Wenzel‹: »Indonesien ist beliebt, Nordkorea und die Philippinen und ganz neu die Türkei. Es gibt aber auch in Spanien Leute, die die End-User-Zertifikate besorgen können. Das sind Spezialisten dafür.«

Ein Fallbeispiel: Am 12. September 1981 stellte die Republik Guinea in Madrid ein End-User-Zertifikat aus. Aufgeführt waren in dieser offiziellen Bescheinigung: »1100 Fusiles de asalto del calibre 7,62, 250 Metralletas, 125 Pistolas 9 mm, 1600 Granadas de mano defensivas, 50000 Bals del 7,62, 10 Lanzagranadas con 100 Granadas antipersonales.«

Die Waffen waren aber nicht für Guinea bestimmt, sondern für den Nordjemen. Nun begann die Operation. Mit dem End-User-Zertifikat in Händen konnten die Waffen eingekauft werden, und zwar in Portugal. Die Botschaft Portugals in Madrid schrieb am 7. Juli 1982 an »Monsieur le Capitaine du Port de Lisbonne« folgenden Brief:

»Die Xavemar-Schiffahrtsgesellschaft mit Sitz in der Avda Infante Santo 38, 1300 Lissabon, informiert hiermit, daß das panamenische Schiff ›Natalyna‹, das am Kai Poco do Bispo ankert, morgen, den 8. d. M., folgende Ladung an Bord nimmt:

A) 1 Container mit 1600 Granaten, Gewicht 1,458 Kilo, Herkunftsort ist das Kriegsmateriallager von Sacavem. Die Ware wird von einer Militäreskorte begleitet und verfrachtet.

B) 1 Kiste Maschinengewehre mit 10 Einheiten, Gewicht 67 Kilo, 13 Kisten Maschinengewehre mit 250 Einheiten, Gewicht 1,132 Kilo, 5 Kisten Pistolen, 125 Stück, Gewicht 175 Kilo.

Letzteres Material stammt aus England und Spanien und befindet sich auf dem Flughafen von Lissabon. Es wird, von der Steuerinspektion begleitet, an Bord gebracht.

Verlader ist José Augusto de Matos, wohnhaft in Lissabon, Rua Castilho 72.«

In Lissabon wurden die Waffen am 25. Juli 1982 verladen und geschickt getarnt: Waffen und Keramikwaren, stand in den Papieren. Als das Schiff in Tripoli ankam, wurden die Dokumente ausgetauscht. Jetzt war von Waffen überhaupt nicht mehr die Rede, sondern nur noch von Keramikwaren. Und so konnten sie, nachdem sie auf gar wunderbare Weise in den Frachtbriefen verschwunden waren, unbedenklich in den Nordjemen gebracht werden.

Fast nie kommen die Behörden, sofern sie derartige Transaktionen verfolgen, hinter die seltsamen Verwandlungen von Ladungen und hinter die Schliche der Waffenhändler. Aber manchmal haben sie Glück. Am 17. März 1984 brachte die italienische Finanzpolizei das unter der Fahne Panamas fahrende 271-Tonnen-Schiff ›Viking‹ auf. Um 12 Uhr 50 hatten Hubschrauber, die zur Luftüberwachung gegen den Schmuggel eingesetzt waren, ein verdächtiges Schiff gesichtet, das ohne Erkennungsflagge langsam in nördlicher Richtung fuhr. Sofort lief aus Catania ein Schnellboot aus, das um 13 Uhr 55 das verdächtige Objekt erreichte. Was den Beamten als erstes auffiel, war der elende Zustand des Schiffs. Es war total verrostet.

Es dauerte zehn Minuten, bis der Kapitän der ›Viking‹ die Maschinen endlich stoppen ließ und es dem Kommandanten der Küstenwache erlaubte, an Bord zu kommen. Der Grund dafür stellte sich bei der Inspektion heraus: Das Schiff war voller Waffen, samt Munition für Kanonen und Mörser.

Bei der Vorbereitung dieses Transports müssen Stümper am Werk gewesen sein, denn die Papiere waren fehlerhaft und unvollständig, so daß die ›Viking‹ nach Messina eskortiert wurde. Die Besatzung des Schiffes, zwei Griechen, vier Filiponos und ein Inder, wußten natürlich nichts über die Ladung, die sie transportierte. Kapitän Georgos Skammelis versuchte die Ermittler davon zu überzeugen, daß die Fracht für Brasilien bestimmt sei und alles seine

Ordnung habe. Bei den internationalen Nachforschungen, für wen die Waffen wirklich bestimmt waren, stießen die Ermittlungsbehörden, wie sie sagten, auf ein »Ballett der amtlichen und halbamtlichen Versionen, halben Wahrheiten und halben Lügen«. Acht Länder waren in die Sache verwickelt, ergaben die Untersuchungen: die Türkei, Brasilien, England, Griechenland, die USA, Israel, Portugal und Belgien.

Die türkische Waffenfabrik MKE erklärte, daß die Ladung der ›Viking‹ ordentlich verkauft und exportiert worden und für das brasilianische Militär bestimmt sei. Die MKE arbeitet eng mit amerikanischen Rüstungsunternehmen zusammen. Derweil dementierte die brasilianische Regierung zunächst, Empfänger der Fracht zu sein, um aber dann doch zuzugeben, daß sie die Waffen bestellt habe.

Die offiziellen Stellungnahmen Belgiens und Portugals durften natürlich nicht fehlen: Es sei nicht vorgesehen gewesen, daß die ›Viking‹ Häfen ihrer Staaten anlaufe. Die israelische Version besagte, daß das Schiff der Marico Shipping in Haifa gehöre. Und diese Firma unterhalte in London die kurz vorher gegründete Tochtergesellschaft Marimed.

Bis heute weiß keiner genau, für wen die Waffen wirklich bestimmt waren; die beteiligten Staaten schweigen sich aus. Dabei handelte es sich um eine Ladung, die nicht von Pappe war: 25 Maschinenpistolen, 1000 Mörsergranaten, Kaliber 107 mm, 1910 Treibladungen für Geschosse des Kalibers 155 mm und weitere Granaten für schwere Artillerie.

Wo sind die Atombomben?

Aber nicht immer unterbinden die italienischen Behörden den Waffenhandel. Fünf Jahre dauerten beispielsweise die Ermittlungen eines einsamen Richters, Carlo Palermo.

Erdem T. ist auf Richter Palermo nicht gut zu sprechen. Schließlich war Palermo derjenige, der Erdem wegen illegaler Waffentransaktionen angeklagt und geglaubt hatte, dabei eine höchst brisante Mischung von Kriegswaffenschmuggel und Drogenhandel aufdecken zu können. Keiner der Waffenhändler, die ich getroffen habe, hält es für möglich, daß eine derartige Zusammenarbeit besteht. Erdem: »Es gibt keine Verbindung zwischen Drogen- und seriösen Waffengeschäften. Schmuggel ist etwas anderes. Da handelt es sich um kleinere Waffen, sagen wir um 100, 200 Pistolen oder 10 000 Schuß Munition. Da kann man schon eine Verbindung zwischen Drogen- und Waffenhändler herstellen. Aber in einem normalen, seriösen Waffengeschäft, wenn es sich um Kriegswaffen handelt, ist da keine Verbindung.«

»Du mußt dir das so vorstellen«, sagt er zu mir, »ein Produzent, der Kriegswaffen herstellt, liefert nicht aus, bevor er bezahlt wird. Und in keinem Fall würden Drogen als Zahlungsmittel akzeptiert werden. Die Käufer können das Geld durch Drogen beschaffen, aber das ist etwas ganz anderes. – Außerdem spinnt Palermo«, fügt er hinzu.

Unabhängig davon, es war zweifellos der Verdienst des italienischen Untersuchungsrichters aus Trento, bei seinen Untersuchungen über den internationalen Waffenhandel Licht in die Sache gebracht zu haben.

Martha Canestrini, die ich in Neumarkt, etwa dreißig Kilometer von Bozen entfernt, kennengelernt habe, schrieb mir am 29. Oktober 1985 über den Richter Palermo, den man inzwischen nach Rom abgeschoben hatte:

»Mit einem ehrsamen Vorwand hat man ihn dorthin gesetzt, wo er nimmer schaden kann. Warum setze ich eigentlich immer aufs falsche Roß? Und der Palermo bleibt mir sympathisch. Ein Spinner – jawohl. Psychopathisch: kann sein. Eine gute Sache hat er aber gemacht. Somit ist er gerettet, wie Gretchen im ›Faust‹.«

Ich erinnere mich an die Diskussionen mit ihr und ihrem Mann, dem Vorsitzenden der Demokratischen Rechtsanwaltsvereinigung. Er rüffelte die unseriösen Ermittlungsmethoden des Richters, ich war hin- und hergerissen, ob der Zweck nicht doch die Mittel heiligen kann, und Martha Canestrini war von Palermo überzeugt. Auf der Terrasse ihres Hauses, mit Blick auf den Kalterer See, diskutierten wir lange darüber, ob sich ein Richter an die demokratischen Verfahrensregeln halten muß, selbst wenn er in einen so undurchdringlichen Dschungel von Waffenschmuggel und politischer Protektion eindringen und diesen aufklären will.

Die Enthüllungen des Richters sind brisant: Er deckte ein fast abenteuerlich klingendes Waffengeschäft auf. Nach seinen Ermittlungen wurden hochangereichertes Uran, Atombomben sowie NATO-Rüstungsgüter auf dem internationalen Waffenmarkt angeboten. In seiner Anklageschrift, unter dem Aktenzeichen 5529/80, wird der Vorwurf präzisiert: »Die kriminelle Vereinigung hat u. a. 3 Atombomben, Plutonium, Uran, 66 Kobra-Hubschrauber, 116 Panzer, eine Einheit TOW-Raketen, 3 Fregatten und 1000 Raketen Cia 7 entgegen den internationalen Waffenbestimmungen geschmuggelt.« Bestimmungsort der Waffen sind altbekannte Länder: der Irak, Taiwan, Libyen und Südafrika.

Sein Dossier über den internationalen Waffenschmuggel umfaßt 300 000 Seiten. Über die erwähnten Atombomben heißt es dort weiter: »Drei Atombomben, Gewicht 90 Kilogramm, Stärke 20 Megatonnen. Die Lieferung der Bomben wird durchgeführt, wenn 60 Prozent des Nettopreises für die drei Einheiten bezahlt worden sind.« Der Verkaufspreis für die Atombomben, die sinnigerweise als ›Spielzeuge‹ umschrieben wurden: 924 Millionen Dollar.

Das Geschäft des Jahrhunderts sollte in drei Phasen

abgewickelt werden. Zuerst wurde bei der Luxemburger Trade Development Bank unter der Codebezeichnung ›2GEM‹ eine Bankbürgschaft für den Italiener Glauco Partel hinterlegt.

Glauco Partel, Mitglied der von Palermo beschuldigten Waffenschieberbande, gab bei seiner Vernehmung an, daß er seit 15 Jahren für die ›National Security Agency‹ der USA arbeite. Die NSA, die ›Nationale Sicherheitsbehörde‹, ist eine Informationssammelstelle, nicht weniger effektiv als die CIA.

In der zweiten Phase der Operation trafen sich Verkäufer und Käufer. Käufer waren Vertreter der syrischen Regierung. Getroffen hat man sich am 27. Januar 1982 in Amsterdam.

Über die dritte Phase schreibt der Untersuchungsrichter: »Wenn die Atombomben vollständig lieferbar sind, werden sie gegen die Bezahlung der restlichen 40 Prozent des zu zahlenden Gesamtbetrages geliefert. Einzige Bedingung: Israel und Südafrika dürfen nicht in den Besitz der Atombomben gelangen.«

Am 7. Februar 1982 schickten die Vermittler dieses Geschäfts folgendes Telegramm ab: »Bestätigung, daß allem zugestimmt wurde. Der Name der beauftragten Finanzierungsbank wird morgen mitgeteilt. Das Gipfeltreffen wird in Rom stattfinden. Dort soll das Geschäft abgeschlossen werden.«

Aber dann gab es Reibungsverluste. Einer der beteiligten Italiener bekam kalte Füße und vertraute sich dem israelischen Konsulat in Mailand an. »Vom Büro des Konsulats rief ich Partel an und sagte ihm, daß ich mich nicht mehr an der Operation beteiligen würde und den Israelis Bescheid gesagt hätte.«

Syrien, das die Bomben kaufen wollte, zog sich daraufhin von dem Geschäft zurück. Was die Verkäufer nicht hinderte, sogleich einen anderen Abnehmer aufzustöbern. Das belegt ein Fernschreiben vom 15. März 1982: »Am 12. März hat der saudische Scheich Awany El Faisal auf einer deutschen Bank (Frankfurt oder Hamburg) 800 Millionen

Dollar für drei ›Spielzeuge‹ überwiesen. Diese sind verkauft worden. Libanesische Vermittler sind zur Durchführung der Transaktion bereits in Europa.«

Wohin die ›Spielzeuge‹ nun verfrachtet worden sind, ob sie überhaupt jemand gekauft hat, ist bis heute unklar. Aber klar ist, daß man auf dem internationalen Waffenmarkt Atombomben ordern kann.

Brisant waren diese Geschäfte aber auch wegen der Beteiligung staatlicher Dienststellen. Da gibt es einen Italiener, der mit der CIA zusammengearbeitet hat. Oder einen anderen, der früher sein Gehalt vom italienischen Geheimdienst bezogen hat. Diese Voraussetzungen haben die Aufklärungsarbeit für den Richter Palermo so schwierig gemacht. Ihm gelang es nicht, die politisch Verantwortlichen für die Waffentransaktionen auf die Anklagebank zu bringen. Aus Angst vor Repressionen hatte er in der Anklageschrift schon vorsorglich deren Namen nicht erwähnt. ›Omissis‹, ›ausgelassen‹, steht in der Anklageschrift, wenn bekannte Politiker angeführt werden.

»An die Großen kommt er nicht heran. Er ist eine Marionette«, meint Erdem. »Seitdem er in die Bereiche der Politik vorgestoßen ist, lebt er gefährlich. Der Staat läßt doch nicht zu, daß man seine Geschäfte stört.«

Immerhin hatten ihn seine Ermittlungen in die Büros großer italienischer Rüstungsindustrieller geführt. So auch zu Michele Jasparro oder zum römischen Finanzexperten Mach de Palmstein. Beide führen Gesellschaften, deren Aktienpakete sich in den Händen einer Holdingsgesellschaft der Sozialistischen Partei (PSI) befinden. Als Palermo bei diesen Herren Hausdurchsuchungen veranlaßte, ergab sich, daß die Gesellschaften sowohl in den Waffenhandel verstrickt waren, als auch für die PSI Geschäfte abwickelten.

Die Methoden dieser Firmen, die überwiegend Geschäfte mit lateinamerikanischen und afrikanischen Ländern machen, sind nicht die sensibelsten. Wenn nötig, machen sie Druck – wozu sonst hat man gute Beziehungen zur Regierung in Rom?

Samuel Cummings hält die Untersuchungen von Palermo für Kinkerlitzchen. Mit einem der Beschuldigten hatte er in der Vergangenheit gut zusammengearbeitet: Renato Gamba.

»Ich bekam im letzten Herbst einen Brief von ihm, daß er endlich entlassen sei und sein Geschäft wieder aufnehmen wolle und daß er hoffe, wieder mit mir zusammenarbeiten zu können. Ich schrieb ihm zurück, daß ich froh sei, ihn wieder auf freiem Fuß zu sehen.«

Wichtiger aber als die Frage, wo sich Renato Gamba gerade aufhielt, war mir der Plutoniumhandel. Einer, der etwas darüber weiß, ist ›Wenzel‹. Er weiß es, weil einer seiner Bekannten selbst in den Handel mit dem strahlenden Material verwickelt war. Die entsprechenden Transportbehälter hatte ein kleiner Betrieb in der Nähe von Stuttgart bereits hergestellt. Aber das Geschäft platzte dann doch. »Transportieren«, sagt ›Wenzel‹, »kann man das Zeug ja unheimlich schlecht, weil es hochradioaktiv ist. Aber liefern . . .«

Plutonium kann man kaufen, erläutert er: »Es gibt Fabriken, die das Uran stark anreichern, außerhalb der normalen Produktion, die gemeldet oder registriert wird. Das geschieht natürlich nicht tonnenweise – aber kiloweise ist das jederzeit möglich.«

Konkreter wird Leinhäuser, was kaum verwunderlich ist, verfügt er doch über weitaus größere Erfahrungen als ›Wenzel‹. »Es gibt solche Kanäle . . . Aber im allgemeinen ist das bis nach oben hin bekannt. Solche Angebote laufen, die sogar sehr seriöser Natur sind.«

»Das heißt«, unterbreche ich ihn, »daß sich ein Staat, der über die Produktionskapazitäten verfügt, leicht eigene Atombomben bauen kann?«

»Das ist heute überhaupt kein Problem mehr.«

»Das ist doch illegal?« frage ich.

»Wieso denn illegal? Wenn heute ein Land, sagen wir mal die Republik Niger, die ein großer Uranproduzent ist, sein eigenes Uran irgendwo anders zum Anreichern gibt, es zurückbekommt und nach Libyen verkauft, wo ist da die Illegalität? Daß man damit natürlich Atombomben bauen kann, ist klar. Aber mit angereichertem Uran kann man auch andere Dinge tun.«

»Was denn noch?«

»Krebsbekämpfung zum Beispiel.«

»Gut, Krebsbekämpfung« – zuerst verstehe ich den ironischen Unterton nicht, bis Leinhäuser fortfährt: »Aber man braucht diese Mengen nicht, die gehandelt werden.«

»Ist das eigentlich ein gutes Geschäft?«

»Es sind enorme Werte. ich meine, geringe Massen mit enorm hohen Werten. Aber ich habe keine Lust, mich da einzumischen. Das würde erfordern, daß man wieder von vorne anfängt. Trotzdem kommt man von außen deswegen auf mich zu. Ich winke dann ab.«

»Daß andere nicht abwinken, belegte das Beispiel Italien«, wende ich ein.

Leinhäuser zuckt lediglich mit den Schultern.

Immerhin: Einem Interessenten wurde ein Gutachten des Eidgenössischen Instituts für Reaktorforschung in Würenlingen durch das Notariat Aussersihl in Zürich, vom 28. November 1979, vorgelegt. Darin heißt es über die angebotene Ware: »Starke Radioaktivität des Metalls. Alpha-, Beta- und Gammastrahlung. Die Untersuchung hat ergeben, daß es sich praktisch um reines Uranmetall vom Atomgewicht 238 handelt.«

Mit diesem Gutachten in der Tasche konnte das Geschäft abgewickelt werden.

Und am 20. März 1984 bot ein Händler aus Ohio/USA genügend hochangereichertes Uran an, um damit Atombomben bauen zu können. In einem Dokument wird die Qualität des Materials beschrieben: »Die Anreicherung wurde durch Gas-Diffusions-Methode erzielt, auf der Grundlage des Gesetzes von Graham. Uran 235 und Uran 238 sind gasförmig, die Massen sind verschieden genauso wie die Diffusionsgeschwindigkeit. Der Inhalt, von dem wir sprechen, bezieht sich auf eine Anreicherung von 70 Prozent.«

Leinhäuser und ich kommen auf die Frage zurück, wie mit Rüstungsgütern die vielen Klippen staatlicher Beschränkungen umgangen werden können.

›Umschiffungen‹

Seit langem kämpfen die Kurden, sowohl im Irak als auch in der Türkei und im Iran, für ihre Unabhängigkeit – bisher vergebens. Besonders die irakischen Kurden sind militärisch nicht schlecht ausgerüstet. Die Waffen gelangen auf verschiedenen Wegen in die unwegsamen Regionen Kurdistans, aber immer ohne Genehmigung der jeweiligen Regierungen. Der Befreiungskampf der Kurden ist für die Großmächte von geringem Interesse. Aber sie bemühen sich, Waffenlieferungen für die Kurden zu unterbinden. Das Risiko für den Waffenhändler wächst dadurch beträchtlich.

20 000 Karabiner hat Leinhäuser in Spanien eingekauft, um sie an die irakischen Kurden zu liefern. Ein langer Weg, äußerst risikoreich, da verschiedene Hoheitsgebiete durchquert werden müssen. Vollbeladen dampft das Schiff, aus Spanien kommend, in Richtung Schwarzes Meer. Als es Sardinien erreicht, ist kaum noch Treibstoff in den Tanks. Zwischenaufenthalt zum Aufbunkern – eine erste kritische Situation. Die italienischen Behörden interessieren sich für das Schiff, denn prompt wird es inspiziert. Als alle Dokumente geprüft sind, darf es auslaufen. Begleitet von der italienischen Marine beginnt nun ein ›Katz-und-Maus-Speil‹, wie Leinhäuser es nennt.

»Der Kapitän, wie Kapitäne oft sind, kümmerte sich nicht um Politik. Und er versuchte in einem solchen Fall, der Kontrolle zu entgehen.

Trick 1: Bei einem Schiff mit wenig Tiefgang fährt man so nah an die Küste heran, daß Ebbe und Flut es einem beobachtenden Schiff, in der Regel ein U-Boot, unmöglich machen, es weiterzuverfolgen. Da in den Küstenregionen häufig Felsgruppen sind, versagen die Ortungsgeräte, und wenn noch ein dritter Faktor hinzukommt, wie tiefhängende Wolken und Sturm, versagt auch die Luftüberwachung. Wenn sie jetzt auf große Höhenüberwachung über Radar gehen, ist jeder Fels ein Schiff oder jedes Schiff ein Fels.«

So läuft es auch beim Waffentransport für die Kurden ab. Die italienischen Verfolger verlieren das Schiff und müssen umkehren. Leinhäuser eilt dem Schiff voraus. In Istanbul quartiert er sich im Tarabia-Hotel, mit Blick auf den Bosporus, ein und wartet. Nebel überzieht den Bosporus mit einem grauen Schleier, so daß Leinhäuser von seinem Fenster aus nichts sieht. Wie soll er sein Schiff, auf das er wartet, erkennen? Was er aber entdeckt, ist ein stillgelegter Tanker, der direkt gegenüber seinem Hotel vor Anker liegt. Ein besonderer Tanker.

»Auf jeden Fall hatte ich«, berichtet Leinhäuser, »am nächsten Morgen Besuch von zwei Amerikanern, die mir sagten, mein Schiff komme erst in vier Tagen.«

»Woher wissen Sie das?« fragt Leinhäuser die beiden.

»Wir gehören zu dem Verein von gegenüber.«

Leinhäuser weiß nichts von einem Verein, sondern nur von dem stillgelegten Tanker.

»Wissen Sie, in diesem Frachter, der genau gegenüber vom Hotel liegt, sind Löcher reingebohrt und Kameras installiert. Alles, was durch den Bosporus fährt, wird von den Amis dort schön aufgenommen.« Ein Spionageschiff also.

Als Leinhäuser später mit türkischen Kollegen über das Schiff spricht, sagen die ihm, jedes Kind wisse, daß dort eine Beobachtungsstation der Amerikaner sei.

Leinhäuser flucht. Steht er doch Tag und Nacht mit kalten Füßen auf dem Balkon, um Kontakt zu seinem Schiff aufzunehmen, sobald es einläuft. Und die Amerikaner bieten an, ihm Bescheid zu geben, wenn es soweit ist. »Passen Sie mal auf, Herr Leinhäuser. Sie können jetzt ruhig ausgehen, essen gehen, wie Sie wollen. Sie brauchen hier nicht mehr tagelang auf dem Balkon zu sitzen. Wir melden Ihnen das Schiff.«

Leinhäuser ist beim besten Willen nicht antiamerikanisch gesonnen. Aber Vertrauen ist gut, Kontrolle ist besser. »Die doppelte Absicherung«, so nennt Leinhäuser das Verfahren, übernimmt für ihn ein türkischer Kapitän. Die einzigen Fragen des Beobachters: »Was hat das Schiff für eine Schraube? Wie sieht das Schiff aus? Was hat das Schiff für einen Motor?«

Leinhäuser erklärt es ihm, und der Kapitän geht auf Posten. Jetzt endlich kann Leinhäuser ausgehen. Von Zeit zu Zeit ruft er im Hotel an. Aber nichts geschieht. Das heiß erwartete Schiff kommt nicht.

Eines Morgens, sechs Uhr: Der türkische Kapitän steht auf dem Balkon und hört etwas: »Das Schiff kommt«, ruft er. Sehen kann er wegen des Nebels kaum etwas.

»Ich frage ihn: ›Wieso kommt das Schiff?‹

Da sagt er: ›Deutz-Motor.‹«

Und da, schemenhaft steuert das Schiff den Bosporus entlang. An Bord wartet Kapitän Wendehold auf Leinhäusers Zeichen, das sie zuvor abgemacht haben. Treibt Leinhäuser Frühsport auf dem Balkon oder schüttelt er ein Handtuch aus, bedeutet dies, daß alles okay ist. Wenn auch auf dem Schiff alles klar ist, schickt der Kapitän den Schiffsjungen an Deck, um dort Wäsche aufzuhängen.

In diesem spannenden Augenblick läutet im Hotelzimmer das Telefon. Die Amerikaner melden sich. »Haben Sie Ihr Schiff gesehen?«

»Hab' es gesehen, ja.«

»Dann ist alles okay.«

Nachdem die entsprechenden Zeichen ausgewechselt sind, fährt Leinhäuser mit einem Auto auf der Straße, die direkt an der Meerenge entlangführt, in Richtung Bosporusausfahrt, steigt in ein wartendes Motorboot und läßt wenig später auf dem Dampfer die Sektgläser klingen.

Hätten die türkischen Behörden erfahren, daß Waffen für Kurden durch den Bosporus transportiert wurden, dann hätten sie alle militärischen Mittel eingesetzt, um das Schiff und die Ladung zu beschlagnahmen. Gutgeschmierte Zöllner, bei den niedrigen Gehältern ist die Versuchung groß, verhinderten jedoch die Kontrolle.

Vom Schiff aus benachrichtigt Leinhäuser die Kurden, daß die Ladung in Sichtweite des Leuchtfeuers am Ausgang des Bosporus übernommen werden könne. Diesmal muß der Leuchtturmwärter geschmiert werden. Er hat die

Aufgabe, im Falle, daß ein türkisches Polizei- oder Militärboot auslaufen sollte, eine blaugrüne Folie vor den Scheinwerfer zu halten.

»Dann wußten wir draußen: Stop! Weg!«

Nichts passiert, und die Waffenentladung kann beginnen. Fischerboote kommen längsseits, um die Karabiner samt Munition zu übernehmen. Zwei Stunden schon sind die Arbeiten im Gange. Es wird allmählich hell. Aber erst ein Teil der Waffen ist ausgeladen. Der Kapitän vereinbart mit dem Führer der Fischerboote einen neuen Treffpunkt, wo der Rest gelöscht werden soll, diesmal auf hoher See, außerhalb der Hoheitsgewässer.

24 Stunden später sind sowohl das mit Waffen beladene Schiff als auch die Fischkutter in neuer Position. Sechs Kutter haben bereits längsseits geankert. Der Mond scheint, die See ist spiegelglatt. Die Kurden singen Lieder, die Leinhäuser nicht versteht. Er steht mit Kapitän Wendehold auf der Brücke.

Plötzlich blickt der Kapitän an Leinhäuser vorbei in die Dunkelheit. Seine Augen werden immer größer. Dann läuft er zu einem Schalter, um die Lade- und Schiffsbeleuchtung auszuschalten.

Jetzt leuchten nur noch die kleinen Scheinwerfer der Ladeboote. Rufe werden laut: »Eh, was ist los?«

»Ruhe«, schreit Wendehold und alles ist still.

Flüsternd fragt der irritierte Leinhäuser den Kapitän: »Was ist denn los?«

»Ja, siehst du denn nichts?«

Leinhäuser schaut angestrengt in die Dunkelheit: »Ich sehe nichts.«

»Siehst du denn immer noch nichts?« fragt der Kapitän erstaunt.

»Verdammt! Ich sehe nichts. Aber ich höre ein dumpfes Grollen, wie ein Erdbeben.«

»Gleich wirst du es sehen.«

Und dann erkennen sie die Silhouette eines Riesendings, das sich langsam an die Boote heranschiebt, 400 Meter, 300 Meter. Dann gibt es kein Motorengeräusch mehr, und das Riesending gleitet mit ausgeschalteten Lichtern an sie heran. Ein sowjetisches Kriegsschiff.

»Das ist aber auch eine Scheiße«, flucht Leinhäuser.

Alle sind wie gelähmt, als eine Strickleiter von dem Kriegsschiff herabgelassen wird. Vier sowjetische Marinesoldaten, mit Maschinenpistolen im Anschlag, springen auf das Schiff. In diesem Augenblick rennt der Kapitän die Gangway entlang und schreit den ersten Soldaten an: »Raus hier! Das ist mein Schiff!«

Die Soldaten sind irritiert und heben die Maschinenpistolen an. Leinhäuser greift ein: »Wendehold, langsam!«

»Was heißt langsam, was soll das sein? Wo gibt es denn so was? Ich gehe doch nicht zu denen an Bord, ohne zu fragen.«

»Das kannst du ja auch gar nicht. Du sprichst ja kein Russisch.«

Der Kapitän ist empört.

Wenig später, nachdem einer der Soldaten, die auf den Waffentransporter gesprungen sind, zu einem Offizier an Bord des Kriegsschiffes irgend etwas gesagt hat, kommt der Befehl: »Zurück!«

Leinhäuser findet das anständig. Die Soldaten klettern wieder die Strickleiter hoch, »und dann wurden wir auf englisch gefragt: ›Welche Nationalität führt das Schiff?‹«

»Da braucht ihr nur auf die Flagge zu schauen – Panama.«

»Panama ist nichtssagend«, ist die Antwort.

»Welche Nationalität haben Besatzung und Schiffsführung?«

Diesmal antwortet der Kapitän: »Deutsch.«

Einen Moment herrscht Stille. Dann wird in einwandfreiem Deutsch weitergefragt: »Herr Kapitän, nochmals Rückfrage. Deutsche Demokratische Republik oder Bundesrepublik?«

»Schiff ist Panama«, antwortet der Kapitän. »Die Schiffsführung ist bundesrepublikanisch. Die übrige Besatzung ist gemischt.«

»Kapitän, gestatten Sie, daß wir an Bord kommen?«

»Das ist ja zum erstenmal eine anständige Frage. Natürlich. Kommen Sie runter. Wodka haben wir noch.«

Und dann setzt ein sowjetischer Offizier, begleitet von denselben vier Soldaten, die eine halbe Stunde zuvor schon an Bord waren, seine Füße auf das Schmugglerschiff.

»Wir möchten gerne wissen, was hier vorgeht.«

In den kurdischen Fischerbooten ist es immer noch ruhig. Die Männer stehen wie festgenagelt – nichts bewegt sich mehr.

»Oh«, antwortet Leinhäuser, »wir machen ein Geschäft.«

»Was soll man darunter verstehen? Wer ist denn überhaupt der Verantwortliche dieser Transaktion?« fragt der Offizier.

Der Kapitän dreht sich um und zeigt auf Leinhäuser. »Das ist der Boß.«

»Ja, ich bin Eigner des Schiffes«, sagt Leinhäuser zum Offizier.

»Sind Sie auch Eigner der Ladung?«

»Nein, bedingt. Die Ladung ist verkauft.«

»Wie kommen Sie überhaupt dazu, hier auszuladen?« fragt immer ratloser der russische Offizier.

»Es liegt an Ihnen, das zu beurteilen. Wir befinden uns eindeutig in internationalen Gewässern, und ich weiß wirklich nicht, welches Gesetz auf uns anzuwenden wäre.«

Damit ist auch der Offizier überfragt. Höflich bittet er Leinhäuser, mit ihm an Bord zu kommen.

»Selbstverständlich.« Nein hätte er in diesem Moment wohl kaum sagen können.

Erstmals in seinem Leben betritt Leinhäuser ein sowjetisches Kriegsschiff. Zwei Soldaten eskortieren ihn. Die anderen beiden bleiben an Bord, wo Kapitän Wendehold sie zu einem Whisky einlädt. Kaum hat Wendehold auf das Wohl der sowjetischen Flotte getrunken, stellt er das Glas ab und geht zum Laderaum. Dort herrscht immer noch Todesstille. »He, was ist denn los?« faucht er die Kurden an. »Wollt ihr nicht arbeiten?«

Daraufhin werden wieder Kisten aus dem Laderaum gehievt und in die Fischerboote umgeladen, während Leinhäuser auf dem Kriegsschiff seine Papiere einem Offizier übergibt.

»Was wollen Sie denn eigentlich?« fragt Leinhäuser ihn.

Die Antwort kommt in perfektem Deutsch: »Ich darf Ihnen etwas sagen. Wir verfolgen Sie schon seit über zwanzig Stunden. Es liegt nicht an mir, hier irgend etwas zu entscheiden. Wir finden die Situation nur außergewöhnlich. Besonders in bezug auf die Ware, um die es sich handelt. Wären es Whisky oder Zigaretten, würden wir das nicht so eigenartig finden. Aber hier geht es um eine umfangreiche Waffenladung, die von Bord geht. Wir wurden von unseren zuständigen Behörden aufgefordert, Sie zu verfolgen und zu stellen. Das haben wir getan. Im übrigen habe ich keinerlei Kompetenzen. Wir erwarten weitere Befehle.«

»Sagen Sie Ihrem Funker gleich«, erwidert Leinhäuser, »daß er einen schönen Gruß an den Hafenkommandanten von Odessa schicken soll. Meinen Namen haben Sie ja.«

Leinhäuser hatte zuvor Zigaretten, ›Playboys‹, Nylonhemden und Cartier-Uhren nach Odessa verkauft. »Da kamen die Armeefahrzeuge vorgefahren. Der Kai wurde vom Militär gesperrt. Soldaten haben die Kisten geschleppt. Bezahlt wurde in Dollars.«

Leinhäuser wartet, während seine Bewacher ihn anschauen und einer in gebrochenem Deutsch sagt: »Schlimm, das ist sehr, sehr schlimm.«

Eine halbe Stunde später. Leinhäuser hat seinen zweiten Wodka getrunken, als der Offizier zurückkommt.

»Ja, Herr Leinhäuser. Es ist in Ordnung. Es erfolgt keinerlei Intervention von unserer Seite. Dürfen wir Sie an Bord zurückbegleiten?«

»Gern, danke schön.«

Bevor sich der Offizier von Leinhäuser verabschiedet, reicht er ihm seine Visitenkarte. Leinhäuser hat sie heute noch, als Andenken. Als Leinhäuser wieder auf vertrautem Schiffsboden steht, ist der Laderaum leer. In Rekordzeit haben die Kurden die Kisten mit Gewehren und Munition auf ihre Boote umgeladen.

Dann hören sie, wie die Motoren des sowjetischen Schiffs starten. Langsam schiebt sich das Riesending zurück, um Abstand zu bekommen und dann mit voller Kraft voraus ins weite Schwarze Meer zu fahren. Die Waffen erreichen die türkische Küste, werden auf Mulis umgeladen und verschwinden in den Bergen.

Leinhäuser unterhielt zeitweise sogar zwei eigene Schiffe, die ›Claudia‹ und die ›Margareta‹. Die ›Claudia‹ kostete ihn 320 000 Mark, die ›Margareta‹ 180 000. Das Geld hatte er schon bald wieder in der Kasse – durch ›Umschiffungen‹. Zum Beispiel transportierten seine Schiffe Gewehre und Munition nach Afrika. Der Hintergrund: Leinhäuser war, wie fast alle Waffenhändler, während des Biafrakriegs stark engagiert. Ohne Waffen keinen Krieg. Also erhielt Leinhäuser von der nigerianischen Regierung den Auftrag, zehn Millionen Schuß NATO-Munition, Kaliber 7,62 mm, zu liefern. Und die kann man natürlich nicht an jeder Straßenecke kaufen. Dafür gab es die österreichische Firma Hirtenberger, die die Munition herbeischaffte. In den Papieren stand als Empfänger Peru. Zehn Millionen Schuß Munition, Kaliber 7,62 mm, wiegen etwa 330 Tonnen. Das Schiff, das Leinhäuser zum Transport einsetzen wollte, war zwar gut, nur, für eine Atlantiküberquerung war es nicht ausgerüstet. Also wurden in Bremen zusätzliche Tanks eingebaut, Fassungsvermögen: 20 000 Liter. Das hätte gewiß bis Peru gereicht, aber natürlich war von vornherein klar: Die Ware geht nicht nach Südamerika, sondern nach Nigeria, und zwar nonstop. Alles lief glatt. Die Ware war da. Das auf Peru ausgestellte End-User-Zertifikat ebenfalls, und in Bremen rollten die erwarteten Güterwaggons an, vollbeladen mit Munition.

Derartige Geschäfte kann man nicht an den deutschen Behörden vorbei machen. Außerdem wußten die Behörden, daß Leinhäuser mit solchen Transporten zu tun hatte. Sie kontrollierten das Schiff, überprüften die Dokumente mehrmals und fragten auch beim Auswärtigen Amt in Bonn nach. Die Sache drohte aufzufliegen. Mehr aber nicht, denn, so Leinhäuser, »als sie zu tief in die Sache eingedrungen sind, ist in der Nacht die Baracke abgebrannt, in der die gesamten Dokumente aufbewahrt wurden«. Währenddessen rollten weitere Waggons an, das Schiff war voll und bereit zum Ablegen. Doch noch immer kamen Güterzüge an. Die Firma Hirtenberger mußte etwas falsch verstanden haben. Anstelle von zehn Millionen Schuß Munition lieferte sie zwanzig Millionen. Da stand Leinhäuser nun in Bremen, das Schiff war beladen, und auf dem Bahnhof standen noch Güterzüge, mit einer Fracht, die für ein weiteres Schiff ausreichte.

»Was machen Sie«, fragte er mich, »wenn Sie plötzlich mit zusätzlich zehn Millionen Schuß Munition dastehen?« Die Frage war rhetorisch. Woher soll ich das wissen?

»Nichts war organisiert, nichts klar«, erzählt Leinhäuser.

Die Ratlosigkeit dauerte aber nur kurze Zeit. »Ich habe ein Schiff gekauft, das ich nie zuvor gesehen hatte.«

Von seinem Vertrauten, dem Kapitän des bereits vollgeladenen Schiffs, ließ sich Leinhäuser einen zweiten Schiffsführer empfehlen. Ein Telefongespräch genügte. Kapitän Nr. 2 war bereit und hörte sich die Anweisungen des frischen Eigners an: »Herr Kapitän, gehen Sie schnell an Bord. Wenn Sie mit dem Schiff nach Bremen in den Holzhafen fahren, dann soll mir alles recht sein. Es hat überhaupt keinen Wert, daß ich das Schiff inspiziere. Sie fahren damit, nicht ich.«

Vertraglich wurde, wie unter Geschäftsmännern üblich, alles einvernehmlich geregelt. Das Schiff kam pünktlich im Holzhafen an, es wurde innerhalb einer Nacht beladen.

»Jetzt ging das Theater von neuem los«, beklagt sich Leinhäuser über die Penetranz der Zollbehörden. »Papiere? Die sind doch in der Baracke verbrannt. Da waren alle Genehmigungen enthalten.« Neues Durcheinander. Durcheinander aber auch zwischen dem Empfänger der Munition und Leinhäuser. Es fehlte ein Haufen

Geld, erst 9 von 21 Millionen Mark waren bezahlt worden, und der Broker hielt die Schiffe zurück, obwohl der Boden in Bremen immer heißer wurde. »Die laufen nicht aus, bevor ich mein Geld habe.«

»Wie können Sie uns den Beweis liefern, daß die Schiffe auslaufen?« fragte der Käufer. »Wir haben einen Kontaktmann an der Unterweser postiert. Wir zahlen den Restbetrag, wenn diese Schiffe da vorbeigelaufen sind.«

»Kommt überhaupt nicht in Frage«, antwortete Leinhäuser, den wenig später erneut die Zöllner aufsuchten.

Wäre es nach ihnen gegangen, sie hätten das Schiff beschlagnahmt. Aber sie hatten keine Beweise, und anscheinend duldete Bonn das Geschäft. Was sollten sie machen? Am besten wäre es gewesen, wenn die Schiffe den Hafen so schnell wie möglich verließen. Aber da spielte Leinhäuser nicht mit, da er noch nicht das ganze Geld hatte.

»Also gut«, sagte er den Zollbeamten, »die Schiffe sind ausgelaufen.« Waren sie aber nicht, Leinhäuser hatte sie lediglich vom Holzhafen in den Europahafen geschickt, wo sie zwischen zwei Tankern versteckt lagen.

Spät nachts fuhr Leinhäuser ins Hotel. Zum Schlafen jedoch kam er nicht, da Beamte des Zolls, der Polizei und der Hafenbehörden bereits in der Empfangshalle auf ihn warteten. »Wenn Sie morgen früh nicht auslaufen, dann lassen wir Sie durch Schlepper auf See bringen...« Und: »Wir haben schon viel in Bremen erlebt, aber jemand, der Munitionsschiffe im Europahafen versteckt, das ist uns neu.«

Leinhäuser konnte zufrieden sein, denn die Exportpapiere für die zweite Ladung von zehn Millionen Schuß waren nicht in Ordnung, die Mengenangabe stimmte nicht.

»Unter der Drohung, zwangsabgeschleppt zu werden, ließ man uns auslaufen. Und damit waren wir weg.«

Glück und Unverschämtheit dürften nicht die einzigen Gründe gewesen sein, warum die Sache klappte. Wenn es die Aufgabe Leinhäusers war, »den Handel zu kaschieren, weil das in beiderseitigem Interesse lag«, also auch im Interesse bundesdeutscher Dienststellen, dann war er ein erfolgreicher ›Abwickler‹.

Aber auch die Vorgeschichte des Transports ist bemerkenswert: So unwahrscheinlich es klingen mag, Leinhäuser holte sich das Geld in London ab. Bar. Denn die Österreicher ließen die Ware nur über die Grenze, nachdem sie bezahlt war. Zuvor hatte es einige Kontenbewegungen gegeben. Zuerst kam das Geld über das Bankhaus Schröder in New York, insgesamt waren es 21 Millionen Mark. Über die Lloyd's-Bank in London landete es schließlich bei der dortigen Vertretung der Nigerianischen Nationalbank, wo es Leinhäuser abkassierte.

Sind solche Transaktionen geheim? Kaum. Die beteiligten Banken wissen, um was es geht, sofern sie Akkreditive ausstellen, und das ist bei Exporten fast immer der Fall. Akkreditiv bedeutet, daß der Kunde seine Bank anweist, auf seine Rechnung dem ›Akkreditierten‹ einen bestimmten Betrag zur Verfügung zu stellen und auf Verlangen auszuzahlen. In diesem Akkreditiv steht zwar nicht ›Waffen‹, sondern meist ›technical Products‹, verpackt in soundsovielen Kisten. Im Anhangsvertrag aber findet man Klartext: Technische Güter = zehn Millionen Schuß Munition. Wenn mehrere Banken eingeschaltet werden, könnte es passieren, daß irgendein Sachbearbeiter den Anhang durchliest und das Geschäft auffliegen läßt. Man schließt das Risiko nicht aus, indem man den Akkreditivanhang unter Verschluß hält und ihn erst bei der letzten Bank, die das Geld ausbezahlt, wieder auftauchen läßt.

»Und von all den Bearbeitern der ganzen Kette macht sich keiner Gedanken oder kann keiner beweisen, was sich unter ›technischen Gütern‹ verbirgt. Das können Landmaschinen sein, alles«, erklärt Leinhäuser das Verfahren.

Nachdem sich Leinhäuser vom Direktor der Nigerianischen Nationalbank die 21 Millionen Mark hatte auszahlen lassen, ging er daran, seine Rechnung mit dem Lieferanten zu begleichen.

»Da ich in Österreich Einreiseverbot hatte, habe ich

vom Flughafen aus Hirtenberger angerufen und ihm gesagt: ›Ich habe das Geld dabei. Ich möchte bezahlen.‹

›Wie sollen wir das verstehen? Sie haben keinen Bankscheck?‹

›Nein, die Bank hat mir das verweigert, die Bank hat mir das Geld bar gegeben.‹«

Für Hirtenberger trat ein Problem auf. Die Munition war nicht Eigentum seines Unternehmens, sondern des österreichischen Staats. Deshalb konnte Hirtenberger kein Bargeld akzeptieren; es fällt auf, wenn eine solche Summe nicht per Scheck oder Überweisung transferiert wird.

Abends, gegen 23 Uhr, traf der Vertreter einer Bank, den Hirtenberger geschickt hatte, bei Leinhäuser ein. Aber auch er sah zunächst außerstande, das Bargeld, US-Dollar, englische Pfund und D-Mark, anzunehmen. »Wir nehmen doch nicht 21 Millionen Mark und fahren damit durch die Nacht. Das können wir nicht. Wir können auch nicht dafür gegenzeichnen.«

Leinhäuser hatte es eilig. Er wollte nach Bremen, um den Transport vorzubereiten. In einem Nebenzimmer dann, nachdem der Bankvertreter sich eingelassen hatte, die Summe am nächsten Morgen zum Flughafen zu bringen, wurde das Geld gezählt.

Die Provision in Höhe von zwei Millionen Mark, die er mit der Firma Hirtenberger vereinbart hatte, behielt Leinhäuser gleich ein. Damit bezahlte er unter anderem die beiden Schiffe, die er für die Aktion gekauft hatte.

Rosenkranz und Kanonen oder Helm ab zum Gebet!

Prinz Michel de Bourbon betritt die Bühne. In der Hand hält er eine Sektflasche der Marke ›Miguel de Bourbon‹. Im Gegensatz zu Leinhäuser oder anderen führenden Waffenhändlern lebt er sowohl vom Waffenhandel als auch vom Handel mit Leberpasteten und Champagner, weiß und rot, der bei Besuchen freigiebig gereicht wird. Bourbon ist ein ganz besonderer Typ, ein ideologischer Fanatiker – die exotische Ausnahme in der Szene. Er meint es ernst, wenn er sagt: »Ich habe sicher mehr als jeder Durchschnittsmensch gesündigt. Aber vor dem Jüngsten Gericht, wenn der Herr die Seinen erkennt, kann der Prinz Michel de Bourbon das Gesicht eines echten Christen, eines Soldaten von Christ-König, zeigen.«

Normalerweise wäre ich nie auf den Prinzen gestoßen. Der Zufall wollte es. Bei den Recherchen über die rechtskatholische Organisation Opus Dei geriet ich an ihn. Als in der WDR-Sendung ›Monitor‹ ein Interview mit dem Prinzen über Opus Dei gezeigt wurde, standen die obligatorischen Klagen an. »Wir haben mit diesem Prinzen nichts zu tun«, riefen die Opus-Dei-Leute und gingen gegen ›Monitor‹ und den Prinzen vor Gericht. Mich hat es nicht gewundert, daß Michel de Bourbon, der sich als besonders standhaft betrachtet und meint, der Verkauf von Waffen sei nichts anderes als der von Staubsaugern, seine Erklärungen schließlich dementiert hat. »Wissen Sie«, erklärt er mir später in seinem Salon in der Rue Haussmann, »wenn man die Wahrheit sagt, verletzt man manchmal Gefühle. Aber ich sage Ihnen, ich möchte mich nicht näher zu dieser Angelegenheit äußern. Ich stamme aus einer königlichen Familie, aus den königlichen Häusern von Spanien und Frankreich, und ich werde nicht gegen Rom antreten. Ich bin bereit, dafür eine ehrenhafte Strafe zu zahlen, denn als Katholik unterstütze ich voll und ganz die katholische Lehre.«

Was hatte er so Schlimmes gesagt?

»Wenn wir des Abends unser Gebet sprechen, so, wie ja jeder dies tut, und zu diesem Gebet nicht eine bestimmte Form des konkreten Handels hinzutritt, dann hat ein solches Gebet – für mich jedenfalls – keinerlei Sinn. Denn wenn Sie an Gott glauben und Ihr Gebet an ihn richten, dann muß einfach diesem Gebet die Tat folgen. Und man kann sagen: Opus Dei ist eine Form permanenten Handelns.

Ich glaube einfach daran. Warum? Weil dieses permanente Handeln von der Überzeugung getragen wird, daß Christus dahintersteht. Ich bin gläubiger Christ, und davon ausgehend, meine ich, ist alles möglich. Wenn Sie einer Predigt in der Kirche zuhören, dnan sind Sie gerührt und bewegt. Opus Dei – und ich kann nur wiederholen, Opus Dei hat, so meine ich, recht – Opus Dei ist nicht gerührt. Wenn wir bestimmte Dinge brauchen, dann bekommen wir sie nicht durch eine Predigt, sondern auf andere Weise, wenn ich so sagen darf, und die ist richtig, wenn die Leute anders nicht verstehen.«

Später, nachdem sich Opus Dei vom Prinzen distanziert hat, frage ich ihn: »Opus Dei hat gesagt, Sie seien weder in Frankreich noch in Deutschland, Spanien oder Italien Mitglied dieser Organisation.«

»Ich möchte Ihnen dazu sagen, daß ich sehr gut verstehe, daß das Opus Dei so geantwortet hat, denn das Opus Dei ist unterschiedlich gebaut. Da haben Sie wie in den französischen Nachrichtendiensten die ›wissenschaftlichen Abteilungen‹ (›services scientifiques‹) und die Aktionsabteilungen (›services d'action‹). Im allgemeinen wissen die einen nicht von den anderen, und da ich glaube, daß die Aktionsabteilungen meine Sympathie haben, denn diese Leute arbeiten vor Ort (›sont des gens du terrain‹), sind die wissenschaftlichen vielleicht nicht jederzeit auf dem laufenden. Aber als Prinz von Bourbon – das habe ich gesagt, und ich sage es noch einmal – hätte ich gerne ein Mitglied des Opus Dei mir gegenüber, ob nun ein deutsches oder ein spanisches, damit ich mit ihm von Angesicht zu Angesicht über bestimmte Vorfälle sprechen könnte.«

»Das Opus Dei erklärt trotzdem, es sei nicht wahr, daß Sie Mitglied des Opus Dei seien, weder in Deutschland noch in Frankreich, Spanien oder Italien«, wiederhole ich die Frage.

»Dazu kann ich Ihnen sagen, daß das Opus Dei bestimmte Aktionen durchgeführt hat und bestimmte Absichten bekundet hat, die bestimmten Moralvorstellungen vielleicht widersprachen, und daß es völlig richtig ist, daß man heute nicht bereit ist, sich zu bestimmten Leuten zu bekennen, die – wie soll ich sagen? – in einem bestimmten Rahmen gearbeitet haben.«

»Können Sie sagen, daß es Geschäfte im Rüstungsbereich gegeben hat, die von Opus Dei betrieben oder geleitet worden sind?«

»Ich könnte Ihnen da einige Geschichten erzählen. Das Opus Dei hat zu einer bestimmten Zeit – vor allem während des Biafrakriegs – bestimmte Vorkehrungen getroffen, und ich habe Ihnen recht gegeben, denn als die Aktionsabteilung eingriff, lagen wirklich interessante Bedingungen vor. Dann ist es mit Biafra so gekommen, wie wir heute wissen, und heute wird sich natürlich niemand mehr dazu bekennen. So weit meine Antwort.«

»Weshalb distanziert sich das Opus Dei jetzt?«

»Nun, ich habe es Ihnen erklärt. Das ist wohl die interessanteste Frage. Ich glaube nämlich, daß die katholische Religion heute – wie auch alles übrige – von der Auflösung bedroht ist. Und ich glaube, daß unser Heiliger Vater, der Papst, heute der einzige ist, der eine politische und vor allem eine religiöse Ordnung wiederherstellen kann, die die seine wie die unsrige ist. Wenn ich die Tätigkeit des Opus Dei bisweilen angreife, so deshalb, weil sich das Opus Dei auf die Seite der Lauen geschlagen hat und ich nicht glaube, daß die Zukunft den Lauen gehört. Ich nutze meine Stellung als Prinz von Bourbon, als Abkömmling eines Geschlechts mit tausendjähriger Geschichte, um ganz einfach zu sagen: Wenn wir keine Religion mehr haben, gibt es überhaupt nichts mehr. Deshalb meine ich, daß das Opus Dei sich wie bestimmte Staatschefs, vor allem Giscard d'Estaing, den Sie ja kennen, und eventuell Mitterrand, um eine Menge politischer Stimmen zu sammeln, lau gibt und sich deshalb in der Mitte, der linken Mitte, ansiedelt. Dazu will ich nur sagen, daß der Papst rechts stehen und ein Mann der Hierarchie und der Caritas sein muß. Und ich glaube, daß wir dem heutigen Willen der Völker entsprechen, wenn wir einen Sprung nach vorn tun wollen.«

Des Prinzen Antwort auf meine Frage, ob er Namen von Personen nennen könne, die wie er im Zusammenhang mit Opus-Dei-Mitgliedern und Waffengeschäften wichtig seien: »Lassen Sie mich sibyllinisch antworten. Wäre ich in einem Nachrichtendienst, und stellten Sie mir diese Frage, wie also meine Gefährten heißen, würden Sie es dann verstehen, wenn ich Ihnen darauf antwortete? Das ist meine Antwort!«

Eigentlich verstand ich nichts mehr, und die Wahrheit wird wohl nie ans Tageslicht kommen, sofern es überhaupt eine gibt. Aber für mich war die Opus-Dei-Geschichte sowieso nur ein Einstieg in das Geschäft des Prinzen. »Ist es eigentlich einfach für Sie, Waffen zu verkaufen: Kanonen, Panzer, Flugzeuge, oder ist das für Sie eher ein Abenteuer?«

»Für mich ist es ein Abenteuer. Es ist heute nicht einfach, militärische Waffen zu verkaufen. Sie haben die beiden Großmächte, die USA und die Sowjetunion, die auf allen Gebieten konkurrieren, und dies besonders im Rüstungsbereich. In diesem Bereich sind wir die kleinen Mäuse in einer Industrie, die immer noch büht. Wir gehen davon aus: Wenn du den Frieden willst, bereite den Krieg vor. Und diesem Prinzip zufolge kaufen alle Länder Waffen. Aber zwischen den Geschäften der Großmächte gibt es immer einen Platz für die kleinen Mäuse, um sich zu etablieren, damit wir den Leuten helfen können, die wir mögen.«

Dieser Prinz, für den das Waffengeschäft ein Abenteuer ist, schaut auf eine lange, skandalträchtige Vergangenheit zurück.

Da ist zum Beispiel der Ahnenstreit: Es gibt nämlich noch einen Prinzen Michel de Bourbon, den man aber auch Herzog von Parma nennen darf. Er ist Abkömmling eines Enkels Ludwigs XIV., der als Philip V. in Spanien regierte. Er lebt ebenfalls in Paris. Daß er immer wieder mit seinem anrüchigen Namensvetter verwechselt wird, ärgerte ihn derart, daß er gegen ihn klagte. Eine Titelanfechtung unter Blaublütern.

Ich verstehe, es ist zum Verzweifeln, wenn bei einem Empfang des iranischen Botschafters der eine Prinz einen verwirrten Botschafter sieht, der ihm sagt: »Der Prinz de Bourbon ist doch schon da.«

Die Titelanfechtung des Parma-Prinzen war erfolglos. Der Waffenhändlerprinz konnte nachweisen, daß sein direkter Vorfahre, José Antonio de Bourbon, Grande de Brasil, zum Comte de Ipanema ernannt wurde und er somit rechtmäßig den Titel führt.

»Ich habe einen doppelten Titel: Prinz de Bourbon, weil ich ein Bourbone bin, und Graf Ipanema de Moreira, einen Titel, den mein Urgroßvater durch Adelsbrief vom Kaiser von Brasilien erhielt. Bourbone bin ich, weil mein Ahne vom spanischen König Carlos IV. de Bourbon abstammt . . .«

Die Ahnenreihe scheint kein Ende zu nehmen, und bald kann ich nicht mehr folgen. Dabei ist Michel de Bourbon einsichtig genug, um zu erkennen, wie so manche Titel zustande kommen. »Wenn wir sagen, wir haben eine tausendjährige Geschichte, dann weiß man nie so genau, von wem wir wirklich abstammen. Das ist eine Frage, die ich dem Herrn Bourbon-Parma stellen möchte. Denn ihn, der seinen Prinzentitel so heiß verteidigt, möchte ich fragen, ob er weiß, woher er wirklich stammt.

Nehmen wir einmal das Haus von Braganz, das ich sehr schätze. Damit sich dieses Haus das Haus von Frankreich einverleiben konnte, war ein Inzest notwendig.«

Bourbon sagt vieles mit einer Unverfrorenheit, die schon wieder sympathisch wirkt.

Inzwischen zieht er sich allmählich aus dem Waffengeschäft zurück und widmet sich verstärkt seiner Champagner-, Cognac- und Leberpastetenproduktion, die wegen ihrer ›Qualität‹ in die USA exportiert wird. 250 Millionen Francs Umsatz pro Jahr machen seine Betriebe.

»Ob es nun Waffen- oder Zivilgeschäft ist, ich diene immer voll und ganz. Denn ich bin ein Mann von Qualität. Ich war immer unter den ersten.«

Die absolutistische Politik Ludwigs XIV. muß irgendwie auf diesen Prinzen abgefärbt haben. »Der Staat bin ich« – Bourbon wäre begeistert, wenn einer käme, um diesem Grundsatz gemäß zu handeln. Als Monarchist trauert er den verlorenen Zeiten nach, jedoch würde er für seine Überzeugung nicht auf die Straße gehen. Das macht quasi stellvertretend für ihn der französische Faschistenführer Le Pen von der Front National.

Die politische Seele eines Waffenhändlers wird im allgemeinen nicht durch fortschrittliche, demokratisch-aufklärerische oder liberale Ideen belastet. Aber Michel de Bourbon verblüfft in seiner Rigorosität sogar manch einen seiner Geschäftspartner, obwohl seine Gedanken durchaus folgerichtig sind. Bourbon ist ein Rassist, kein heimlicher, sondern ein geradezu unheimlich offener. Und er ist konsequent: Früher kaufte er nur Mercedes-Autos, aber seit geraumer Zeit fährt er Rolls-Royce.

»Wissen Sie, seit wann ich Rolls-Royce kaufe? Seitdem Sie italienische Gastarbeiter bei Mercedes haben.«

Dann kommt er zur Sache: »Wenn Sie hier in Frankreich ausländische Arbeiter haben, können Sie für nichts mehr garantieren. Sie haben nicht mehr die Freiheit, ihnen etwas zu sagen. Entweder Sie zerschlagen diese Mäuler, oder Sie kriegen Ihr Maul zerschlagen. Wählen Sie, das ist die Wahrheit.«

Ein Ausspruch Bourbons hat es mir besonders angetan: »In der einen Hand halte ich eine Bombe, in der anderen einen Rosenkranz. Ich bin ein tiefgläubiger Mensch.«

»Beschreibt das Ihre Philosophie?« will ich von ihm wissen.

Wir sitzen bei ihm zu Hause im Salon. Seine Frau, eine

geborene de Broglie, die gerade nach Hause gekommen ist, schaut vorbei und winkt ihrem Mann zu, der in seiner linken Hand ein Glas Champagner hält.

»Ich bin gläubig, Katholik, und habe eine Ausbildung zum militärischen Waffentechniker absolviert. Ich glaube, wenn man Gott bittet, daß er uns beisteht, dann können wir gut die Leute ausschalten, die nicht unsere Meinung teilen. Von da aus gesehen, bin ich ein Extremist der Rechten. Denn ich glaube, daß nur die Rechte recht hat. Die Linke ist für mich Anarchie, und in der Anarchie wird nichts produziert, vollbracht. Ich bin für eine frei akzeptierte Disziplin, die mit einem Ideal verbunden ist, und das ist christlich. Wenn man Christ ist, gibt es nur Gott, der existiert, und sonst gar nichts.«

Bourbon sagt auch: »Ich fühle mich wohl in meiner Haut als Waffenhändler. Ich bin in meinen Geschäften von französischen Ministern konsultiert worden und habe für sie jahrelang internationale Waffengeschäfte getätigt.«

Michel de Bourbon ist nicht der einzige Waffenhändler, der sich als überzeugten und tiefgläubigen Christen bezeichnet. Helmut Aitonitsch gehört auch dazu. Er meint: »Ich brauch' Ihnen nicht zu sagen, was der Vatikan alles finanziert. Schauen Sie, ich glaube, das liegt in der Sache der christlichen Kirche. Denn gar so harmlos waren die Urchristen auch nicht. Das war ein sehr wehrhaftes Volk.«

Ich stelle die Frage, ob die Kirche direkt an Waffengeschäften beteiligt sein könnte.

»Ich weiß davon«, sagt Aitonitsch, »aber ein Beispiel will ich nicht nennen.«

Leinhäuser ist da offener und auch nicht so religiös gesinnt wie Aitonitsch oder Bourbon.

»Helm ab zum Gebet«, kommentiert er die Frage. »Wir haben Militärseelsorger auf beiden Seiten. Hier wird das Gebet als Waffe benutzt. Wem soll Gott recht geben?«

»Kann man sagen, daß die katholische Kirche direkt etwas mit Waffen zu tun hat?«

212

»Höchstens auf der Produktionsseite.«

»Verstehe ich nicht – Produktionsseite«, antworte ich.

»Ja, daß von der Kirche gehaltene Unternehmen und Institutionen sich auf direktem oder indirektem Wege an großen Waffenproduktionen beteiligen.«

Er nennt zwei Beispiele: die Rüstungsfabrik Santa Barbara in Spanien und das Brüsseler Unternehmen PRB. »Das ist ein belgischer Waffenproduzent, der hauptsächlich Explosivstoffe herstellt, bis hin zur Granate. Da ist der Vatikan drin, sehr direkt.«

»Mit Kapitalbeteiligungen?«

»Mit Kapitalbeteiligungen. Weil doch letztendlich der die Macht hat, der das Kapital hat. Die Geschäftsführung kann nur unter dem Druck desjenigen entscheiden, der die Macht in Händen hat.«

Das Aktienpaket in der einen Hand muß aber nicht unbedingt bedeuten, daß sich in der anderen Hand ein Gewehr oder eine Bombe befindet.

Leinhäuser schmunzelt. »Die Kirche verteidigt ihre Bastionen in Afrika nicht nur mit dem Gebetbuch, sondern auch mit der Waffe.«

»Mit der Waffe?« frage ich erstaunt.

»Absolut mit der Waffe. In Namibia ist das der Fall. Dort leben überwiegend deutschstämmige Ansiedler, und da gibt es ganze Organisationen, die von der alten, stabilen Kirche geleitet werden. Da gibt es eine Kirche, wie wir sie heute in Europa gar nicht mehr kennen. Von der Kirche aus, ich habe das selbst erfahren, wird an die Farmer Geld ausgegeben, das dazu dient, Waffen zu kaufen, unter dem Vorwand, damit ihre Farmen und den Gottesdienst zu schützen. Das geht dann rundum. Es ist eine Separatistenbewegung, die sich mit Waffen gegen jeden äußeren Einfluß schützt. Ich kann Ihnen da etwas Interessantes erzählen: Vor drei Jahren haben die ein besonderes Gewehr gekauft, mit 10er Schrot. Das Ding ist schlimmer als eine Maschinenpistole, weil es unheimliche Löcher schießt. In allen Fabriken, die diese Waffen herstellen, gab es Engpässe, weil sie von Südafrika aufgekauft wurden.«

»Was hat das mit der Kirche zu tun?«

»Das ist von der Kirche finanziert worden, der katholischen Kirche.«

»Geht so etwas ohne Wissen des Vatikans?«

»Kann ich mir nicht vorstellen. Den besten Geheimdienst der Welt hat der Vatikan.«

»Welche Interessen hat die Kirche denn in Afrika?«

»Da hat die Kirche große Interessen, die sie auch verteidigt. Was das ganze nördliche Südafrika angeht, den ganzen Raum Moçambique, das waren Einzugsgebiete der katholischen Kirche, die zunehmend durch den aufkommenden Kommunismus verlorengegangen sind, der ja antiklerikal eingestellt ist. Viele Klöster mußten geräumt werden.«

Mit Michel de Bourbon traf ich mich noch ein weiteres Mal. Diesmal wollten wir zum Versailler Schloß. Weil wir zu bequem waren, das Auto auf dem Parkplatz abzustellen, versuchten wir, die 200 Meter direkt bis zum Schloßeingang zu fahren. Zwei Polizisten hielten uns auf. Bourbon stieg aus. »Ich bin Prinz Michel de Bourbon«, sagte er und zeigte den Polizisten seinen Ausweis. Besonders beeindruckt waren sie nicht, daß vor ihnen ein leibhaftiger Abkömmling der Bourbonen stand. Wir wären nicht weitergekommen, hätte ich nicht meinen Presseausweis vorgezeigt.

So, als wäre es sein Besitz, schritt Bourbon durch den Park, in dem kaum noch Touristen waren.

»Wenn Sie die Macht hätten, wie würden Sie Politik machen?« frage ich ihn auf den Treppen zum Schloßeingang.

»Wenn ich die Verantwortung für ein Land hätte, wäre ich ein Mann guten Glaubens. Ich habe nach Rom geschrieben, um mich über die fehlende Courage gewisser Personen zu beklagen. Denn heute ist es keine Kirche der Kraft und der Wahrheit mehr. Unser polnischer Papst ist der einzige, der den Mut hat, Richtlinien zu geben, und meine Beziehung zur Kirche erhält sich durch den Papst.

Aber andere Priester sind für mich oft Linke, die in der Kirche Einzug halten. Der Priester hat keine Kraft mehr, sich auszudrücken. Ich finde meinen Mut wieder durch die Opfer der libanesischen Priester, die den Libanon verteidigen. Denn sie stehen in der vordersten Linie und verstopfen sich ihre Ohren, während sie mit Maschinengewehren schießen. Diese Priester sind Heilige für mich.«

Das dürfte auch der Grund sein, warum Bourbon Waffen an sie liefert. Eine präzise Antwort auf die Frage, was für eine Politik er betreibe, falls er, was Gott verhüten möge, an die Macht käme, hat er mir nicht gegeben. Vielleicht eine indirekte: »Wenn sie von der Gleichheit der Völker sprechen, kann ich nur sagen: Es gibt keine Gleichheit. Weder unter den Menschen noch unter den Völkern. Es gibt starke Völker, die dominieren und stärker sind, weil sie die Kraft haben, die das Universum dirigiert. Es gibt afrikanische Völker, die heute in ständiger Revolution leben. Unsere Rasse ist meiner Meinung nach wichtiger. Die schwarze und gelbe Rasse ist nicht die gleiche wie unsere. Es gibt eine Hierarchie der Intelligenz und der Farbe. Ich will nicht sagen, daß ich Rassist bin. Wir sind jüdisch-christlich. Das jüdisch-christliche Ideal verbindet die weiße Rasse. Und ich muß Ihnen sagen, die Qualität Europas mindert sich mit der Zahl der Einwanderer, deren Wertmaßstäbe ganz anders als die unsrigen sind.« Und dann folgt ein längerer Vortrag über die Minderwertigkeit anderer Rassen.

»Welchen politischen Führer aus der Vergangenheit oder aus der heutigen Zeit würden Sie bevorzugen? Welcher ist für Sie der richtige Mann?«

»Wir sind hier im Garten meiner Vorfahren. Wen ich von allen am meisten bewundere, ist natürlich Ludwig XIV., der Sonnenkönig, der mich sicherlich hört und der mir bestimmt recht gibt. Denn er war ein Mann von großer Intelligenz. Und ich sage Ihnen, wegen Ludwig XIV. und für ihn erwarten wir für Europa – ich sage nicht, einen großen König, da die Monarchie vorbei ist, aber ich denke an einen großen Chef. Auf den warten wir.«

Der Mann, den er sucht, scheint Le Pen zu sein. Für Bourbon vereinigt er alle Tugenden, die ein Politiker besitzen muß. »Er ist ein Mann des Volkes, er hat gute Ideen, ist gläubig, glaubt an das Vaterland, an Arbeit und Familie.«

Zwischen dem Bourbonenprinzen und dem Rechtsradikalen gibt es mehr als die Übereinstimmung bei der Beschwörung abstrakter Ideale. Le Pen, erzählt der Prinz, ließ in Algerien einen Gefangenen vierteilen, weil der nicht bereit war, Informationen zu liefern.

Bourbon ist ein Verfechter der Inquisition. »Die Leute sind frei, um eine Arbeit perfekt auszuführen«, beginnt er seine Ausführungen. Diesmal sitzen wir in seinem Büro. Die Wandkonsole über dem Kamin ist beladen mit Champagnerflaschen, diversen Leberpasteten in Dosen und Parfümflacons.

»Wenn sie das nicht tun, muß die Inquisition auf sie herabkommen und sie bestrafen, und zwar entsprechend des Verhaltens des einzelnen. Wenn jemand seine Arbeit nicht nach Anordnung befolgt hat, muß er bestraft werden. So ist das Leben.«

Bourbon nippt an seinem Champagner – trocken und rot.

»Man soll ihm nicht das Gehalt vorenthalten. Das wäre keine Strafe. Man muß ihn bestrafen. Die Zeit der spanischen Inquisition ist vorbei. Aber man muß über das Physische hinausgehen.«

Und später: »Ich sage es Ihnen geradeheraus: Alle, die sich nicht dieser Aktion anschließen, müssen unterdrückt werden oder dazu gebracht werden, der Sache zu dienen. Wenn nicht willig, dann mit Gewalt.«

Dem Prinzen, der Vivaldi und junge Mädchen liebt, machen keine selbstkritischen Zweifel zu schaffen. Wäre es vermessen zu behaupten, daß er ein Träumer oder Fanatiker ist?

»Wegen meiner Rolle in der Demokratie habe ich keine Schwierigkeiten. Ich bin Industrieller. Wir haben letztes Jahr 250 Millionen Francs Umsatz gemacht. Das ist Demokratie. Für mich bedeutet es auch, mit der Vergangenheit verbunden und dennoch auf die Gegenwart und Zukunft gerichtet zu sein. Ich bin Geschäftsmann – aber mit einem Ideal.«

»Was würden Sie denn machen, wenn Ihre Kinder in die Kommunistische Partei einträten?«

Die Frage amüsiert ihn. »Ich, als Bourbone von Spanien, sage Ihnen, daß ich Verwandte verschiedener Ideologien habe, auch kommunistische. Wenn diese Verwandten zum Dinner kommen, sagen wir: ›Ach, da kommt ein Kommunist zum Essen!‹ Aber ich weiß auch, daß er ein Bourbon ist. Wenn meine Kinder diesen Weg wählen sollten, werde ich sie nicht daran hindern. Aber ich tue, was ich kann, um ihnen die Vorstellung von Macht und Nächstenliebe zu geben.«

Während ich mir über den Widerspruch dieser Antwort zu seinen bisherigen Bemerkungen über Toleranz Gedanken mache, flirtet Bourbon mit Sonja. Sonja hat mich mehrmals zu Bourbon begleitet, weil sie perfekt französisch spricht und weil eine elegante Frau bei Bourbon immer Eindruck hinterläßt. Es dauert auch nicht lange, und der Prinz macht ihr auf außerordentlich galante Art den Hof. Er lädt sie auf eines seiner Anwesen ein. »Soll ich annehmen?« fragt sie mich, obwohl Bourbon, sieht man von seinem vornehmen Habitus ab, nicht unbedingt Sonjas Geschmack ist. Aber Handkuß, Champagner und intensive Zuwendung bleiben nicht ohne Eindruck.

»Natürlich mußt du annehmen«, rate ich ihr. »Vielleicht erzählt er dir, wenn er locker ist, etwas mehr über seine Geschäfte.« Das ist dann doch zu berechnend. Sonja lehnt die Einladung ab, sehr zum Bedauern auch des Prinzen.

Er zeigt ihr seine Familienalben. Da sind Fotos aus seiner Zeit während des Indochinakriegs, als dekorierter Fallschirmjäger aus Kambodscha, wo er für Prinz Sihanouk in geheimer Mission tätig war, und Hochzeitsbilder. Letztere nimmt er zum Anlaß, vor allem darauf hinzuweisen, daß höchste Adelsgeschlechter zugegen waren. Wir sehen auch kleine Mädchen in rosa Spitzenkleidern, die im

Dome des Invalides Blumen vor das Brautpaar streuen, und Bourbon mit Frau, wie sie in ihren Rolls-Royce einsteigen. Sonja bekommt rote Wangen. In diesem Ambiente fühlt sie sich wohl. Vielleicht liegt es auch am Champagner.

Während die beiden sich weiter Fotos anschauen, denke ich an eine Demonstration der Front National, die vor wenigen Tagen stattgefunden hat. Am 8. Mai 1985 versammelte sich Le Pen mit seinen Anhängern am Place de la Concorde. Umschwärmt von Fernseh- und Fotoreportern marschierte der Vorsitzende, eingerahmt von seinen blonden Töchtern und dickbäuchigen Parteibonzen, zum Denkmal von Jeanne d'Arc, die im Jahr 1429 die Engländer geschlagen hat.

Zu beiden Seiten des Demonstrationszugs schürten die Anhänger Le Pens die Stimmung, überall, wo er mit seinen Gefolgsleuten auftauchte, ertönten schon die rhythmischen Rufe »Freiheit für Frankreich!«. Die Inszenierung mit diesen sogenannten Zuschauern, die Le Pen feierten, war perfekt. Im Demonstrationszug selbst waren alle sozialen Schichten vertreten, vornehm gekleidete Damen und Herren genauso wie in schwarze Monturen verhüllte militante Jugendliche.

Vor dem Denkmal Jeanne d'Arcs postierte sich Le Pen, während Ordner die vorbeidefilierenden Massen zu ihren Plätzen dirigierten. »Le Pen, Le Pen, Le Pen.« Verzükkung in den Gesichtern. Jovial winkte der Führer seinen Anhängern zu, auch jenen Jugendlichen, die im Stechschritt an ihm vorbeimarschierten. Am Schluß des Zugs liefen Nonnen, auf den Kutten rote Herzen, singend und betend, und dann kamen wieder Jugendliche, uniformiert, in schwarzer Lederkleidung. Voran einer zu Pferd, während hinter ihm, im Kübelwagen, der Hitlergruß in den regenverhangenen Himmel gereckt wurde. »Freiheit für Barbie!« war einer ihrer Schlachtrufe. Als Fotografen diese fanatisierenden Jugendlichen ablichten wollten, schlug man ihnen die Kameras aus der Hand. Keine Polizei, keine Gegendemonstranten waren zu sehen. Die

Straße gehörte den Rechten und Rechtsradikalen. Sie befinden sich im Aufwind.

Das ist die politische Bewegung, der sich Prinz de Bourbon zurechnet. Sollte sie einmal Waffen benötigen, der Prinz wäre vielleicht zur Stelle.

Könnte Bourbon wirklich Waffen liefern, wenn sie für Bürgerkriege benötigt würden?

»Mein Waffenkatalog reicht von Teilen von Maschinengewehren, Pistolen, Granaten bis zur Munition diverser Kaliber – alles, um einen kleinen Krieg zu führen.«

An jeden liefert er nicht. Ein Verteidigungsminister der sozialistischen Regierung hätte es schwer. Auch das unterscheidet ihn von seinen Kollegen. Die machen ihre Geschäfte mit allen, wobei Ostblockländer natürlich nicht zu den Massenabnehmern gehören.

»Der Verteidigungsminister«, erklärt Bourbon, »hatte mich gebeten, daß ich mich um gewisse internationale Geschäfte kümmern sollte. Ich habe es sogar abgelehnt, ihn aufzusuchen. Wir haben ja ein Wörtchen mitzureden. Und wenn ein Waffenhändler bestimmte Kunden nicht beliefert oder nicht für sie arbeiten will, dann macht er das nicht.«

Er sieht sich ganz als Patriot: »Ich akzeptiere kein Abenteuer, wenn ich die Sache nicht billige. Vielleicht bin ich ein Söldner. Aber mit dem Recht und der Aufgabe, meinen Auftraggeber selbst zu wählen. Ich würde nie einem Feind Frankreichs dienen. Die Basken beispielsweise wollten von mir 400 Herstal-Pistolen kaufen. Aber ich könnte nie ein Regime beliefern, das gegen meine Überzeugung ist.«

Oder: »Ich bin Gefangener meiner Loyalität.«

Das wichtigste Attribut dieses Mannes, neben seiner adeligen Herkunft, ist sein Notizbuch. »Wichtig für meine Arbeit ist das Notizbuch, mit Adressen von Bankverbindungen, Informationen über Diplomaten, Geschäftsleute, Flugverbindungen, diskrete Restaurants und Strafregister.«

Einige seiner Kollegen meinen, daß er nicht mehr ganz

auf dem Boden dieser Erde stehe. Das mag sein. Nur stammen die Waffen, die er liefert, nicht vom Himmel, sie führen allenfalls dorthin. Er beliefert jene, deren politische Überzeugung ihm paßt. Hat es vielleicht etwas zu bedeuten, wenn unter den wenigen deutschen Wörtern, die er gut aussprechen kann, »ach, mein Gott« ist?

Firmen, die es nicht gibt

Es gibt Unternehmen, die auf ihren Firmenschildern verkünden, daß sie technische Produkte herstellen, in Wirklichkeit handelt es sich um Waffen. Und es werden Export-Import-Firmen aufgebaut mit dem Ziel, nur eine einzige Waffentransaktion durchzuführen.

Günther Leinhäuser hat dieses Versteckspiel mehrfach praktiziert. »Ich habe in der Bundesrepublik selbst eine Akkumulatorenfabrik gebaut. Diese fabrizierte offiziell Lkw-Akkumulatoren, aber es war nicht ein einziger echter dabei. Wenn man den Akku ansah, merkte man nichts.«

Um etwas zu sehen, mußte man die Umhüllung der Akkus öffnen. In jedem lagen 4300 Schuß Munition. Davon haben viele Beteiligte gewußt. Sie haben geschwiegen. Auch die Arbeiter des Betriebs?

»Natürlich reden Arbeiter. Wenn ein Arbeiter zuviel redete, wurde er diskret entfernt.«

Irgendwann hatte die Polizei, trotz aller Bemühungen, die Tarnung aufrechtzuerhalten, von dem seltsamen Unternehmen gehört. Sie rückte an. »Nur, als die Polizei ankam«, freut sich Leinhäuser, »war nichts mehr da.«

»Heißt das«, frage ich, »daß die Behörden nichts davon wußten?«

»Natürlich wußten die Behörden davon. Man kann sie nicht für so dumm verkaufen, daß sie eine solche Aktion vorbereiten, überhaupt nichts mehr vorfinden und dann trotzdem nichts gegen mich unternehmen.«

Leinhäuser konnte sich bei solchen Unternehmungen auf seine Erfahrungen stützen. In Thailand machte er während des Vietnamkriegs das gleiche. Fabrikationshallen und alles andere waren da. Der Hintergrund: »Es ging darum, gewisse befreundete Gruppen im benachbarten Ausland zu unterstützen, ohne daß die Regierung ein direktes Engagement einging; also ohne daß man ihr direkt den Vorwurf machen konnte, daß von Regierungsseite Waffen in das Land geschickt wurden.«

Der Vorschlag stammt von Offizieren der thailändischen Armee, der Gouverneur hatte sie unterstützt.

»Das geschieht in einer Art Flüsterpropaganda. Sie schicken Ihre Emissäre los, um auf dem Markt zu ermitteln, wer den Ruf hat, eine solche Sache aufzubauen. Einer stellt den anderen vor, bis man eben dran ist, und natürlich sagt man nicht nein.«

Leinhäuser erhielt folgendes Angebot: »Sie bekommen 300 000 Dollar. Mit diesem Betrag müssen Sie eine Fabrik aufbauen, die ganz normal funktionieren soll. Die Fabrik muß über eine große Stahlkammer verfügen, damit die Waffen, die in Bangkok unter falscher Bezeichnung angelandet wurden, dort eingelagert werden können.«

Leinhäuser baute die Fabrik, und dann schmierte er die Zöllner. »Man muß sich ja persönlich darum kümmern, immer die richtige Person zu haben, damit nicht der kleine falsche Zöllner, der keine Ahnung hat, hier seinen großen Tag hat.«

Mit Lkws wurden die Waffen – in den Papieren stand ›Werkzeugmaschinen‹ – in die Stahlkammer der Fabrik gefahren und danach an die einzelnen Gruppen verteilt, die sie benötigten. Gelagert wurden in der Fabrik vor allem Gewehre und Maschinengewehre. Einschränkungen, was die Qualität der Waffen betraf, mußte Leinhäuser in Kauf nehmen: »Zum Beispiel wurde die polnische Random verlangt, die ein 38er Kaliber hat. Diese Munition gibt es überhaupt nicht mehr. Das ist ein veraltetes Kaliber wie auch die alte spanische Astra. Die haben gesagt, wir wollen die Stämme entlang der Grenze nicht mit demselben Kaliber bewaffnen wie unsere Militärs. Sonst könnten die sich ja über uns mit Beutewaffen versorgen. Wir kontrollieren diese Stämme entlang der Grenze, indem wir ihnen nur bestimmte Waffen übergeben. Da durfte man keine 9 mm liefern, aber die alten 38er, und es ist eben nur sehr begrenzt Munition dafür zu finden.« Kurzum, die Stämme bekamen alte Waffen und nur begrenzte Munition – damit sie ständig unter Kontrolle gehalten werden konnten.

In größeren Transporten kamen die Waffen an, um in kleinen Portionen weitergegeben zu werden. Nachts fuhren kleine Boote vor, luden maximal eine Tonne und tukkerten zurück in den Urwald.

Diese Firma existiert übrigens heute noch. Leinhäuser hat sie nach Abschluß der Aktion an eine schweizerisch-thailändische Gesellschaft verkauft.

»War das mit dieser Fabrik eine Ausnahme?« will ich von ihm wissen.

»Ich habe eine zweite Firma aufgebaut, und zwar eine Fabrik zur Montage von Bügeleisen, auf der Insel San Vincente in der Karibik. Die Fabrik ist zwar gebaut worden, aber dann wurde plötzlich alles gestoppt. Ich habe, was da gebaut und was da installiert worden ist, einfach stehengelassen und bin weg.«

»Für was ist sie gebaut worden?«

»Als Zwischenlager für Waffen, die in den süd- und mittelamerikanischen Raum gehen sollten.«

Geplant und finanziert wurde diese Fabrik, die eine halbe Million Dollar kostete, von der amerikanischen Regierung. »Die Sache wurde ja gestoppt, und nie wieder hat ein Mensch nach der halben Million Dollar gefragt.«

Er trauert heute noch seiner Ehrlichkeit nach. »Richtig wäre es gewesen«, meint er, »wenn ich die halbe Million Dollar in die Tasche gesteckt und gar nichts gemacht hätte.« Leider wußte er vorher nicht, daß die Fabrik nie benutzt werden würde.

Der Heilige Krieg als Absatzmarkt

Auf der Suche nach dem derzeit profitabelsten Absatzmarkt für Waffen stößt man sofort auf den Krieg zwischen dem Iran und dem Irak. Die Experten streiten sich darüber, ob der Iran von Israel oder Südafrika Waffen erhält, und sie wissen, daß dem Irak Waffen aus den USA, Frankreich, Italien und der Bundesrepublik geliefert werden.

Waffen braucht vor allem der Iran, und zwar alles, was es gibt. Wobei auch 100 000 Packungen des Aufputschmittels Captagon, die er 1985 in der Bundesrepublik gekauft hat, dazugezählt werden können. Beobachter entdeckten im Sommer 1985 auf dem Bremer Überseehafen mehrere hundert Militärlastwagen, die für den Irak bestimmt waren. Absender war die Firma Steyr-Daimler-Puch. Österreichische Firmen beliefern aber auch den Iran.

Der Iran sucht derzeit Panzer des amerikanischen Typs 48. Diese können heute allenfalls noch als Artillerieersatz verwendet werden. Sie sind schon recht betagt. »Die schießen zwar«, klärte mich Aitonitsch auf, »können aber nicht mehr die Türme bewegen. Aber als Artillerie, eingebuddelt in der Erde, sind sie nicht schlecht.«

Da alles lieferbar ist, benötigt der Iran lediglich Geld. Wobei die Perser häufig die Erfahrung machen mußten, daß viel Geld für viel Schrott bezahlt wird – wie beim M 48. Khomeini-Abgesandter Sadegh Tabatabai reiste 1985 nach Europa und fand auch bald einen Anbieter, einen Schweizer. Als Käufer trat die Firma Botco Limited in London auf, deren Geschäftsführer Tabatabai war. Später wurde diese Firma durch eine andere namens Wedemex abgelöst, mit Niederlassungen in Düsseldorf und London. Im Juli 1981 unterbreitete der Schweizer sein Angebot: Fünfzig M-48-Panzer zum Preis von 130 Millionen Schweizer Franken. Die Iraner waren einverstanden, nachdem ihnen ein echtes Versicherungszertifikat und ein gefälschtes Konnossement (Bestätigung des Kapitäns, daß eine bestimmte Ware auf dem Schiff verladen ist) vorgelegt worden waren.

Aber die ›Timandra‹, die angeblich mit Panzern von Genua nach Dubai unterwegs war, existierte nicht. Das jedoch stellte sich erst heraus, nachdem die Botco Limited im Oktober 1981 neunzig Millionen Franken an den Schweizer ausbezahlt hatte. Jetzt wird prozessiert.

Häufiger aber werden Waffen wirklich ge- und verkauft. Über die Firma Mundial in Wien, um ein Beispiel zu nennen. Erdem T. hat mir von diesem Unternehmen erzählt. Mundial in Wien ist, so Erdem, eine Tarnfirma iranischer Waffenaufkäufer. Auf der verzweifelten Suche nach Ersatzteilen für den Motor des M-60-Panzers wandte sich Mundial an die italienische Firma Officine Marconi SPA in Curtatone. Wie die Bundesrepublik dürfen italienische Rüstungsfabriken nicht in den Iran liefern. Was die Firma jedoch nicht daran hinderte, die gewünschten Ersatzteile im Wert von 168 452 Dollar an den Iran zu verkaufen.

Komplette Motoren sind ebenfalls gefragt – und sie werden auch geliefert.

»Da gibt es einen deutschen Motor«, erzählt ›Wenzel‹, der zu dem Panzer paßt, und der wird auf der Grundbasis eines MAN-Motors von einer verhältnismäßig kleinen Motorenfabrik umgebaut, so daß er nach dem Umbau dem Continental-Motor für den M 48 entspricht. Der Auftrag über insgesamt 250 Motoren wurde im Herbst 1984 in Luxemburg abgeschlossen.« Der Vorteil des Aggregats ›made in Germany‹: Er hat die dreifache Lebensdauer des amerikanischen Originals.

Inzwischen sind die Panzermotoren geliefert, nachdem es zuvor eine heftige Auseinandersetzung zwischen verschiedenen Waffenhändlern gab. ›Wenzel‹ berichtet: »Die Iraner feilschten erst unheimlich lange um den Preis herum. Das kommt dadurch, daß gewisse Broker den Preis für einen M-48-Motor mit 96 000 Dollar angeben, frei Hafen Iran. Aber für 96 000 Dollar kann kein Mensch einen Dieselmotor für dieses Fahrzeug in den Iran liefern, der Minimalpreis liegt zwischen 120 000 und 125 000 Dollar. Da kann man liefern, wobei es sich um überholte Panzermotoren handelt. Die neuen Motoren liegen mit Getriebe sogar um die 150 000

Dollar. Und dadurch sind die Iraner verunsichert gewesen.«

Verständlich. Die einen Broker machen ihnen ein Angebot für 95 000 oder 110 000 Dollar, während die anderen 150 000 Dollar verlangen. »Ich habe auch drei Gespräche mit Leuten geführt«, sagt ›Wenzel‹ abfällig, »die die Dinger für 75 000 Dollar angeboten haben. Wenn sie (die Iraner; Anm. d. Verf.) dann das Kapital auf den Tisch gelegt haben beziehungsweise den Kapitalnachweis, waren die Motoren plötzlich verkauft.«

Samuel Cummings hebt die Frage mehr auf die grundsätzliche Ebene: »Tatsache ist, daß in den letzten Jahren Iran und Irak der größte Absatzmarkt sind. Der Irak erhält erstaunlicherweise alles durch die Unterstützung aus Ost und West. Es ist der Platz in der Welt, auf dem die Amerikaner und Russen in Übereinstimmung handeln. Sie unterstützen den Irak, damit der Iran nicht losschlägt. Der Irak zahlt mit Öl und bekommt jede Unterstützung, die er braucht. Die Iraner erhalten keine Unterstützung durch die Weltmächte. Sie erhalten sie von kleineren Staaten, zum Beispiel aus Lateinamerika oder Südafrika. Die Iraner zahlen in Öl. Davon haben sie genug, selbst bei den durch die irakische Aktivität im Luftraum eingeschränkten Verschiffungsmöglichkeiten. Die Iraner sind sehr wohl in der Lage, selbst wenn ihre Ausrüstung kritische Mängel aufweist, ihre Armee im Feld zu halten.« Offensichtlich hat er noch nicht mitbekommen, daß die USA inzwischen auch dem Iran Waffen liefern, wenn auch nur begrenzt und verdeckt, wie das Beispiel der TOW-Raketen zeigt.

Während er in seinem Büro in Manchester gerade vom Krieg zwischen dem Iran und dem Irak erzählt, kommt die Sekretärin herein, um Cummings ein Fernschreiben auf den Tisch zu legen.

»Sehen Sie, da haben wir es doch. Das ist ein Telegramm der Israelis. Sie bieten mir Waffen aus ihren Überschußbeständen an. Und die Israelis liefern dieses Überschußmaterial auch in den Iran.«

»Der Iran streitet jedoch ab, daß er von Israel Waffen erhält.«

»Das trägt man auch nicht auf dem offenen Markt aus, oder?« Cummings weiß, wovon er spricht. »Wir stehen jede Woche einmal mit den Iranern in Kontakt.« In London unterhalten sie eine große Militärmission, mit Erlaubnis der britischen Regierung.

»Ob Sie es glauben oder nicht, sie hatten auch eine in Wiesbaden. Wir halten jedenfalls den Kontakt aufrecht.«

Mehr geht nicht, weil die britische Regierung derzeit keine Genehmigungen für Waffenlieferungen in den Iran erteilt. Cummings hofft jedoch: »Eines Tages wird die Regierung wieder akzeptiert werden, und ich möchte daher die Leute vorher kennenlernen. Ich möchte hingehen können und das, was an Waffen übrig ist, aufkaufen.«

Er weiß aber auch, daß er noch lange warten muß. »Der Iran wird sicher nicht als Sieger hervorgehen. Die technische Ausrüstung des Iraks ist weitaus besser. Der Iran will aber nicht verlieren. Während meines letzten Gesprächs mit iranischen Militärs erklärten mir diese, daß sie auch weiterhin Druck ausüben werden. Sie wissen, daß sie den Krieg nicht gewinnen können, sehen ihre Chance aber in der kontinuierlichen Druckausübung.«

Der Preis ist hoch, der dafür gezahlt wird: Bislang hat der iranisch-irakische Krieg über 300 000 Menschenleben gekostet.

Die Moral von der Geschichte

».. . da dies so ist, legt der Galeriebesucher das Gesicht auf die Brüstung und, im Schlußmarsch wie in einen schweren Traum versinkend, weint er, ohne es zu wissen.«
Franz Kafka, ›Auf der Galerie‹

Welche Moralvorstellung wäre angemessen, um das Verhalten und Handeln der Waffenhändler zu beurteilen? Am besten überhaupt keine. Wer will sie verfluchen, solange Regierungen unbekümmert Waffen kaufen und verkaufen?

»Die Waffe ist erst eine Folge des Mißtrauens«, entschuldigen Leinhäuser und Kollegen ihr Tun. »Aber«, wende ich ein, »Ihnen wird vorgeworfen, daß Sie aus diesem Mißtrauen heraus Ihre Geschäfte tätigen.«

Leinhäuser antwortet: »Es ist einfach, auf der einen Seite die Waffe zu verdammen, auf der anderen Seite aber zu sagen, okay, ich bin bereit, Steuern zu zahlen, und meine Steuern dienen ja zu soundsoviel Prozent dazu, eine Waffenproduktion aufrechtzuerhalten, sichern soundsoviel Arbeitsplätze usw. Ja, wieso verdamme ich denn nicht den Mann in der Fabrik, der das Zeug herstellt? Den Direktor der Fabrik, der sie leitet? Überhaupt, alle im Grunde genommen. Es muß jemanden geben, der sie verkauft. Ein Teufelskreis. Und es ist immer einfach, einen einzelnen herauszupicken, um zu sagen, das ist der Schuldige, weil er die Waffen verkauft. Er steht nun mal in vorderster Front und ist am sichtbarsten.«

Aitonitsch aus Wien beantwortet die Frage ähnlich: »Ich kann es nicht verurteilen, solange es weltweit nicht gestoppt wird. Ich spreche jetzt Österreich an. Damit wird ein Steueraufkommen erreicht, das wir bitter nötig haben. Und der Schweiz geht es genauso und Rheinmetall ebenso. Ohne Rüstungsproduktion würden nicht wir das Steueraufkommen erhalten, sondern andere Staaten. Unsere Technologie in Österreich und der Bundesrepublik ist Spitzentechnologie in der Wehrtechnik. Ich sage es nochmals, für mich ist es wie ein Kartoffelhandel.«

»Das beantwortet nicht die Frage nach Ihrer eigenen politischen Moral«, erwidere ich. »Sie wissen doch, daß diese Waffen Tod, Vernichtung und unendliches Leid bringen.«

»Ja, aber das haben Sie bei uns auf dem zivilen Sektor genauso. Schauen Sie auf die Straßen, die voller Unfälle sind. Schauen Sie in die Krankenhäuser. Die Leute bringen sich durch Drogen, Alkohol und Nikotin um.«

»Das ist doch ein Alibi, um sich aus der Verantwortung zu ziehen?«

»Nein, glaube ich nicht. Denn Sie müßten mit einem Schlag den Leuten verbieten, sich gegenseitig umzubringen, zu töten.«

Welche Argumente gibt es gegen solche Antworten? So oder ähnlich rechtfertigen sich alle Waffenhändler, auch Samuel Cummings: »Ohne Profit kein Geschäft. Und der Journalist profitiert vom Waffengeschäft, indem er darüber berichtet und so sein Geld verdient; ebenso, wie ich mein Geld durch den Handel verdiene. Und das Waffengeschäft würde dadurch auch nicht kleiner werden, wenn der Journalist nicht darüber berichten würde. Ebenso, wie die grausigen Regierungen, mit denen er von Zeit zu Zeit zusammenarbeiten müßte, auch nicht verschwinden würden, wenn er keine Geschäfte mit ihnen machte. Dann brauchten die nur über die Straße zu gehen und es woanders zu kaufen. Und im kommerziellen Sinn möchte ich unsere gute Marktposition behalten. Natürlich wäre es besser, das Geld für Lebensmittel oder Sozialprogramme auszugeben. Aber wenn man es nicht dafür ausgibt und man auf jeden Fall Waffen dafür kauft, ziehe ich es vor, derjenige zu sein, der sie liefert.«

Moral, Moral! protestiere ich, und mir tönt es entgegen:

»Für uns, die wir im legalen Waffengeschäft tätig sind, stellt sich gar kein moralisches Problem oder eine moralische Frage. Erstens können wir keinerlei Geschäft ohne die Lizenzen unserer Regierungen, in meinem Fall England oder Amerika, tätigen. Zweitens hat eine Waffe, egal, welcher Art, keinerlei Eigencharakter.«

»Ich gehe doch davon aus«, sage ich, »daß Sie nicht Tag und Nacht nur an Ihre Waffengeschäfte denken. Sie müssen doch eine bestimmte Philosophie haben, moralische Vorstellungen?«

»Wie soll ich diese Frage beantworten? Sie bringen da ein hypothetisches Argument ins Spiel, von dem ich nicht sagen kann, daß ich voll und ganz dahinterstehe. Falls unser Geschäft in irgendeiner Weise unmoralisch ist, weil das Produkt in der Lage ist zu töten, dann können Sie dasselbe Argument in gewissem Sinne auch auf das Autogeschäft anwenden. Immerhin kommen jährlich mehr Menschen durch das Auto ums Leben als durch Waffen. Jede Automarke kann töten und tötet. Eine Waffe ist so konstruiert, daß sie in der Lage ist zu töten. Ob sie tötet oder nicht, hängt von deren Ge- oder Mißbrauch ab.«

Ich komme nicht weiter, will auch nicht. Wie dürftig die Argumente sein mögen, sie verdeutlichen ausreichend die Absurdität des Versuchs, den Waffenhandel zu legitimieren.

»Gibt es überhaupt eine Moral in diesen Geschäften?« frage ich nach derartigen Erfahrungen Leinhäuser. Vielleicht ist Moral in der Tat nur eine Worthülse, die sich durch die Tätigkeit der Waffenhändler so abgeschliffen hat, daß man nicht mehr weiß, was sie ist?

»Was ist eigentlich Moral?« sagt Leinhäuser. »Die Definition von Moral, ich weiß jetzt nicht. Sage ich etwas, was ich vielleicht irgendwann einmal gelernt oder gelesen habe? Moral ist das, was die Mehrheit der Gesellschaft als richtig ansieht.«

»Aber Moral«, erwidere ich, »das sind doch Grundprinzipien, die jeder haben sollte: soziale Gerechtigkeit, Freiheit, Selbstbestimmung?«

»Meiner Ansicht nach ist nichts so empfindlich wie die Moral des Menschen. Die Moral ist dem Menschen aufgetragen wie ein Spray. Moral geht immer als erstes zugrunde, wenn die Unordnung eintritt, wenn etwas destabilisiert wird.«

Der ehemalige Generalsekretär von Amnesty International in der BRD, Helmut Frenz, hat erklärt, daß bestimmte Waffen, die von Heckler und Koch aus Oberndorf geliefert werden, in Lateinamerika zur Unterdrückung der Bevölkerung dienen. Dies sei moralisch zu verdammen, sagte Frenz. Ich lese Leinhäuser eine entsprechende Zeitungsmeldung vor.

»Ja, weil diese Regierung des Landes sagt, das sind Rebellen, die nur das Chaos herbeiführen wollen, und wir brauchen diese Waffen von Heckler und Koch, es sind ja Maschinenpistolen, um unsere Polizei auszurüsten, damit wir Ruhe und Frieden im Land haben. Das ist also eine Waffe für Ruhe und Frieden.«

»Was Heckler und Koch denkt, ist mir ziemlich gleichgültig. Was denken Sie?«

»Sie stellen da eine Frage, die schwerer zu beantworten ist – auf die man praktisch keine Antwort geben kann.«

Da es für alles eine Antwort gibt, mag sie noch so dumm sein, warte ich. Aber Leinhäusers Antwort ist nicht dumm: »Würde man jetzt so weit gehen, müßte man wirklich nur noch philosophieren und analysieren. Zum eigentlichen Geschäft käme man überhaupt nicht mehr. Ich weiß nicht, ob man in dem Augenblick die eigene Moral so weit treibt. Man kann ja nicht die gesamte Verantwortung für alles tragen. Das ist unmöglich. Ich würde sagen, daß man die moralischen Ansichten eines Waffenhändlers nicht hochtreiben darf, sondern mehr oder weniger auf einer niedrigen Basis lassen muß.«

Cummings will, wie schon erwähnt, nicht ins Kloster gehen, weil er seine Arbeit liebt. Die Wahl des jeweiligen Klosters wäre schwierig. Ginge er in eines, in dem reine religiöse Innerlichkeit gefragt ist, würde er verkommen. Aber vielleicht zu den Franziskanern? Wer weiß, wie er dann die Welt betrachten würde. Aber immerhin sieht er zumindest eine theoretische Alternative zu seinem Job: »Wenn ich Bürger eines afrikanischen Landes oder eines lateinamerikanischen oder asiatischen Landes wäre, wäre ich sicher ein Freiheitskämpfer.« Er lacht dröhnend. »Weil alles besser ist als die jeweilige Regierung dort. Ich nenne diese Regierungen nicht kapitalistisch sondern sozialistisch, es sind Tyrannen.« Er lacht wieder. »Und ich wäre sicher mit einer von den Kalaschnikows im Dschungel, als menschliches Wesen, statt in einer ihrer sogenannten zivilisierten Städte zu leben.« Und Cummings lacht erneut. nach einigen Sekunden des Erstaunens lache ich mit.

Prinz Michel de Bourbon ist dagegen ein scheinheiliger Pseudomoralist. Ich halte ihm vor, daß er an die nigerianische Regierung wie an die Biafraner während des dortigen Kriegs Waffen geliefert hat, und dann zeige ich ihm Bilder von verhungernden Kindern und Frauen, Opfer des Kriegs.

Bourbon wird zornig: »Das ist die typische Art der Journalisten. Sie erwarten eine Antwort von mir. Das ist aber nicht alles. Sie zeigen mir das Foto einer Biafranerin. Ich gebe Ihnen meine Rechtfertigung. Warum zeigen Sie mir nicht gleichzeitig auch eine Nigerianerin?«

Ich konnte ihm schlecht sagen, daß ich kein solches Foto hatte. Genutzt hätte es sowieso nichts, da ich gar nicht dazu gekommen wäre, ihn zu unterbrechen.

»Wer hat recht von den beiden? Das sind doch Schweinehunde, die und die da«, und zeigt auf die Fotos. »Wenn die sich gegenseitig erschlagen wollen, ist das nicht unser Problem. Es sei denn, man sucht uns auf und sagt uns: Wir sind Neger. Wir sind dumm. Wir brauchen jemanden, der uns leitet. In dem Moment haben Sie recht. Wenn sie sich schlagen wollen, ist das ihr Problem. Das Foto geht mich nichts an. Das ist nicht meine Sache. Zeigen Sie mir Fotos der Gegenseite. Das wäre ehrlich. Wenn man mir nachsagt, Sie sind eingebildet, Sie haben eine schöne Residenz, Sie haben einen Rolls-Royce und eine Menge Geld, Sie sind daran beteiligt, wenn Unglückliche wie diese getötet werden, dann sage ich – ich habe gar nichts. Ich sage Ihnen, ich bin heute für die Rechte.

Wenn Sie da so ein Häufchen Unglück sitzen haben, so eine, die kein Alphabet kennt, die nicht mal reden kann, die sich nicht helfen kann und dasitzt mit einem Kind, das ist entsetzlich, selbstverständlich. Diese Frau ist eine Unglückselige. Ein trauriges Bild. Aber was sollen wir tun, um sie vor ihren Dummheiten zu bewahren? Statt zu schießen sollte man mit Gummiknüppeln auf sie einschlagen und ihnen zurufen: Hört auf, euch zu schlagen. Die dortigen Staatschefs sind die Übeltäter, aber nicht die Waffenhändler. Diese Frau, das ist wie im Krieg. Es gibt Le Pen, den ich schätze und der von den Franzosen heftig kritisiert wurde, als er noch in Algerien war. Le Pen nahm einen Mann fest und fragte ihn, wo die Leute seien, die seine Kompanie angreifen wollten, die in Algerien stationiert war, um das Land zu beschützen. Dieser Mann sagte ihm: ›Von mir erfahren Sie nichts.‹ Er wurde in Stücke geschnitten. Um so schlimmer für ihn. Für mich hat die Einzelperson gegenüber einem Volk keine Bedeutung.«

Diese Antwort erschreckte mich kaum, so ähnlich hatte ich es erwartet. Nein, erschreckend war meine Reaktion. Hätte ich noch einen Funken von Anstand gehabt, hätte ich ihm einen Tritt in seine Weichteile gegeben, die ihm so wichtig sind. Statt dessen triumphierte ich innerlich. Das wollte ich hören, mir bestätigen lassen. Und ich schaute ihm freundlich ins Gesicht.

Günther Leinhäuser hat da etwas differenziertere Vorstellungen als der Bourbonen-Prinz: »Natürlich sagt man sich, ich will nicht derjenige sein, der das Material geliefert hat, damit morgen früh das Café La Paix in die Luft fliegt. Ich habe vielleicht selbst mal da gesessen oder mein Kind saß dort. Aber es wäre zuviel von einem Waffenhändler verlangt, daß er über jede Regierung ein Dossier anfertigt, um zu sagen, das kann ich jetzt moralisch verantworten und das andere nicht mehr.«

Als ich den Waffenhändler ›Wenzel‹ frage, ob der Waffenhandel für ihn ein Geschäft wie jedes andere sei, antwortet er selbstbewußt: »Ja, kriminell sind nur die Politiker und die Leute, die diese Krisensituationen schaffen. Da liegen die Verantwortlichkeiten.«

»Gibt es für Sie nicht trotzdem so etwas wie eine persönliche Verantwortung?«

»Es kommt nicht zu menschlichem Leid, weil Waffen in diese Gebiete gekommen sind. Irgendwelche Spannungen waren vorher da. Es gibt auch viele westliche Regierungen, die Auseinandersetzungen provozieren. Selbst im Iran-/Irakkrieg gehe ich davon aus, daß westliche Regierungen daran interessiert sind, daß dieser Krieg möglichst lange dauert.«

»Sind Sie eigentlich ein politischer Mensch?«

»Ich bin politisch interessiert, aber nicht engagiert.«

»Warum nicht? Dadurch, daß Sie Waffen liefern, engagieren Sie sich doch auch?«

»Das mag sein. Nur, die Aktivitäten im politischen Leben beschränken sich meiner Meinung nach auf eng begrenzte Örtlichkeiten, und da ist die Möglichkeit der Einflußnahme gleich Null.«

Leinhäuser, der von sich sagt, er sei kein Zyniker, sieht die Dinge aus einem Blickwinkel, der selbst mir, inzwischen gewöhnt an Abnormitäten und Absurditäten, neu war: »Viele Entdeckungen dienen auch dem zivilen Fortschritt, zum Beispiel Teflon. Die Waffe ist eigentlich der Anfang aller Kultur, steht am Anfang der menschlichen Entwicklung. Die Welt lebt seit Jahrtausenden mit Waffen. Die Wege waren blutig. Aber wie würde die Welt aussehen, wenn der unbewaffnete Mensch heute noch in einer Höhle leben würde und das Wild mit bloßen Händen reißen müßte.«

Bei Aitonitsch klingt das ähnlich: »Waffen haben zur Entwicklung der Kultur beigetragen. Sie gehören kulturgeschichtlich dazu wie Literatur, Musik und Religion.«

Da der Profit auch dazugehört, steht die Frage noch offen, welche Rolle das Geld dabei spielt.

»Ja, das ist eigenartig«, sagt Leinhäuser. »Ich muß Ihnen sagen, es ist eigentlich gar nicht das Geld, das so reizt.«

»Sondern?«

»Es ist mehr der Pfeffer in der Soße, wie man sagt. Das ist eigenartig. Ich würde natürlich nichts gegen eine Million sagen. Und außerdem möchte ich auch keine Steuererklärung machen.«

»Sie haben doch in den letzten zehn Jahren sicher Millionenbeträge verdient. Oder ist die Vorstellung falsch?«

»Das ist eine falsche Vorstellung. Es war nicht schlecht. Nein. Wir haben keinen Hunger gelitten. Aber das sind Dinge, über die Finanzbehörden gerne phantasieren.«

»Es gibt Leute, die sagen, Sie seien arm?«

»Das glaub' ich gerne. Das möchte ich auch, daß sie das weiter sagen. Jetzt bestätige ich Ihnen das.«

»Daß Sie arm sind?«

»Ja.«

Millionär Cummings äußert sich ähnlich zurückhaltend: »Es ist wie jedes andere Geschäft auch sehr relativ. Nehmen Sie die Gewehre. Mehr oder weniger kosten sie alle das gleiche bei den Produzenten. Wenn die Hersteller denken, sie könnten ein Geschäft abschließen, dann senken sie die Preise. Ich würde sagen, daß der Profit beim legalen Waffenhandel genauso hoch ist wie in jedem anderen Geschäft auch. Es beläuft sich auf einen Großhändlergewinn von 12 bis 15 Prozent. Nun ist das Geschäft aber sehr umfassend. Man spricht von ungeheuren Summen. Jeder Geschäftsabschluß liegt bei zwei bis drei Millionen Dollar. Das ist eine Riesensumme, aber die Verdienstspanne ist normal. Wir sind seit über dreißig Jahren im Geschäft. Wir haben Geld verdient. Aber ich habe noch immer keine Jacht im Hafen, werde auch nie eine haben. Es ist ein ganz normales Geschäft.«

Lassen wir noch einmal den Prinzen zu Wort kommen. Während wir seinen Champagner trinken, sagt er: »Ich denke, im Paradies wird darüber gerichtet werden, was wir hier auf der Erde tun dürfen oder nicht. Jedem das Seine. Seine Geschäfte, sein Leben. Ich bin jetzt Kapitalist. Wir haben Kapital in Bewegung gesetzt, wir machen Geschäfte, die Geld einbringen.«

Surinamesischer Epilog

Was nutzt der beste Putschplan, wenn er in der Bevölkerung keine Unterstützung findet? Oder wenn die Bevölkerung mit dem Regierungssystem durchaus zufrieden ist? Ich wollte mir die Lage in Surinam ansehen.

Amsterdam, 20. November 1985. Als ich mit zwei Freunden am frühen Morgen am Amsterdamer Flughafen Schiphol ankomme, um mit der Surinam Airways nach Paramaribo zu fliegen, erfahren wir, daß der Flug sich um 48 Stunden verzögern wird. Zwei zusätzliche Tage im kalten Amsterdam. Wir suchen uns ein Hotel. Am späten Nachmittag gehen wir dann zu Baker. In seinem Büro herrscht eine gereizte Stimmung. Captain Zack ist anwesend und auch der britische Leutnant Hart.

Seit einigen Tagen gibt es dort Auseinandersetzungen um die militärische Rangordnung. Zack war von Baker, dem surinamesischen Missionar, auserwählt worden, die Führung zu übernehmen, während Hart zwar ein bedeutender Partner ist, aber unter Zack arbeiten soll.

»Wer hat hier den Oberbefehl?« fährt Zack den Leutnant an.

»Sie.«

»Und warum wagen Sie es, mich zu kritisieren?«

»Sie können doch dem Waffenhändler nicht versprechen, daß er die Rohstoffe für zehn Jahre lang ausbeuten kann. Das muß doch die neue Regierung entscheiden.«

Später erzählt mir Hart, daß Zack dem Pariser Waffenhändler die Zusage gemacht habe, daß dieser die Rohstoffe des Landes ausbeuten könne. Und er, Hart, habe offen dagegen opponiert.

»Entweder ich oder er«, fordert Zack ultimativ.

Doch Baker will sich nicht entscheiden. »Ich brauche euch beide.«

»Welche Erfahrung hat denn der Leutnant?« fragt Zack.

»Er kann gute Pläne machen, aufschreiben, wo welche Panzerverbände und Truppen stationiert sind. Das genügt aber nicht.« Er wendet sich an den Briten: »Sie sind ja ein ehrenwerter Mann – aber ich kann mit Ihnen nicht zusammenarbeiten.«

Hart greift sich seinen blauen Parker und verläßt den Raum.

»Sie können mich im Hotel erreichen«, sagt er zu Baker, bevor er die Tür zuschmeißt.

Das alles geschieht bei laufender Kamera. Sie bemerken überhaupt nicht, daß sie gefilmt werden.

Baker ist verzweifelt. »Wir können ihn doch nicht gehen lassen. Was passiert, wenn er uns verrät?«

»Dann gehe ich in sein Hotel und lege ihn um. Der wagt es nicht, uns zu verraten«, antwortet Zack.

Der Captain kommt in Fahrt, stürzt zum Schreibtisch und zieht einer der insgesamt sechs Aktenordner heraus, in denen die Antworten auf die Anzeige der Ansus-Foundation abgeheftet sind. »Der hier ist 56 Jahre alt. Ein guter Mann für den Kampf. Und der hier war bei der Polizei. Bullshit. Das sind doch zu neunzig Prozent alles Nieten. Leute, die sich in der Söldnerschule von Camper 14 Tage aufgehalten haben und jetzt glauben, sie seien ausgebildete Söldner. Mit diesen Briefen kannst du dir nur den Hintern abwischen.«

Baker schaut mich immer wieder fragend an. Aber was soll ich sagen? Etwa Tips geben? Wir verlassen das Zimmer.

Paramaribo, 23. November 1985. Im weißgetünchten Präsidentschaftspalast in der Hauptstadt Surinams, einem alten Gebäude aus der Zeit der holländischen Kolonialregierung, soll um 13 Uhr ein bedeutendes Dokument unterzeichnet werden, der ›Nationale Dialog‹.

Diktator Desire Bouterse, Führer der Revolutionsregierung vom 25. Februar 1980, hat drei Vertreter der ethnischen Volksgruppenparteien eingeladen. Man will miteinander reden. Zwar werden diese Politiker auch in Zukunft nichts zu sagen haben. Aber Bouterse will sie politisch mitverantwortlich machen – die wirtschaftliche Lage ist katastrophal. 25 Prozent Arbeitslosigkeit und eine ständige

Verelendung der Bevölkerung sind das Ergebnis einer Politik, die an den Strukturen der kapitalistisch orientierten Gesellschaft Surinams nichts verändern will. ›Revolutionsregierung‹, das ist eine irreführende Umschreibung dafür, daß Bouterse und seine Sergeanten das Land nun für sich ausbeuten, seit sie an der Macht sind. Bouterse besitzt fünf Prachtvillen und eine Luxusjacht. Der Unteroffizier hat es zu etwas gebracht.

In den letzten beiden Tagen habe ich viel von Korruption gehört. Ich frage den katholischen Bischof von Surinam, Zichem: »Herrscht Korruption?«

Der Bischof, ein Befürworter der Theologie der Befreiung, antwortet: »Das sind alles Banditen.«

Eine der wesentlichen Voraussetzungen für einen Erfolg bei dem geplanten Putsch ist, daß die Bevölkerung ihn unterstützt. Bouterse hat sicherlich keine breite Basis im Land, und jeder spricht vom Putsch. Aber niemand glaubt, daß er durchgeführt werden kann. Zu gut hätten die Brasilianer das Militär in den letzten beiden Jahren ausgerüstet.

Und was ist mit dem Bauxit, für das sich die Sponsoren des Staatsstreichs so rege interessieren? Die Produktion mußte in den letzten Jahren um fünfzig Prozent gedrosselt werden, die Kosten sind zu hoch, noch heute liegen sie um vierzig Prozent über dem internationalen Durchschnitt.

Das große Geheimnis sind derzeit die Libyer. In Holland sagte man mir, daß sich in Surinam ungefähr 240 Libyer aufhalten. Weit übertrieben, meinen Experten der amerikanischen Botschaft. Doch im Nobelhotel Surinams, dem ›Torarica‹, treffen sich immerhin zehn Libyer. Und sie tun so geheimnisvoll, daß Spekulationen über ihre Arbeit sprießen. »Die bilden ihre Sicherheitskräfte aus«, sagen die einen. Die anderen sprechen davon, daß sie den Nachrichtendienst reorganisieren.

Eines Morgens hielt sich eine Gruppe von vier Libyern im Hotelvorraum auf. Dort stand auch ein niederländischer Geschäftsmann, ein Jude mit Namen Ed.

»Woher kommt ihr?« fragte er die Männer, die gerade den Edelpuff ›Condor‹ besucht hatten.

»Aus Peru«, antwortet ihm einer.

»Aber Sie sprechen kein lateinamerikanisches Spanisch. Du bist auch ein Libyer«, erwidert Ed. »Und«, so fuhr er fort, »ich bin ein Jude.«

Der Libyer sprang auf: »Lang lebe Arafat!«

Und Ed antwortete: »Es lebe Israel!«

Unter den entgeisterten Blicken der Sicherheitsbeamten sprangen die Libyer daraufhin auf und stürmten in ihre Zimmer.

Häufig wird nicht so laut gesprochen, daß jeder mithören kann. Doch mitgehört wird im ›Torarica‹ trotzdem. Als wir, zusammen mit Ed und einem deutschen Weltenbummler, vor dem Swimmingpool sitzen, läuft plötzlich ein Mann zu einem Blumentopf, der nicht weit von uns entfernt steht.

Später schauen wir nach und entdecken eine Wanze. »Das Hotel hat überall Ohren«, sagt ein Angehöriger der niederländischen Botschaft.

Andere Erfahrungen hat Ingrid gemacht. Sie gehört einer Karnevalsgruppe aus Nordrhein-Westfalen an, die mit uns in der Maschine nach Surinam geflogen ist. Eingeladen hat sie die Regierung, die ihrer Bevölkerung zeigen will, wie eng die Bindungen zwischen der Bundesrepublik und Surinam sind.

Die Karnevalsgruppe ›Pieki-Pieki‹, die in surinamesischer Tracht auftritt, weite Baumwollkleider mit Verzierungen, wird überall herumgereicht und bei den Feierlichkeiten anläßlich des zehnjährigen Unabhängigkeitstags sogar auf eine Ehrentribüne gebeten.

Danach ist Ingrid erst am frühen Morgen in das Hotel zurückgekommen, nachdem sie sich lange und ausführlich mit dem Innenminister Surinams unterhalten hatte.

Am letzten Abend unseres Aufenthalts wird uns großer Besuch angekündigt. Der Chef der Sicherheitspolizei will mich sprechen. Zusammen mit seinen drei Leibwächtern führt er mich unter ein Palmendach am Swimmingpool des Hotels.

»Er möchte Ihnen einige Fragen stellen«, übersetzt mir

Mr. Pinkas, einer unserer ständigen ›Begleiter‹. Pinkas ist Geheimdienstangehöriger, was er erst jetzt erzählt.

»Was wissen Sie über Chin A-Sen? Was wissen Sie über den Waffenhändler Leinhäuser?« Fein säuberlich hat er die Fragen aufgeschrieben und ebenso sorgfältig formulierend halte ich ihn hin.

»Ich habe meine Unterlagen alle in Deutschland.«

»Dann sollten wir mit Ihnen dort in Verbindung treten und zusammenarbeiten«, meint er.

Das geht mir zu weit. Die massive Verletzung der Menschenrechte in Surinam, von denen mir Bischof Zichem berichtet hat, habe ich noch nicht vergessen. Vergessen habe ich auch nicht, daß mich am Abend zuvor die Geheimdienstbeamten zum Besuch in das ›Condor‹ einluden. Sie wollten alles bezahlen, eine kolumbianische Prostituierte (50 Dollar) und das Zimmer im Hotel Ambassador (60 Dollar). Weil ich absolute Müdigkeit vortäuschte und die Prostituierten nicht nach meinem Geschmack waren, brachten die beiden Beamten mich um vier Uhr morgens wieder ins Hotel zurück. Pinkas war über meine Reaktion verärgert. Zu gern hätte er auf Staatskosten mit einer Prostituierten geschlafen und mich kompromittiert.

Vergessen habe ich schließlich auch nicht, daß die Militärs die Prostitution zu einem erheblichen Teil selbst lenken. Banditen eben.

Daß jedoch ein Putsch vorbereitet wird, das wollte ich meinen Gesprächspartnern trotzdem nicht verschweigen.

Nach diesem Gespräch suchte mich der persönliche Referent Bouterses auf. Henk Herrenberg, ehemaliger Botschafter Surinams in Holland, will mit mir ein Fernsehinterview machen. »Das ist ein Kollege von Ihnen«, stellt er mir einen Journalisten vor. »Ich habe ihm die Fragen gegeben, die er Ihnen stellen soll.« Und das macht der auch. Er blickt auf das Papier und liest die Fragen ab. Beispielsweise, was ich von der Revolution in Surinam halte.

»Man kann so vieles Revolution nennen, ohne daß sich etwas ändert«, antworte ich. Er fragt weiter, genau nach Plan. Als er sein Interview beendet hat, stelle ich ihm die-

selbe Frage: »Was halten Sie von der Revolution?« Er
druckst herum, schaut zu Herrenberg und wagt kaum zu
sprechen. Er flüstert: »Es gibt überall Fehler.«

Am 6. Dezember fliegen wir zurück. Die Putschvorbereitungen laufen weiter – bis dieses Buch erscheint.

Nachtrag über sechs Atomraketen

Paris, Weihnachten 1985. Vor einigen Tagen rief mich ein
französischer Waffenhändler an und erzählte mir von
einem Geschäft, das derzeit in Frankreich in den Waffen-
händlerkreisen für Unruhe sorgt. »Es ist alles irre«, meinte
er mir gegenüber als Vorwarnung. »Aber schauen Sie sich
die Angelegenheit einmal an.«

Wir treffen uns im Büro der Firma Creusot, eines der
größten französischen Rüstungsunternehmen. Eigentlich
wollten der mir bekannte Waffenhändler und der Mann
von Creusot gemeinsame ›harmlose‹ Waffengeschäfte be-
sprechen. Doch diesmal geht es um größere Dinge. Der
Rüstungsmanager zieht ein Dokument aus einer Schub-
lade und zeigt es dem Waffenhändler. »Das ist das ominöse
Schriftstück, über das wir ja bereits gesprochen haben.«

Der Waffenhändler nimmt es und liest. »Das kann doch
nicht wahr sein!«

»Da haben Sie recht. Das ist besser nicht wahr«, meint
der abgebrühte Rüstungsmanager.

»Lassen Sie uns doch noch einmal kurz allein«, bittet
mich der Waffenhändler. Nach wenigen Minuten darf ich
wieder in das Büro zurück.

»Wir wollen Ihnen das Dokument zeigen, Herr Roth«,
sagt der Rüstungsmanager. »Aber Sie dürfen nichts veröffentlichen, bevor wir Ihnen unsere Zustimmung gegeben
haben.«

Als ich das ›Memorandum‹ lese, traue ich zuerst meinen
Augen nicht. Es geht um den Verkauf von sechs Atomraketen. Irrsinnig, verrückt, ein Spinner bringt Derartiges
unter die Leute, denke ich sofort.

Allerdings: Ich erinnere mich an das Geschäft mit den
drei Atombomben, das der italienische Untersuchungsrichter Carlo Palermo auffliegen ließ. Zwar war dabei
nicht klar, wer der Käufer sein sollte, aber immerhin: Die
Verkäufer waren bekannt, und es war auch bekannt, daß
Geheimdienste mitgemischt hatten.

Und nun sechs Atomraketen, frei gehandelt auf dem internationalen Waffenmarkt.

Das in englischer Sprache verfaßte Schriftstück enthält links oben einen Firmenaufdruck. Doch noch bevor ich ihn entziffern kann, deckt der Waffenhändler ihn zu. »Bitte, Herr Roth«, schaut er mich etwas verärgert an.

Seit diesem Gespräch im Creusot-Office weiß ich von dem unglaublichen Angebot. Die Öffentlichkeit sollte davon nichts erfahren. Sowohl der Rüstungsmanager als auch der französische Waffenhändler wollten zunächst selbst herausfinden, was sich hinter diesem Angebot versteckt.

»Ich sage Ihnen Bescheid, wann Sie etwas darüber veröffentlichen können.« Ich habe den Eindruck, daß der Waffenhändler erhebliche moralische Skrupel empfindet. Ein derartiges Geschäft ist für ihn viele Schuhnummern zu groß. »Ich werde mich mit meinen Bekannten vom britischen und französischen Geheimdienst in Verbindung setzen«, erklärt er mir noch, bevor ich wieder nach Frankfurt zurückfliege.

Am 12. Januar 1986 treffe ich ihn erneut in der Nähe von Paris. Inzwischen hat er von einem seiner saudischen Gesprächspartner erfahren, daß das Angebot dort bekannt war und durchaus als ernsthaft angesehen wurde. Gleiches berichten ihm auch die eingeschalteten Geheimdienste. »Die haben sich zwar um die Sache gekümmert. Aber selbst für einen einzelnen nationalen Geheimdienst ist das kaum rauszukriegen«, berichtet er mir. »Da sind internationale Verwicklungen zu befürchten, und das Geschäft ist ungewöhnlich gut abgesichert.«

»Wäre das nicht trotzdem ein Geschäft für Sie?« frage ich ihn.

»Das würde ich niemals tun. Ich lege doch nicht eine brennende Lunte an ein Pulverfaß, das die Welt zerstören kann.«

»Und warum geben Sie mir jetzt die Unterlagen?«

»Genau aus diesem Grund. Einmal will ich mich nicht mehr damit befassen. Und dann ist es Ihre Aufgabe herauszufinden, wer und was sich dahinter verbirgt.«

In der Tat. Es ist schon nicht mehr phantastisch, sondern nur noch grotesk. Für fünf Millionen Dollar Bankbürgschaft kann der Kaufinteressent sechs Atomraketen in einem europäischen Land begutachten. Und er kann sogar damit rechnen, daß eine Versuchszündung durchgeführt wird. »Die Vorbereitung einer solchen Explosion« heißt es in dem ›Memorandum‹, »würde ungefähr drei bis sechs Monate dauern, und ihre Kosten hätte der Käufer zu übernehmen.« Und weiter: Ein eventueller Einsatz gegen ein Kriegsziel, abhängig von den örtlichen Bedingungen, könnte innerhalb weniger Wochen vorbereitet werden.

»Sagen Sie, Herr B., was halten Sie von diesem Angebot?« frage ich. »Wenn ich die Sache veröffentliche, halten mich die Leute doch für einen Spinner. Wer glaubt denn, daß Derartiges wirklich geschehen könnte? Und das ›Memorandum‹, das Sie mir zeigen, könnte ja jeder geschrieben haben?«

»Richtig«, antwortet er mir. »Das könnte alles sein. Aber glauben Sie denn im Ernst, daß wir uns dann in den letzten Wochen und Tagen derart intensiv um diese Sache gekümmert hätten?« Und: »Wir wissen auch jetzt noch nicht, was hinter der ganzen Angelegenheit steckt. Sie müssen selbst entscheiden, was Sie damit anfangen. Ich kann Ihnen nur das eine sagen: Dieses Angebot ist real. Es wird auf dem Waffenmarkt gehandelt. Und wir wissen, wer wahrscheinlich der Käufer sein wird: der Iran.«

»Aber woher kommen die Waffen? Sechs Atomraketen lassen sich doch nicht so einfach stehlen und dann privat verkaufen?«

»Insider vermuten«, so der Waffenhändler, »daß die Raketen aus dem Ostblock kommen. Genaueres weiß ich jedoch nicht.«

»Können wir nicht noch andere Möglichkeiten durchspielen?« frage ich. »Vielleicht inszeniert da jemand ein großangelegtes Betrugsmanöver. Das ist ja im Waffenhandel nichts Ungewöhnliches?«

»Sie glauben doch nicht im Ernst daran«, antwortet der erfahrene Waffenhändler, »daß irgend jemand fünf Millionen Dollar auf ein vages Versprechen hin auf einem Bankkonto als Bürgschaft hinterlegen würde. Bei Geschäften mit 100 000, 200 000 oder 300 000 Dollar könnte das sein. Aber bei fünf Millionen Dollar, da läuft nichts mehr.«

Das leuchtet mir ein. Ich weiß aber auch, daß Geheimdienste gerne Geschäfte dieser Art anbahnen, um herauszufinden, wer auf solche Transaktionen anspricht. Dabei werden ›schwarze Listen‹ angelegt, in denen alle erfaßt werden, die sich, ob ernsthaft oder nicht, für das Geschäft interessieren. Und es kommt auch vor, daß einfach provoziert werden soll.

Als ich ihm meine Überlegungen sage, winkt der Waffenhändler ab. »Dazu braucht man kein derartiges Angebot, um herauszufinden, welche Spinner und Phantasten auf solche Dinger scharf sind.«

Dabei hat mir in London der Experte für ›Conter-Terrorismus‹, der die beschriebene Aktion für das Bundeskriminalamt durchgeführt hatte, erzählt, daß er nicht glaube, daß sechs Atomraketen so frei gehandelt würden. Für ihn ist das mit hoher Wahrscheinlichkeit das abgekartete Spiel eines Geheimdienstes.

Soll ich trotzdem veröffentlichen, was ich in Paris über dieses Geschäft mit Atomraketen erfahren hatte, obwohl ich keinen konkreten Beweis dafür vorlegen kann? Im Verlag war man zuerst der Meinung, daß die Angelegenheit viel zu dubios sei und niemand glauben würde, was ich darüber schriebe. »Die Leser halten uns für verrückt«, sagte man mir.

»Wie können Sie erwarten, daß bei solchen Geschäften Originaldokumente mit Stempel und Absenderangabe vorhanden sind?« erklärte dagegen der Waffenhändler.

Ich bin der Meinung, daß schon der Hinweis, daß ein solches Geschäft möglich sein könnte, Rechtfertigung genug ist, darüber zu berichten. Auch auf die ›Gefahr‹ hin, daß es sich um ein Scheingeschäft handelt.

Das ›Memorandum‹ des Verkäufers, das ich gesehen habe, zeichnet sich durch Fachkenntnisse aus, was jedoch nichts beweist. Es genügt ein Studium der Physik, um so ein Papier zu verfassen. Aber ginge es um ein Betrugsmanöver, dann hätten mir der Rüstungsmanager und der Waffenhändler das ›Memorandum‹ nicht gegeben, und sie hätten mir nicht geraten, die Sache zu veröffentlichen. Beide haben kein Interesse daran, eine falsche Fährte zu legen oder mich hereinzulegen – soviel weiß ich aus meinen journalistischen Erfahrungen mit ihnen.

»Was bleibt übrig?« frage ich.

»Es gibt die Fakten«, antwortet der Waffenhändler. »Einmal das Angebot auf dem Markt, dann den Hinweis, daß die Atomraketen in den Iran geliefert werden sollen. Den Hinweis, daß sie nicht nach Libyen verkauft werden dürfen. Alles weitere sind Spekulationen.«

»Und was wird spekuliert?«

»Der Iran erhält die sechs Atomraketen. Er setzt unter Umständen eine davon ein. Das gibt einer ausländischen Macht die Möglichkeit, sofort im Iran einzumarschieren unter dem Vorwand, den Weltfrieden vor der atomaren Vernichtung retten zu wollen.«

»Halten Sie das für wahrscheinlich?« frage ich den Waffenhändler, der mit dem Iran gute Geschäftsbeziehungen unterhält.

»Ich halte das nicht für ausgeschlossen.«

Mehr erfahre ich nicht. »Sie wollten mir doch das Dokument fotokopieren«, erinnere ich ihn.

Fein säuberlich verdeckt er, während er die Kopie anfertigt, die linke Ecke, auf der Absender zu ersehen ist. Und dann gibt er mir das Dokument.

Memorandum

Betr.: Sechs erhältliche nukleare Systeme

GRUNDLEGENDE EIGENSCHAFTEN

der sechs nuklearen Systeme:

SECHS EINHEITEN vom Typ ASS-16 – strategische nukleare Flugkörper – pro Einheit:
Gewicht: 420 kg.
Länge: 4,55 m.
Durchmesser: 0,65 m.
Plutoniumladung: 12 kg.
Antikollissionsschutz: 35 kg/cm^2
Sprengkraft: 60 KT (Kilotonnen)
– Hiroshima-Bombe = 12 KT –
Inbegriffen: eine vollständige Ausrüstung zur Vorbereitung von Abschuß und Zündung.
Verpackung: Das System ist auf seinem Originalabschußgestell befestigt, das seine Handhabung auf flachem und hartem Untergrund erlaubt.
Leistung: maximale Leistung: Gammastrahlenintensität: 600^3/km^2 bei 3000–4000 Metern Höhe und einer Temperatur von + 2° C.
(. . .): Die nukleare Ladung ist auf einer Mittelstrekkenrakete (höchstens 240 km) montiert.
(. . .)

Das Herstellungsjahr ist: 1983

Der oben genannte Staat hat seit 1979 ungefähr 600 Einheiten dieses Typs gebaut und wenigstens 20 davon getestet. Das gesamte Material ist von Experten eines dritten europäischen Landes, das ebenfalls Systeme dieser Art herstellt, bereits besichtigt und äußerlich geprüft worden. Die Ergebnisse waren positiv.

<u>Konditionen:</u> Präsentation einer Einheit innerhalb von zehn Tagen nach Bezahlung der geforderten <u>Sicherheit</u>, die nicht rückzahlbar, aber von der Endsumme abziehbar ist.

Die Ware ist gegenwärtig aus technischen und Sicherheitsgründen an zwei verschiedenen Orten gelagert. Die Raketen sind am Ort ›X‹ und die Atomsprengköpfe am Ort ›Y‹. Der Zusammenbau hat in einer Spezialwerkstatt am Ort ›Z‹ zu erfolgen, wohin die Rakete und die Sprengladung transportiert werden müssen. Der Käufer wird die Möglichkeit haben, mindestens 3 Stück auszuwählen. Die Verschiffung wird 5/6 Wochen nach der Bestätigung, daß die Gesamtsumme bei einer erstklassigen Bank hinterlegt ist, stattfinden.

<u>Lieferung:</u> Das erste der ausgesuchten Systeme wird an den vom Käufer angegebenen Bestimmungsort abgehen, sobald der Kaufbetrag, wie oben vereinbart, eingegangen ist. Der Transport wird in Abhängigkeit von der Entfernung und den Witterungsverhältnissen 3 bis 5 Tage dauern. Die restlichen Systeme werden Stück für Stück geliefert, entsprechend dem obigen Zahlungsverfahren. Der Käufer verpflichtet sich, die Systeme nicht an einen Dritten weiterzuverkaufen.

Die Auslieferungskosten sind im Verkaufspreis eingeschlossen, und der Transport wird vom Verkäufer ausgeführt.

Der Verkäufer ist in der Lage, einen geschützten Unterbringungsraum, in dem dieses Material gelagert werden wird, zu bauen und auch dessen gesamte technische Wartung zu übernehmen – auf Kosten des

Käufers und so lange, wie der Käufer dies wünscht. Der Verkäufer ist auch in der Lage, eine Nuklearexplosion mit einem der sechs Systeme zu zünden, wenn der Käufer dies wünscht. Die Vorbereitung einer solchen Explosion würde ungefähr 3–6 Monate dauern, und ihre Kosten hätte der Käufer zu übernehmen. Dessen ungeachtet könnte innerhalb weniger Wochen, in Abhängigkeit von den örtlichen Bedingungen, ein eventueller Einsatz gegen ein Kriegsziel vorbereitet werden.

Vielleicht handelt es sich doch um ein Täuschungsmanöver. Aber es ist auch möglich, daß das Geschäft tatsächlich gemacht werden soll, daß irgend jemand ein Interesse daran hat, Atomraketen zu verkaufen, und daß es Leute gibt, die diese Raketen kaufen wollen. Da diese Möglichkeit besteht, ist es meine journalistische Pflicht, diesen Nachtrag zu veröffentlichen.

HEYNE TASCHEN BÜCHER

Wichtige Sachbücher zu Politik und Zeitgeschichte – informativ, kritisch, lesenswert.

PETER SCHOLL-LATOUR
Der Tod im Reisfeld

Neue erweiterte Ausgabe

01/6876

GERHARD KONZELMANN
Die Araber

19/21

Erwin Wickert
CHINA von innen gesehen

19/4

WALTER HANF
CASTROS REVOLUTION
DER WEG CUBAS SEIT 1959

19/12

EUGEN KOGON
DER SS-STAAT
DAS SYSTEM DER DEUTSCHEN KONZENTRATIONSLAGER

19/9

Brian Lapping
Apartheid
Südafrika am Scheideweg: Geschichte und Politik der Rassentrennung

01/7294

Richard Manning
»Sie können uns nicht alle umbringen«
Pulverfaß Südafrika

10/45

Wilhelm Heyne Verlag München

Bundesrepublik Deutschland – gesundes Land??

Welche Regionen sind vom Waldsterben am stärksten betroffen? Wo fällt am meisten Müll an, und wie beseitigen wir ihn? Welche Krebsart ist wo die verbreitetste? Wo stehen die Atomkraftwerke?

Technischer und wirtschaftlicher Fortschritt und seine Begleiterscheinungen, Umweltkatastrophen und ihre Folgen verursachen in immer stärker werdendem Maße Unsicherheit und Unwissenheit in der Bevölkerung. Die unüberschaubare Informationsflut der Medien erschwert den Zugang zu Wesentlichem und Wissenswertem: Fragen bleiben offen. Auf diese gibt der **Öko-Atlas Bundesrepublik Deutschland** durch informative Karten und Tabellen, Übersichten und Statistiken eine anschauliche Antwort.

Bernhard Michalowski/
Gerhard Theato:
**Öko-Atlas
Bundesrepublik
Deutschland**
Originalausgabe
0/31 – DM 24,80

Wilhelm Heyne Verlag München